国家职业汉语能力测试(ZHC)推荐教材

职业汉语教程

Chinese for Job

[试用本]

陈　宇　主编
陈　怡　副主编

图书在版编目(CIP)数据

职业汉语教程(试用本)/陈宇主编,陈怡副主编. —北京:北京大学出版社,2007.4
ISBN 978-7-301-11711-8

Ⅰ.职… Ⅱ.①陈… ②陈… Ⅲ.汉语-水平考试-教材 Ⅳ.H19

中国版本图书馆 CIP 数据核字(2007)第 039310 号

书　　　　名:	职业汉语教程(试用本)
著作责任者:	陈宇 主编　陈怡 副主编
责 任 编 辑:	张弘泓
标 准 书 号:	ISBN 978-7-301-11711-8/H·1754
出 版 发 行:	北京大学出版社
地　　　　址:	北京市海淀区成府路 205 号　100871
网　　　　址:	http://www.pup.cn
电　　　　话:	邮购部 62752015　发行部 62750672　编辑部 62753334
	出版部 62754962
电 子 邮 箱:	zpup@pup.pku.edu.cn
印 　刷　 者:	北京汇林印务有限公司
经 　销 　者:	新华书店
	650 毫米×980 毫米　16 开本　18.75 印张　310 千字
	2007 年 4 月第 1 版　2016 年 6 月第 10 次印刷
定　　　　价:	25.00 元

未经许可,不得以任何方式复制或抄袭本书之部分或全部内容。
版权所有,侵权必究　举报电话:010—62752024
电子邮箱: fd@pup.pku.edu.cn

出版说明

联合国教科文组织1999年通过决议,把每年的2月21日定为世界母语日,旨在提倡使用母语。可见保护母语的纯洁,规范母语的使用,日益受到世界上有识之士的重视。

为了提高大专院校学生的职业汉语水平,提升其未来就业的职业核心能力,并进一步拓展我国的人力资源测试标准,北京华美杰尔教育咨询中心组织并编写了《职业汉语教程》,以满足大专院校开设职业汉语课程的需要。

参与本教材编写的人员很多,具体分工如下:谢小庆(绪论)、王艳(第一章)、马洪超(第二章)、李亚男(第三章)、刘小楠(第四章)、罗莲(第五章)、田小野(第六章和第七章)、杜红玉(第八章)。白一宇先生对第六章和第七章书稿进行了编辑和修改。王泽钊先生对第八章书稿进行了编辑和修改。袁晓露、刘慧对全书进行了审读。张鼎政女士为此书的出版付出许多努力。在此一并表示感谢。

本教材仅仅是一个试用本,由于编写、出版时间仓促,尚存在种种的不足之处。还望社会各界关心汉语教育的同仁,对本教材的完善提出宝贵意见。我们希望在广泛吸收大方之家的意见和建议的基础上,不断改进和完善之。

编　者
2007年2月5日

目　　录

绪　论 …………………………………………………………………… 1

第一章　阅读的策略 …………………………………………………… 11
 1.1　阅读及阅读教学现状 …………………………………………… 12
 1.2　阅读的作用和价值 ……………………………………………… 14
 1.3　阅读材料的选择 ………………………………………………… 19
 1.4　阅读的方式 ……………………………………………………… 23
 1.5　阅读能力的提高 ………………………………………………… 33

第二章　聆听的技巧 …………………………………………………… 50
 2.1　什么是聆听 ……………………………………………………… 50
 2.2　聆听的作用 ……………………………………………………… 53
 2.3　影响聆听的因素 ………………………………………………… 58
 2.4　如何提高聆听水平 ……………………………………………… 68

第三章　说话的艺术 …………………………………………………… 81
 3.1　说话的基本原则和要求 ………………………………………… 81
 3.2　职场活动中的说话艺术 ………………………………………… 91
 3.3　社交活动中的说话艺术 ………………………………………… 104
 3.4　其他几种常用的说话技巧 ……………………………………… 110

第四章　说服的艺术 …………………………………………………… 120
 4.1　说服的策略 ……………………………………………………… 121
 4.2　说服的方式 ……………………………………………………… 133
 4.3　说服的逻辑 ……………………………………………………… 148

第五章 言语交际中的逻辑 …………………………………… 161
- 5.1 用词中的逻辑 ………………………………………… 161
- 5.2 句子中的逻辑 ………………………………………… 173
- 5.3 句群和段落中的逻辑 ………………………………… 186
- 5.4 篇章中的逻辑 ………………………………………… 201
- 5.5 论证 …………………………………………………… 206

第六章 私人文书的写作 ……………………………………… 215
- 6.1 个人申请书 …………………………………………… 215
- 6.2 求职信　求职简历 …………………………………… 220
- 6.3 个人启事 ……………………………………………… 226
- 6.4 个人总结 ……………………………………………… 228

第七章 公务文书的写作 ……………………………………… 232
- 7.1 公文的文种 …………………………………………… 232
- 7.2 公文的文号和标题 …………………………………… 235
- 7.3 公文的语言要求 ……………………………………… 237
- 7.4 常用公文的写作 ……………………………………… 240

第八章 常见错别字 …………………………………………… 265
- 8.1 错别字的危害 ………………………………………… 267
- 8.2 常见错别字 …………………………………………… 272

练习题答案 …………………………………………………… 293

绪　　论

0.1　母语能力是最重要的职业核心能力

影响一个人职业成功的因素很多。例如，口头表达、阅读理解、书面表达、公文写作、反应速度、逻辑推理能力、判断能力、信息加工能力、数字运算、资料检索能力、知识面、问题解决能力、归纳总结、革新创新、说服他人、计划制定、应变能力、危机处理能力、决策能力、立体思维能力、管理技能、计算机操作、办公自动化软件使用、外语、与人合作、团结同志、调查研究能力、组织能力、宣传能力、谈判能力、自我提高和完善、安全生产意识、全球化视野、环境保护意识、成本意识、守法意识、时间观念……诸多能力因素中，是否有一些基本的能力因素呢？

我们知道，一个圆的可观测的变量很多，例如：半径、直径、周长、面积……这些变量中，有一个基本的因素，就是半径。只要知道了半径，关于圆的其他变量就可以计算出来。与此相仿，一个长方体的可观测的变量也很多，例如：前面积、侧面积、顶面积、表面积、体积……这些变量中，只要知道了长、宽、高，关于长方体的其他变量就可以计算出来。

在影响人的职业成功的诸多因素中，是否存在像半径之于圆那样基本的因素呢？其实，正像纷繁复杂的物质世界，在其最深层次上，仅由原子和电子等少数几种基本粒子组成一样，在经济和生产活动中表现出来的多姿多采的职业技能，在最深层次上也仅仅是由屈指可数的几种核心技能组成的。从20世纪90年代开始，劳动和社会保障部就借鉴国外经验，开始进行有关核心能力的研究。经过研究，人们越来越清晰地看到，决定人的工作绩效和事业发展的能力结构有着鲜明的层次性特征。呈现在外表的，可以让人们直观感受和直接学习掌握的，是职业特定技能；在更深层次上，是通行于一定领域的行业通用技能；在最深的层次上，则是决定人的终生成就和终生发展的核心技能。（参看图0—1和图0—2）

职业技能的三个层次

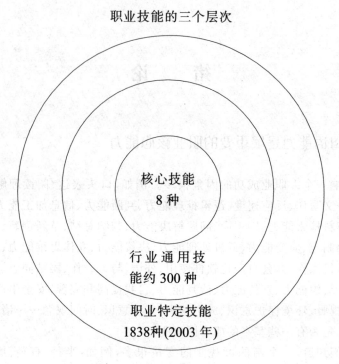

图 0-1　职业技能的层次(一)

研究者们认识到,核心技能是人们职业生涯中最重要、最基本的能力,它具有普遍的适用性和广泛的迁移性。核心技能不是仅仅对一两种职业产生影响,而是对各种职业活动都产生影响。(参看图 0-3)开发和培育劳动者和后备劳动者的核心技能,将为他们提供坚实的就业竞争能力、宽阔的从业选择能力和可持续的个人发展能力。

在深入研究的基础之上,劳动和社会保障部最终提出了 8 种核心能力,即交流表达、数字运算、革新创新、自我提高、与人合作、解决问题、信息处理和外语应用。这 8 种能力,是劳动者面对产业变革和职业变革,应对市场竞争和社会挑战,实现个人职业生涯的成功所必备的最基本的技能。

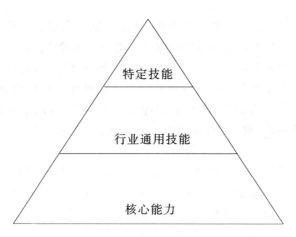

图 0—2　职业技能的层次(二)

观察生活中我们周围的人,不难发现,一些人的语言能力比较强,可以用比较清楚、简短的语言将一件事情叙述清楚;而另一些人的语言能力则较差,东拉西扯、絮絮叨叨的"车轱辘话"讲了半天,别人仍然是一头雾水。一些人写出的文字语言流畅、条理清晰,带给读者"轻舟已过万重山"的享受;而另一些人写出的文字佶屈聱牙,逻辑朦胧,带给读者"辗转颠簸搓板路"的辛劳。不同的语言能力可能会影响到一个人乃至一个机构的职业形象和工作效率。

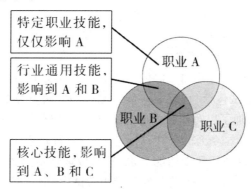

图 0—3　核心技能示意图

语言是思维的工具,是交际的工具。语言能力是一个人胜任职业工作的核心能力。语言能力是各行各业选人用人时考虑的重要因素。许多单位在选人用人时越来越看重员工的语言交际能力,许多单位在招聘员工时希望选用一些"文字能力"强的人。

在劳动部提出的8种核心技能中,交流表达能力居于首位。劳动部是在对数以千计的职业进行分析的基础上得出这样的结论的。长期从事教育工作的数学家苏步青先生从自己长期的教育实践中,也得出了相似的结论。苏先生在担任复旦大学校长时说:"如果允许复旦单独招生,我的意思是每一堂先考语文,考后就判卷子。不合格的,以下课目就不考了。语文你都不行,别的是学不通的。"(《学林散叶》,第250页,上海人民出版社,1997)

无独有偶,毕生从事英文翻译工作、曾担任中国外文局局长的中国翻译工作者协会常务副会长林戊荪先生近年来在不同场合多次呼吁"学好中文",并建议全国翻译资格(水平)证书考试要加考中文。林先生认为,将外语翻译成汉语,要求翻译者必须具备很好的中文表达能力;而将汉语翻译成外语,翻译者就必须具备很强的中文理解能力。(据新华网、《扬子晚报》等)

在美国影响最大的考试是相当于我国高考的"学术评价考试(scholastic assessment test,简称SAT)"。几十年中,SAT包括"言语"和"数量"两个部分。负责编制SAT的美国教育测验服务中心(ETS)已经宣布,从2006年起,将在原有两个部分之外增加写作部分,原来的"言语(verbal)"部分将更名为"理解性阅读(critical reading)"。

美国另一个影响较大的考试是相当于我国研究生考试的"研究生水平考试(GRE)"。2002年以前,GRE曾包括言语、数量和分析三个部分。从2002年起,负责编制GRE的ETS取消了GRE中的"分析"部分,增加了包括两篇作文的"写作"部分。

2000年以前,由中组部、人事部组织的中央机关国家公务员录用考试的公共科目笔试包括"行政职业能力测验"和"公共基础知识"两部分。2000年开始,增加了以写作方式进行的"申论"考试。2002年,取消了"公共基础知识"考试。今天的公共科目笔试包括"行政职业能力测验"和"申论"两部分。言语理解和表达能力也是"行政职业能力测验"的最重要考查内容。不难发现,在今天的公务员录用考试中,母语能力占据着非常重要的位置。

以往,在对医务人员的资格要求中,语言能力并不是很重要。但是,在近年多家国际医学教育机构所颁布的对医生的最低能力要求中,都将"交流沟通能力"放到了重要的位置。在国际医学教育组织(Institute for International Medical Education,IIME)、美国毕业后医学教育认证委员会(Accreditation Council for Graduate Medical Education,ACGME)、美国医学院协会(Association of American Medical Colleges，AAME)、加拿大医学会(Canadian Medical Association，CMA)、英国医学委员会(General Medical Council，UK，GMC)等机构近年颁布的医生最低要求中,都将"交流表达能力"放到了重要位置。

今天,作为职业核心能力的母语能力,正在逐渐受到越来越多的人的重视。从2005年开始,北京师范大学心理学院将国家职业汉语能力测试(ZHC)成绩作为研究生保送推荐、硕士和博士研究生复试的参考依据。从2004年开始,延边大学开始将ZHC作为"大学语文"课程的结业考试。

0.2 发展交流表达能力是素质教育的重要内容

近30年来,外语学习受到重视,中华大地从沿海到内地,从城市到乡村,从大学到中学到小学直到幼儿园,一浪高过一浪。中华民族的英语水平普遍得到了空前的提高,这是一件可喜可贺的事情。但是,应用更普遍的汉语的水平不仅没有像英语那样出现空前的提高,甚至出现了"一代不如一代"的迹象。

1997年《北京文学》一组题为"中国语文教育忧思"的文章,揭开了一场关于语文教育的大讨论。在这场讨论中,许多作者对中国的语文教育提出尖锐的批评。"整整搞了半个世纪文字工作的"洪禹平先生,1998年3月10日在《中国青年报》发表文章,批评中国的语文教育"是一件误尽天下苍生的大事",并大声"向党和国家领导人呼吁,请他们在日理万机中把这件事也过问一下"。洪老先生的批评或许过于尖锐,但中国语文教育中确实存在不容忽视的问题。问题主要是过于强调对语文知识的记忆而忽视对实际语言交际能力的训练,过于强调语文知识的系统完整而忽视语言能力的培养,过于强调语法的分析而忽视语感的体验,过于强调对少数课文掰开揉碎的"精读"而忽视开拓学生的视野。正是由于我国语文教育中长期存在的这些问题,今天我国劳动人口中许多人的语言能力不能满足职业工作的需要。语言错误不仅出现在中小学生的口头和书面表达之中,甚至出现在大学生以至硕士生、博士生的口头和书面表达之中,出现在学位论文、书籍、报纸、杂志和电视字幕之中。一些语文教师批评说,现在已经几乎是"无错不成书"、"无错不成报"、"无错不成字幕"、"无错不成论文"了。

语文教育大讨论成为导火索,引发了于2001年正式启动的基础教育"新课程改革"。语文新课程改革的指导性文件是国家教育部2001年颁布的《全日制义务教育语文课程标准》和 2003 年颁布的《普通高中语文课程标准》。这两个文件凝聚了我国语文教育研究人员的科学研究成果,凝聚了课程改革研究人员的辛勤劳动和心血。

《义务教育语文课程标准》大胆地提出"应着重培养学生的语文实践能力","不宜刻意追求语文知识的系统和完整"(第 2 页)。《普通高中语文课程标准》提出要在高中阶段分设必修课和选修课。两个文件的颁布使语文教育在探索素质教育和能力培养方面,迈出了重要的步子,是具有里程碑性质的很了不起的事情。

2001 年,新课程改革在 18 个地区级实验区、40 所国家级试点学校、532 所省级试点学校开始试点。2004 年,伴随首批参加"新课程改革"试点的初中生毕业,高中阶段的课程改革实验率先在广东、山东、海南、宁夏 4 省区展开。

很大程度上是巧合,从 2001 年开始,美国也开始了一场轰轰烈烈的教育改革。这年,美国国会通过了著名的《2001 一个都不能少法案》(The No Child Left Behind Act of 2001)。美国发动教育改革的重要原因之一是为了扭转青少年阅读和写作能力下降的趋势。在《一个都不能少法案》中用长达 45 页的篇幅讨论了"语言教学"(language instruction)问题。

在中国,是否存在类似美国那样的青少年阅读和写作能力下降的趋势呢?我们认为,显然是同样存在的。

新课程改革的目的是推动素质教育。启动新课程改革的一个重要原因就是认识到传统语文教育中存在的问题,就是认识到母语教育中存在的问题。发展作为职业核心技能的交流表达能力,提高母语水平,是素质教育的重要内容之一。

0.3 什么是职业汉语能力

0.3.1 什么是语文

什么是"语文"?"语文"是"语言和文字",是"语言和文学",是"语言和文化",还是"语言和人文(包含价值观)"? 这是语文教学界长期争论的问题。关于"什么是语文",已经争论了几十年,可能还会争论几十年。不管怎样来理解语文,发展学生的语言和文字能力都是语文教育最基本的任务。只有在基本具备了运用母语进行交流表达的能力之后,才可能去提高文学欣赏能力,才可能加深对中华文化的了解,才可能逐渐形成积极的价值观。不管怎样理解"语文",都首先需要发展汉语能力。

0.3.2 汉语知识不等于汉语能力

能力的形成离不开知识的积累,一个人的汉语能力肯定反映他的知识积累。但是,语文知识并不完全等同于语言能力,知识的积累也不是必然形成能力。在实际生活中不难发现,一些持有大学中文系文凭的人,实际的汉语运用能力并不理想,口头和书面的表达能力都难以满足职业工作的需要。如果考查他们的语法知识和文学知识,可能成绩很不错。对于知识与能力的区别,中国的古人早就做出了非常清楚的回答:"授人以鱼,不如授人以渔。"鱼,就是知识;渔,就是能力。

"我头疼。"这句话的主语是"我"还是"头"?(正确答案是"我")"他身体好。"这句话的主语是"他"还是"身体"?(正确答案是"他")许多没有专门学习过语法知识的人,未必能够正确回答这类语言知识问题。不能回答这些知识性问题,并不一定表明一个人的汉语能力不高。尽管一些人可能答错这类知识性的问题,他完全可能具有很高的语言交流能力。相反,一些人可能通过死记硬背而正确回答这类语言知识问题,但他的实际交流表达能力却可能较低。

鲁迅先生在小说《孔乙己》中为我们描写了一个具有一定语文知识却未能形成职业能力的典型人物。孔乙己知道"茴"字的4种写法,可以说具有一定的语文知识积累,但是,他并没有形成必要的职业核心能力,也未能在自己的职业生涯中取得成功。

从关于语文知识和语言能力的测试题目中,也可以折射出语文知识和语言能力的不同。

通常,测试语文知识的考试可能包含对字词知识、语法知识、作家知识、作品知识等的考查。测试语言能力的考试则主要考查那些比较稳定的的心理特征。在语文知识考试中,一些人可以借助强化辅导和死记硬背而取得高分。相反,另一些人可能由于不善于背书和不善于应付考试而成绩不高。在语文知识考试中,一般需要考生记忆一些知识内容,对考生的记忆力有较高的要求。在语言能力考试中,对记忆力的要求较低,考查的重点侧重于理解能力、判断能力、推理能力、表达能力等。

在一项影响到考生命运的重要考试中有这样一道阅读理解题:

历来印章均以篆为宗,故治印章必先精通篆法,用字要有出处,变化须合六书,切忌生编滥造或任意增减。

"以篆为宗"中的"篆"指的是:

A. 篆刻   B. 篆法   C. 篆字   D. 书法

这道题的正确答案是 C,即"篆字"。在实际的考试中,大部分考生选择了"篆法"。答对这道题,需要某些关于治印的专门知识。那些具有这方面知识的人,可以取得好的成绩。这类题目,考查的是知识而不是能力。

在用于中央机关公务员录用的《行政职业能力测验》中有这样两道题目:

选词填空:

这个乡的成功经验,说明农村一定要因地制宜地发展生产,这是不能_____的经济规律。

  A. 违犯 B. 违抗 C. 违背 D. 违拗(答案:C)

选择与所给短文内容最相符合的一项:

铁路新线路的开辟与否往往必须在建路花费尽可能少的要求与新建路线的商业与贸易运输量尽可能多的要求之间取得妥协。

这段话主要支持了这样一种论点,即新建铁路的线路

  A. 应该是一条造价最低的线路。

  B. 选择影响了新兴商业与贸易中心的兴起。

  C. 决定于是否与终点之间的距离最短。

  D. 不会总是具有最低建造成本的路线。(答案:D)

这是两道考查语言能力的题目,所考查的并不是考生对特定知识的记忆,而是考生的阅读理解能力和语感。

0.3.3 职业汉语能力是在职场中运用汉语进行交流沟通的能力

职业汉语能力是在职场中运用汉语进行交流沟通的能力。交流沟通的能力也是一种信息沟通能力,是一定情景中、一定语言背景中运用语言的能力,而不是对某个孤立字、词、句式、语法知识、作品知识、作者知识的记忆或识记。交流沟通能力主要包括:

1. 运用语言获得信息和传递信息的能力;
2. 对语言环境的适应能力;
3. 运用语言完成一定工作和学习任务的能力。

具体讲,交流沟通能力包括:

1. 在一定语言环境中理解字、词的含义并掌握字、词的用法;
2. 从声音和文字的语言材料中获取主要信息;
3. 把握和概括语言材料的主要内容;

4. 跨越障碍,根据上下文推断语言材料中省略的一些非关键性内容;

5. 领会语言材料中所表达的态度、情感、语气、情绪;

6. 根据语言材料做出合理的推断;

7. 以口头和书面方式正确、清楚、得体地表达自己的意思。

交流沟通能力还表现为一定的速度性,表现为可以在较短的时间内把握住声音或书面材料中所包含的主要信息,并在较短的时间内做出适当的反应。

职业汉语能力主要是指一个人在职业环境中运用语言进行交际的能力,运用语言获得信息和传递信息的能力,运用语言完成一定工作和学习任务的能力。

0.3.4 职业汉语能力不同于文学欣赏能力

职业汉语能力不同于文学欣赏能力。职场中的交流沟通能力体现为对"共性"的尊重,体现为"从众",体现为遵守语言规范和尊重普遍语感。文学能力则更多地体现为"个性",体现为个人对生活、对命运、对痛苦与幸福的体验。

1925年,梁启超在谈到中学语文教育时说:"中学目的在养成常识,不在养成专门文学家。""凡绝好的文学总带几分麻醉性,凡有名的文学家总带几分精神病。"梁启超一生浸淫于语言与文学之中,这实在是他晚年的感悟之言。

一生从事语言和文学教育的冯钟芸先生,在83岁高龄的时候谈到文学教育与语言教育时说:"二者所担负的任务不同,不能相互代替。文学教育的任务是使学生从文学作品中了解生活,去感受命运,体验痛苦与幸福,并引起对文学的兴趣,爱好文学。""语言教育的任务,是使学生懂得语言的规律,能正确地掌握和运用这个规律,正确地说,正确地写。"

梁先生和冯先生的见解,可以给我们一些启发。

0.4 语言与逻辑

语言与逻辑是不可分的。人与人之间的交流沟通,既需要共同的语言,也需要共同的逻辑。当我们说某种情感"只可意会,不可言传"的时候,既意味着"无法用语言来表达",也意味着"无法用逻辑来说明"。在《国家职业汉语测试(ZHC)大纲》中明确写明了"职业汉语能力包括逻辑思维能力"。在 ZHC 的试题中,既包括一些考查归纳推理的题目,如"这段话的主要意思是什么",也包括一些考查演绎推理的题目,如"据此,我们可以推知什么"。

在职业汉语能力中,包含运用语言进行合乎逻辑的推理的能力。

阅读资料

冯钟芸(2002):"语文教育"与"文学教育",中华读书报,2002 年 11 月 20 日

国家职业汉语能力测试专家委员会(2004):国家职业汉语能力测试大纲,法律出版社

梁启超(1925):中学国文教材不宜采用小说,载 2002 年 8 月 7 日《中华读书报》

谢小庆(2004):细说 ZHC,国家职业汉语能力测试大纲,法律出版社

中华人民共和国教育部(2001):全日制义务教育语文课程标准(实验稿),北京师范大学出版社

中华人民共和国教育部(2003):普通高中语文课程标准(实验),人民教育出版社

第一章　阅读的策略

"阅读是为了活着。"福楼拜如是说。阅读是为了活得体面和高贵。阅读令人睿智豁达优雅美丽。阅读可以改变人生。阅读不能改变人生的长度,但它可以改变人生的宽度。阅读让人生在有限的长度内,宽广辽远,波澜壮阔,奔腾汹涌,浩荡激越。阅读不能改变人生的物相,但它可以改变人生的气象。外在的相貌和物质的构成基于遗传而无法改变,但人的精神可以因阅读而蓬勃葱茏、气象万千。阅读不能改变人生的起点,但它可以改变人生的终点。阅读让人生永不听任命运的摆布,把握自己,执著地走向梦想的极地。不论出身高贵与卑贱,阅读可以改变人生的坐标和轨迹,奏响人生的乐章。

阅读穿越时空,为人类开辟了一个遥望世界的无限星空。人类只有百年的航空航天史,然而,阅读却是人类心灵的飞翔机,是最早的"载人宇宙飞船"。它与人生同步,却可以与时间逆行,抵达遥远的未来,揭晓迷离的过去。它可以开启无数个维度空间,让思想纵横捭阖,通向伟大的心灵。

阅读是幸福的发祥地。缜密的逻辑,深奥的思想,崇高的境界,伟大的灵魂,都环拥着阅读者。你可以视通四海,思接千古,与智者交谈,与伟人对话。做一个读书人,就是做一个幸福的人。阅读使文字具有了永恒的价值,它比图像更空灵,比记忆更清晰,比冥想更深邃。它让你站在巨人的肩膀之上,让你凌驾于伟人的思考之上。阅读是人社会化的重要途径,它把自然人转化为社会人。我们所认识的世界、人生、社会,很多都源于阅读。

阅读的意义在于,它在超越世俗生活的层面上,建立起精神生活的世界。一个人的阅读史,即是他的心灵发育史。阅读使人超越动物性,不致沦为活动木偶,行尸走肉。停止阅读就意味着切断了与世界的沟通,与心灵的沟通,人生也就进入了死循环。可以说,是阅读拯救了我们。要活着,就必须阅读。但是,这样令人心驰神往的阅读却不是人类与生俱来的本能。人们必须通过学习阅读才能抵达阅读的自由王国。

学习阅读的过程决定你是否一生与阅读结缘。

上面一段话引自巴丹主编的《阅读改变人生》一书的介绍辞,意在说明阅读的意义和重要性。须知,阅读并非轻而易举之事,还需要经过一定的学习和训练。本章的目的就是帮助你学会阅读——掌握阅读的策略。让我们先从对阅读现状的分析开始。

1.1 阅读及阅读教学现状

1.1.1 令人担忧的阅读现状

【案例 1-1】

4月23日是"世界图书与版权日"。在第11个"世界图书与版权日"到来之际,我国"全国国民阅读调查"的数据呈现给我们了一个令人忧虑的现实:我国国民图书阅读率连续6年持续走低,城镇居民和农村居民的读书率均呈下降趋势。

从1999年启动的"全国国民阅读调查",是为了解我国国民阅读倾向发展趋势与文化消费现状而进行的一项连续性、大规模的基础性国家工程,至今已经连续进行了4次。据悉,本次调查于2005年底开始,在全国范围内由专业调查机构严格按照科学的多层抽样方法,选取了不同规模、不同区域的20个地区的城市及农村,采取入户调查方式,最终取得了8000个有效样本,获取了500万组调查数据。

这次调查结果表明,2005年我国广义的国民图书阅读率为42.2%(有阅读行为的读者群体在全体国民中(包括不识字者)所占比例);而狭义的识字者阅读率为48.7%(指每年至少有读一本书行为的读者总体与识字者总体之比)。对照过去的调查结果,可以清楚地看出我国国民阅读率持续走低的趋势——1999年首次调查发现国民的狭义阅读率为60.4%,2001年为54.2%,2003年为51.7%。而2005年为48.7%,比1999年下降了11.7%。

此外,阅读状况不容乐观的另一表现是,还在读书的人群中,读书的时间也在不断减少。2005年,在读者总体中,25%的人读书时间比原来减少;只有18.2%的人最近半年里读书时间增加了。与前三次调查结果相比,个人读书时间增加的比例显著降低,个人读书时间减少的比例却有所上升。

当然,在传统阅读走低的同时,我国国民网络阅读率却飞速上涨。根据这次调查的数据,上网阅读率已经达到近27.8%,与1999年的3.7%

相比,7年间增长了7.5倍。

阅读危机已不是什么新鲜的概念和现象,它也不仅是我国才有的现象。在世界上很多国家都已经开始采取积极措施应对阅读危机。比如英国就设立了由政府主导、民间机构全力参与的全国阅读年。其目的就是希望通过一个持续全年的活动转变英国国民的阅读态度。因而有人建议我国也应该由政府出面组织类似"阅读年"的全民阅读活动;将图书馆、书店列入城市规划中,做到每个社区都有书店、图书馆;同时还要在学校开设阅读课程,让学生们亲近阅读,从小形成阅读习惯。

1.1.2 不尽如人意的阅读教学
【案例 1-2】

自上世纪中叶,美国普林斯顿大学、斯坦福大学以及英国剑桥大学等十几所著名大学的心理学家、语言学家和脑科学家成立了一个专门研究阅读和记忆的小组(Plan of Speed Reading,简称 PSR 小组),致力于研究英语快速阅读计划。PSR 小组的研究已经在美国教育界结出硕果:目前典型的美国教育是,老师给学生们布置题目,然后让他们在一定期限内各自去查阅资料。学生在图书馆里浏览大量资料后,凭借创造力和想象力完成题目。譬如一个10岁的小男孩就能写论文作业,为写论文可能阅读了数百本书籍——一个普通的小男孩怎么能在短短时间内阅读如此众多的材料?

与此同时,中国的教育在这方面存在着很多欠缺与不足。"全美阅读课程评价学会"主席林恩·布德罗斯(Dr. Lynn Boudreaux)博士应邀为我国上世纪末出版的一本阅读法书籍写了一篇《推荐语——阅读革命的深远意义》的文章,该文使我们第一次看到国外阅读学专家对我国的阅读状况的认识及其所持的见解。林恩·布德罗斯博士的文章中讲述了一个真实的例子:"当我还在斯坦福大学的实验室里准备博士论文时,我的助手杨是一名来自中国内地的留学生。可怜的杨必须每天阅读大量的文献和资料才能跟得上我们的进展,然而他在中国二十几年的教育过程中,竟然从来没有学过怎样阅读的课程。……因此,我们建议他选修快速阅读的课程。"林恩·布德罗斯博士还表示,中国有着几千年文明历史,中国人民应该学会更快更高效地阅读。"我希望新的留学生——事实上他们都相当刻苦——来到美国学习时就已经掌握了有效的快速阅读技巧,这样他们就能够取得更好的成绩,无论对于自己,还是他们的祖国都有着巨大而深远的意义。"

教会学生阅读和学习的方法,比传授给学生知识更重要,因为后者是"授之以鱼",而前者则是"授之以渔"。然而我国教育界阅读教学观念相对陈旧,教学过程无序,尚未构建出令人满意的阅读教学模式。阅读教学作为语文学科的一个分支,早已存在,但是由于种种原因,阅读教学还没有充分地调动学生的阅读兴趣,没有有效地帮助学生掌握阅读方法,提高阅读能力。学生在收集、选择、整理和处理信息方面的训练还不够;学生的创新意识及创新能力还没有在阅读教学过程中得到很好的体现。

本节思考题:
1. 观察你和周围的人是否有良好的阅读习惯?
2. 你是否学习过关于阅读的知识?是否知道如何培养自己的阅读能力?

1.2　阅读的作用和价值

阅读不可取代。——柏杨

阅读是获得知识和信息的重要途径。绝大部分的学习是通过阅读开始的,很多工作亦离不开阅读。在科技日新月异,知识更新极为迅速的时代,阅读在人们的生活中发挥着较之过去更为重要的作用,甚至在某种意义上已成为生活和工作中必不可少的基本技能之一。

阅读具有如下作用和价值——

1.2.1　阅读有助丰富知识,增长才干

【案例1-3】

书中自有致富路

在广东省南部的一个村子里有一位翁姓农民,他是当地远近闻名的青年种养能手。自1985年高中毕业后他就投身农业生产第一线,在家乡创业、生活。小翁非常喜欢读书,而且特别重视科学技术在生产过程中的作用。

《广东农民报》和《广东科技报》是多年来小翁每天必读的报纸,而且每个月他都会抽时间去逛书店,购买介绍最新农业实用知识的书籍,带回家研读。村里的图书室几乎也成了他的"家外之家",一有时间他就泡在

村图书室。在小翁的影响和带动下,他的母亲和妻儿也爱上了读书,只要有空,一家人就会聚在一起轻松愉快地交流读书心得。

　　由于小翁深知读书致富的道理,20年来一直致力于科技兴农,从书中汲取营养,开拓出一条致富新路。在掌握农业科技知识的基础上,小翁学以致用,紧密结合本村实际,大胆探索发展效益农业。他说,自己能在农业生产中作出成绩,"都是书本帮的忙"。当潮汕大多数地方在砍伐柑树消灭"绿色丢荒"的时候,小翁却反其道而行,向村里承包了40亩地,投入10多万元栽下了成排的柑苗,建起自己的无公害生态柑园。凭着自己学到的科学知识,小翁克服了许多科技难题,将柑园的规模扩大到近100亩,年收入近10万元,让村民们看到了发展生态农业的美好前景。

　　小翁自担任村里的农技员以来,常把自己从书本中学来的新知识编印成册,分发给村民阅读学习。在他的带动下,村民们积极引进新品种、新技术,村里的特色效益农业已初具规模,渐渐形成了"农户＋农场＋基地"的发展模式。

　　读书不仅给小翁带来了财富,也给他带来了荣誉。在当地开展的"十佳农民读书之家"评选活动中,小翁一家脱颖而出,成为"农民读书之家"楷模。而他所在的村镇也被中央文明办授予"全国文明村镇"称号。

　　阅读可以启迪智慧,开拓知识的广度与深度。不光是小翁,其实许多人所积累的知识有相当一部分是通过阅读获得的。在各种阅读材料中,书籍是知识的重要载体,无论是儿时看的连环画、小人书,还是学习所用的各种教科书,以及林林总总、形形色色的课外读物都为我们的成长补充着能量和养分。

　　生活在信息时代的人们,更希望尽快通过阅读获得各种知识和信息,提高工作效率,改善学习效果。通过阅读增长知识和才干,使自己的专业知识不断深化的同时,也使自身的整体素质不断得到提升。

　　在成长的道路上,有着方方面面的问题需要我们去应对和解决。阅读不但帮助我们扩大视野、认识世界,而且可以帮助我们在借鉴前人经验教训的基础上创造生活、改造世界。小翁的经历让我们感悟到:书籍是人类宝贵的精神财富;阅读是人们重要的学习方式,是文化传承的通道,是人类进步的阶梯。通过借鉴前人的经验,我们可以在工作中少走弯路,尽快取得成功。

1.2.2 阅读有助激发人们的潜能与创造力

【案例1-4】

从大学毕业后,小刘一直从事软件设计工作。在技术方面他是单位公认的佼佼者,领导对他的表现也相当满意。领导有意重用他,交给他一项比较重要的任务,并指派他管理一个8人的软件团队共同完成任务。然而由于他管理经验欠缺,任务完成得比预期结果差多了。小刘受到了不小的打击,让他认为自己根本不适合做管理,领导不了别人。

在他正颓丧、无奈之际,一个偶然的机会他接触到一本名为《人月神话》的书。该书出版于1975年,至今畅销不衰,被奉为软件领域的必读经典。其中有很多发人深省的观点,为人们管理复杂项目提供了颇具洞察力的见解。阅读过程中,小刘对管理的概念逐渐清晰起来。这本书不但扫除了他心里的阴霾,而且好似为他打开了一扇智慧之门,激发了他对管理的兴趣和好奇心。此后他陆续购买了许多管理方面的书籍,从中得到了很多启发。用他自己的话讲,这些书中的见解让他对管理的"顿悟"。

经过反复地阅读和反思,小刘不但找到了方法,更重新树立起了信心。在以后的工作中,他结合阅读给自己带来的知识和感悟,制定周密的工作计划,并不断结合实际在实践中完善自己的方法。他的转变和进步得到了领导和同事的认可,他越来越多地体会到了成功的喜悦。

生活中有着与小刘类似经历的人并不鲜见。很多人像小刘一样,初时并不知道自身存在某一方面的潜在能力,并没有认识到在这方面有所作为的可能性。是阅读和思考,带给他们智慧与动力,使他们有了信心与勇气。他们不但改变了对自身的认识和评价,而且在职业道路上发挥出了自己的潜能和创造力,毫无疑问阅读在其间功不可没。

1.2.3 阅读有助人们掌握信息,发现机会

【案例1-5】

计女士是河南人,在25岁的时候就已经小有成就,不但拥有属于自己的公司,而且有着蒸蒸日上的事业。年纪轻轻的她,既非出身名门,又不是毕业于名校,她是如何获得眼前的一切的呢?

2000年,计女士从某市的一所职工大学毕业后应聘到一家装饰公司当会计。2004年4月的一天,经常读报的她被报纸上一则并不起眼的小广告给吸引住了。原来,她每天中午在公司吃过饭后,只能趴在桌子上休息一会儿,那种滋味很不好受,不仅睡不踏实,醒来之后脸和胳膊还难受

得很。所以她常想,中午休息的时候要是能有个舒服的枕头就好了。所以此时报上"午休宝"三个字一下子就引起了她的兴趣。她从头到尾把广告仔仔细细地看了一遍,得知是北京一家生产"午休睡眠香宝"的厂家在招商。广告上介绍这种枕头"不充气时,只有巴掌大小,充气就像吹气球一样简单,产品造型及曲线与人伏案休息时脸部与桌面之间的空间非常吻合"。这个火柴盒大小的广告,让计女士眼前一亮:自己午休时想要舒服的枕头,别人就不想要吗? 想到这里,她做出了一个大胆的决定:辞职,去卖枕头。

后来,经过执著的奋斗与不懈的努力,她的午休枕生意越做越大,目前,她的固定销售点有上百家,直接跟她建立联系的代理商也发展到了十几家。值得一提的是,在午休枕包装盒上有这样一句话:"这是一本每天中午只需读10分钟就可以精神百倍的'书',比全球最畅销的书还要畅销。"计女士面前的路是光明的,而她的这些成就和收获在一定程度上说是得益于阅读时那善于发现的眼睛。

在激烈的市场竞争中,阅读是一种发现商机、抓住商机的法宝。不少在商界小有成就的人与计女士相似,他们在介绍他们的经历时,都提到当初他们就是通过阅读相关的报纸杂志,发现了机会,从而走上成功之路的。对不少人而言,阅读报纸杂志上所刊登的新闻或专题报道的过程,也是一个发现机遇的过程。

1.2.4 阅读有助提高个人修养,改善生活质量
【案例1-6】

家长感言

我和妻子都喜欢读书。孩子小的时候,为了培养孩子的读书兴趣,就给他买了许多连环画册、图画书、故事书。而我和妻子在旁边也看书,并不理会孩子。孩子一个人感觉无趣,就自觉不自觉地拿起书和我们一起看。孩子起初并不知道怎样看书,只是感到有趣,来回地翻。

我和妻子有空的时候也给孩子讲故事,孩子曾经问爸爸、妈妈为什么知道那么多的故事,我们就如实地告诉孩子,绝大多数故事是通过读书知道的。告诉孩子:你识字以后,读了书,都会知道的。

到了周末,我们经常带孩子到新华书店去,因为那里有许多书,有适合我们看的书,也有适合孩子看的,大家各得其所。

孩子读书,主要是靠他自己的个人兴趣,我们并不强迫,由他自己安

排。当然,贪玩是孩子的天性,曾有一段时间,孩子比较贪玩,我们就通过给孩子讲寓言故事,起到教育孩子的作用。从没有说过你不应该玩,应该好好学习的话。只是通过讲故事让孩子明白:想做什么事情,必须明白怎样做;要明白怎样去做,必须学习知识,在书本中学习,在生活中领会;上小学、初中、高中、大学都是为了知识的积累;为了长大以后能在社会上立足,能去做自己想做的事情。

另外,我们很少训斥孩子,而是通过和孩子一起阅读寓言故事、名人典故来提高孩子的道德情操。读书是一个很好的教育方式。和孩子一起学习一些典故,更容易让孩子接受你的想法,理解典故的含义,达到教育的目的。

我们全家都喜欢读书,读书是一种休闲方式;读书更能增进我们的亲情。好多问题都可在读书中迎刃而解。

阅读可以说是形式最简捷、价格最低廉的休闲方式之一。阅读书报不仅可以积累知识,提高思维能力,还有助于缓解压力,愉悦身心,并且可以提升修养、陶冶性情。通过阅读反省自我、提升自我,从而养成内省和深思的习惯。在阅读中能够感受到真、善、美,能够陶冶情操,修身养性。阅读是一项日积月累的、潜移默化的精神活动。阅读影响着一个人的审美观、道德观、人生观和价值观。

阅读经典、阅读思想、阅读文化、阅读精神的过程,不但是增长见识、汲取智慧的过程,也是阅读者的灵魂得到升华的过程。好书是心灵的驿站,阅读是一种享受,也是一种乐趣。人们常说:"书是人的精神食粮。"读书能够增添生活的乐趣,改善生活的质量。

1.2.5 学习、工作和生活离不开阅读

人们的学习和生活离不开阅读是众所周知、有目共睹的。我们的校园学习生活一直与书为伴。阅读在生活中必不可少:从报刊到协议、合同,从各类产品说明书到文学作品,阅读影响着生活的方方面面。

然而对于阅读在职业活动中的作用,有的人认识可能还不够深刻和全面。有人认为读书是校园里的事,有人觉得若是从事体力劳动就不怎么需要阅读,其实这些都是错误和片面的。阅读在工作中的作用可以用举足轻重来形容。无论是党政机关的各级干部,还是各类企事业单位的领导和职员,出于工作需要,他们每天会阅读很多文件、计划、总结、报告、合同、协议等材料。众多机构、团体和单位在上传、下达时必然要借助文

字材料使相关人员通过阅读来了解情况,掌握信息,这已成为一种高效的工作方式。

作为管理者,不可能事必躬亲,也不可能所有的事情都通过面谈了解和解决。通过高效地、有重点地阅读下属的工作报告,能够掌握大局并及时发现问题、解决问题;

作为员工,时常需要学习文件、了解规章,无论是通常所说的"白领"还是"蓝领",所有人具备一定的阅读能力在工作中都是大有裨益的。

为了掌握科学的工作方法,了解新信息,提高自身素质,每个人都需要阅读大量的书籍、报刊。在任何时候、任何时代,阅读都是不能取代的。台湾著名作家柏杨说:"世界上,除了生命不可以取代,健康不可以取代之外,阅读同样地也不可以取代。"

总而言之,通过广泛阅读人们能够扩大视野,丰富知识,增长才干,从而提升综合素质,提高自己在社会上的竞争力;阅读可以帮助人们得到更多的机会,获得更大的成就;在阅读过程中,人们的身心可以得到愉悦,审美情趣会得到提高。"书是人类进步的阶梯。"读书是一个人、一个民族发展和进步的必由之路。

本节思考题:

阅读给你的生活带来了什么变化? 假使没有阅读,你的生活将会是怎样的?

1.3 阅读材料的选择

善于选书,才能够善于读书。——茅盾

合理地选择阅读材料是达到阅读目的的基础,也是实现预期的阅读目标的关键。面对浩如烟海的阅读材料,我们该选择什么样的材料进行阅读呢? 我们又该如何进行选择和甄别呢?

1.3.1 选择阅读材料的必要性

① 警惕不良阅读材料

【案例1-7】

一位小学教师在自习课上无意中发现自己的学生在偷看充斥着淫秽画面的漫画书,将书没收后,这位老师了解到该班已有十几名学生传看了这些内容不健康的漫画书。

这些书都是在一家小书店里买的,而这样的书店在很多地方都有,并非个案。不少书店都向青少年出租或出售有淫秽、暴力等内容的书刊。一些仅看书名就令人作呕的书籍正堂而皇之地在一些学校的校园里被传阅。

青少年时期是一个充满好奇心的阶段。当孩子们以好奇的眼光打量这个色彩斑斓的世界的时候,一些人受利益驱使利用孩子们的好奇心,用不健康的书籍诱惑和误导这些涉世未深的孩子,以致给这些孩子带来恶果与灾难。

有人对工读学校的学生做了调查,发现其中有70%以上都是从偷看黄色书刊开始走向邪路的。许多误入歧途的中学生最初也只是出于好奇,抑或是在无意间有所接触。起初很多人也是自认为完全有抵抗力的,结果一旦接触便不能自拔。书中的不良内容,使读者产生模仿和尝试的愿望。整日沉湎于不健康的想象之中,致使精神萎靡,情绪不稳定,对很多事都提不起精神,更无心思学习。结果轻则影响学业,重则走上犯罪的道路。

青少年时期是孩子的性格、心理形成的时期,他们由于识别能力尚欠缺,往往瑕瑜不分;同时他们又具有很强的学习和模仿能力,因而不健康读物极易引起他们的愚蠢行为。不良书刊可能会影响小读者一生的性格与心理。

上述案例告诉我们阅读需要有选择地进行。在当今社会上,阅读材料鱼龙混杂,水平良莠不齐。人们开始重新理解"开卷有益",为"开卷"增加了种种限定。其最主要的原因是内容不健康的书籍不仅对人无益,而且会荼毒读者身心,尤其对青少年读者来讲,不良阅读内容的影响可能会遗患无穷。这让我们不得不提高警惕,对阅读材料悉心甄别。

② 应对数量庞大的阅读材料

【案例1-8】

内容浩如烟海　假性阅读正在侵蚀着我们

阅读内容的增多,使得阅读变成了一件不那么严肃的事情,远不像当年,我们经常要跑路去书店。阅读变得更加容易,也更加艰难。容易的是得到,艰难的是记忆。你用不着再去记一些古诗词、一些生僻的警句,因为在网络上一搜索,什么都来了。

假性阅读正在侵蚀着我们,我们一点也不会被强迫,但我们看不下去东西。我们要求句子直白、幽默、短小,最好是有插图,最好插图比文字还多。

假性阅读开始是一种习惯,可怕的是,这种习惯从数码产品一普及,就不可遏止地蔓延起来。如果说,以前人脑海里的知识,如同一座山,沟壑纵横,矿藏丰富,那么现在就是一片海,虽然也那么广阔,但一切都是浮动的、不确定的,你早晨还想记住的那个小笑话,到了吃午饭前,就怎么也想不起来了。

最了解你的本能的是畅销书出版商,他们知道你的兴奋点来得快、去得疾,你的目光在书店里扫过一本书,只能花去短短的 0.7 秒,所以,他们必须在别的地方引起你的注意,比如说你骨子里的小资情调,你不就喜欢精灵古怪异型开本的玩意儿吗?好吧,图书的包装已经让你的书架都显得落伍了。如果你自认为是一个有文化的、高雅的人,对了,那些读起来不知所云的东西肯定合你的胃口。当然,你很可能是一个俗人,好吧,美女作家你感兴趣吗?要是还不感兴趣,美少女呢?

第二了解你的,就是像我这样写随笔的家伙了。咏物叹事的随笔早已经过时,因为你比谁都来得多愁善感。你需要的是小锤子,那些有点道理却又嬉皮笑脸的警句,说白了就是俏皮话,是你的最爱,它们就是包了彩色外套的塑料小锤子,在你那沉浮不定的小心灵上敲来砸去。让你如同在做推拿、做按摩,小粉拳砸在后背上,那叫一个熨帖。其实你需要的既不是道理也不是知识,你只要熨帖,你心里舒服了也就完了,还要书干什么用!

这篇文章一方面反映了令人尴尬的阅读现实,另一方面也反映出需要对阅读材料认真选择和鉴别的又一重要原因,即如今各类阅读材料为数众多,我们必须对阅读材料去粗取精。当前除了五花八门的传统印刷品外,网络上的阅读材料在人们的工作、学习和生活中占据了越来越重要而突出的地位。然而面对扑面而来浩如烟海、鱼龙混杂的书籍和网络信息,从中找到能满足我们需要、对我们有益的阅读材料,越来越成为一件相当困难的事情。

阅读的过程就是阅读者汲取知识、获得信息的过程,但从一定意义上来说,也是阅读者去除冗余信息和虚假信息,选择有效信息和有益信息的过程,换而言之,阅读材料的选择不仅仅是进行阅读前需要做的,在阅读的过程之中也同样离不开对材料的选择和甄别。

对阅读材料进行筛选,我们不必担心读得数量太少,哪怕是做学问的学者读本专业领域中的专业著作,也不必本本都读。车尔尼雪夫斯基说过:"每种学科的主要著作是很少的,其余一切著作不过是把这少数著作里说得很充分、很清楚的话加以重复、冲淡和损害罢了。"这话虽貌似绝对,其实是有一定道理的。只要经过认真地筛选和比较,你就不难发现哪些书属于某一学科的第一流的代表著作,只要熟读这些著作,你就可以领略学科的全貌,洞察学科的前沿和发展动向。

1.3.2 选择阅读材料的方法

阅读一本不适合自己的书,比不阅读还要糟糕,我们必须学会这样一种本领,选择最有价值、最适合自己需要的读物。——〔俄国〕别林斯基

从别林斯基的话中,我们可以发现两条非常重要的选择阅读材料的标准:一是选择"最有价值"的材料;二是要选择"最适合自己需要"的材料。

① 选择阅读材料的原则

【案例1-9】

洪先生目前是杭州某人才信息服务中心的负责人。在他读中学的时候,由于成绩好,老师让他课余时间管图书馆。那时候很流行武侠小说,管图书馆就意味着可以尽情地看武侠书了,为此同学们都非常羡慕他。

有一次,一位同学来借书,看他津津有味地捧着一本书边看边抄写,同学问他在看什么好书。当同学看清楚那是本《专利公报》,感到难以置信,反反复复地问他干嘛看这样的书,抄这些东西做什么呢? 其实洪先生从小喜欢物理,对搞发明非常感兴趣。而这本《专利公报》不仅介绍了我国专利法颁布后的第一批发明项目,上面还有发明人的电话、地址。这对他来讲,远比武侠小说更有吸引力。他把那些发明人的联系方式一个个抄下来,给他们写信。其实也没什么特殊的目的,就是想跟他们交流交流,请教一些问题。

后来,洪先生不仅在这些发明者的影响下开始搞些发明、创造,而且从他的阅读和实践当中,他发现了信息的重要性。这对他以后的职业发展产生了深远的影响。

像洪先生这样在阅读中获益的人还很多很多,洪先生的成功并不是偶然的。通过了解他们的经历,我们在选择阅读材料方面能够获得什么样的启发呢? 我们在选择阅读材料时,一方面要根据自己的兴趣和爱好,选择有益于发展自己兴趣爱好的材料;另一方面要有长远的眼光,要学会选择对自己的事业和生活有益的材料。

在选择阅读材料的时候,我们往往需要学会舍弃,只读自己最需要的信息。现代社会的信息实在是太多了,我们必须要学会按自己的要求筛选信息。拿读报来说,现在的报纸越来越厚,但对你有用的信息却未必很多,你只要找到自己需要看和喜欢看的版面,其余的一带而过即可。

另外,在选择阅读材料时,还需注意结合自己的年龄特点,选择适当的书籍、报刊等阅读材料。古训有"少不看水浒,老不看三国"之说。意思是青少年血气方刚,学梁山好汉行侠仗义容易惹事;而老年人阅历本来就多,再看这些勾心斗角的书会变得老奸巨猾。对于青少年来讲,正处于朝气蓬勃的发展时期,应该利用这阅读的黄金时期多读些有价值、有意义的书籍。

② 选择阅读材料的途径

我们在选择阅读材料的时候,一方面可以听朋友介绍,另一方面更要提高自己的鉴别能力。通常年轻人对师长的建议逆反情绪比较严重,其实,很多时候教师和家长所推荐的阅读材料未必是过时的、落伍的,他们毕竟阅历更多,鉴别能力更强。

我们自己在选择书籍等阅读材料的时候,应学会借助报刊以及网络上的书评和书讯等来判断阅读材料的性质与品质。在图书馆或书店选书的时候,可以通过阅读书的前言、内容梗概或者浏览文章把握大意,形成判断,做出选择。通常知名出版社出版的知名作家的作品也是比较值得信赖的。但更重要的是,要学会多问自己几个问题。如:"对我最有益的是哪些方面的书籍?""在这些方面哪个人的水平最高?他的哪本书水平最高?"这样你就能很快地找到最有价值的书来阅读。

总之,我们要结合自身水平和工作、学习、生活的需要,筛选出书籍或文章中的精品作为我们的阅读材料,以在有限的时间里获得最大的收益。

本节思考题:

1. 请你的朋友或家人为你推荐几本好书。

2. 向你的朋友们、同学们推荐一本你读过的好书或一篇好文章,并阐明推荐的理由。

1.4 阅读的方式

很多时候为了应对考试或是出于工作和生活的需要,我们不得不进行阅读和学习。这与主动选择有兴趣、有价值的材料不同,我们是在被动地而非主动地阅读。然而无论是被动地读,还是主动地读,想要达到良好的阅读效果,都需要采取适当的阅读方式。阅读方式关系着阅读活动能否顺利进行,直接影响阅读的效率。针对不同的阅读材料和阅读要求,结合自身的阅读目的和需要,选择适当的阅读方式是达到阅读目标、提高阅读效率、改善阅读效果的关键。那么常用的阅读方式有哪些呢?

1.4.1 通读

【案例1-10】

几年前,一家知名的跨国公司招贤纳士。那次招聘云集了众多社会精英与青年才俊。大家纷纷猜测该公司会怎么考察和挑选人才。

按照惯例,第一轮是笔试,然而这家公司的笔试却使大家充满了猜测和好奇。因为通常笔试都是要进行一两个小时的,而这家公司的笔试仅有15分钟。15分钟的考试可能考什么呢?它能考出能力、考出水平吗?当到场的应聘者拿到试卷的时候,大家都感到有点意外,甚至觉得有点吃惊和不满。因为试卷是厚厚的一大叠,而且上面密密麻麻地写满了各种问题。

考试正式开始了。不少人迫不及待地开始作答。题目都是些一般性的问题,并不难,大家隐隐觉得这次应该是比反应、拼速度了,于是"奋笔疾书"、"埋头苦写"。刚过两分钟,有个小伙子便交了卷,离开了考场。大家均想,那小伙子可能知难而退,主动放弃了,可是从小伙子的表情上看不到一丝沮丧和不快。又过了几分钟,多了几个交卷的人。这么短的时间,答完所有题目是不可能的啊?可是他们看上去却都很轻松……

15分钟很快过去了,坚持答题到最后一刻的应聘者们不得不交了试卷。考场中一片唏嘘声,看样子刚刚交卷的这些人都没有答完,心情都不好。大家不明白这样的考试意义何在。这时,一位考官开口了,他问:"你们看到最后一页了吗?"大家抱怨地说:"时间这么短,怎么来得及呢?""当然没有看到……"。考官顿了顿,说:"最后一页最后一行的内容是:前面的问题您没有必要一一作答,在此签上您的姓名,您便可以离开了。"大家瞠目结舌,同时又似乎恍然大悟……

若干天后,赶往那家公司参加复试的,自然是那几位提前交卷的应聘者。

通读首先要对阅读材料从头到尾通览一遍,意在了解全貌,以求一个完整的印象,取得"鸟瞰全景"的效果。通常在考试过程中可以在正式答题之前采取这种方式来阅读整个试卷,把握全卷的大体内容与布局,以合理安排答题时间并避免漏答。故事中那个第一个交卷的小伙子很可能就是由于通读了试卷，从而抓住了卷末的关键信息。他是凭借着良好的阅读习惯和恰当的阅读方式而轻松取胜的。

1.4.2 跳读

【案例 1－11】

李浩是某网络媒体新来的记者，他刚刚走出大学校门不久，对适应新环境、做好记者工作充满了信心。然而上周他却受到了一点挫折。

那天一早陈主编通知小李，让他下午一起去附近的一家五星级宾馆参加一个知名公司举办的新品暨新策略发布会，还在会后安排了对其公司负责人的专访。这是李浩参加工作以来第一次代表他们的媒体出去开会，他感到非常兴奋。

到了活动现场，在签到的时候会议举办者向每位与会记者发放了新闻资料、产品资料及其他相关材料，这些材料加起来有厚厚的一摞。李浩知道这既是会后专访的主要参考，也是回去写稿子时的主要参考依据，他赶忙收好。

发布会开始了，小李学着周围记者的样子，一边听发言人的简要介绍，一边翻看相关的介绍材料。可是每个部分都是他还没来得及看完就匆匆过去了。他几次瞟向身边的主编，发现他也在翻看资料，但给人的感觉是气定神闲。

一个小时的发布会很快就结束了，小李竭尽全力也只读完了材料的一小部分。对同时进行的会议内容更是一知半解，想到马上要进行的专访，他心里着急，但在主编和诸位兄弟媒体的记者面前，他只能不露声色。

专访开始了，小李因为自己问不出任何有价值的关键性问题而懊丧不已。听着周围提问的记者每一个问题都切中要害，与企业老板交流的很多信息都很有价值，他羡慕不已。

回单位的路上，尽管小李感到有些不好意思，还是坦诚地向主编诉说了自己的窘迫。令他感激的是，主编并没有怀疑他的能力，而是以一个过来人的身份告诉他问题的症结和改进的办法。

道理和方法其实都很简单，面对多得不可能细细读完的阅读材料，只需要静下心来浏览个大概，然后找出几个自己觉得重要或者是有疑问的部分，在上面多留点心就不用担心在专访时提不出好问题了。李浩深切地感到，以后类似的会议还可能参加很多次，要想出色地完成任务，自己一定得掌握好阅读技巧才行。

跳读是一种跳跃式的阅读方法。它是指将阅读材料中无关紧要的内容放在一边，抓住材料的筋骨脉络阅读，重点掌握某些部分的要点。我们在生活中，有不少阅读材料是不需要或者是不可能逐字逐句地阅读的，我们需要根据具体情况，结合自身需求"跳"过不重要信息或冗余信息，将宝贵的阅读时间分配在最有价值的内容上。

另外，跳读也指在阅读过程中绕过不懂的地方、将难点存疑的读书方法。鲁迅认为"若是碰到疑问而只看到那个地方，那无论看多久都不会懂。所以跳过去，再向前进，于是连以前的地方也明白了。"

1.4.3 精读
【案例1-12】

小王从职业技术学院毕业后，兴致勃勃地来到沿海某市找工作。他清楚地记得接到公司的面试通知那天是7月1日。他觉得自己算是比较幸运的，因为整个找工作的过程比他想象的更顺利。到了签约那天，工作人员将合同递给他过目，并强调："合同期限一年，押金500元。"尽管来之前小王的不少亲友都叮嘱过他要好好读读合同，在签约的喜悦中他像其他几个同时被录用的人一样匆匆浏览了一下合同条款就立即签了字，并按要求交了押金。

尽管回家的路上，他觉得就这样将自己"卖"了，有点感慨，但想到这家公司的信誉和业绩都还不错，这份工作会使自己成为同学羡慕的对象，他心里兴奋得不得了。

7月3日，小王开始正式上班。公司给每个人分配了五张酒店等服务行业打折的金卡和银卡，并规定，一个月内推销完可再领取，按推销数量发放工资，如有剩余，没有推销出去的会员卡费用由自己承担。一个月下来，他按公司提供的准客户名单逐个找去，却每次都被人家拒之门外。小王越来越觉得自己并不适合做这样的工作。8月3日，他向公司提出辞职，并想拿回押金。但公司领导说："合同期限是一年，现在提出辞职是违约行为，按规定，我们有权扣留500元押金。"

原来，那家公司狡猾地在合同条款中说明："乙方在合同期限内违约的，甲方有权扣留全部押金。""未完成的推销任务由个人承担，公司不承担任何责任。"这样一来，小王若是辞职不但不能领回押金，而且只要没有把卡推销出去，剩余卡的费用全都得由小王自己支付，公司不承担任何风险。不仅如此，小王在咨询了律师之后，得知当时他签订的只是份代理合同,也就是说,小王还不是公司正式员工,不享受公司正式员工的任何待遇和福利。小王觉得这非常不公平,但合同已经签了,现在他也只能从合同误解这个角度来要求变更合同或解除合同,举证的难度非常大。

我们在同情小王的同时,更需从他的遭遇中汲取教训。涉世未深的小王一个最大的失误就是,对重要的材料他没有采取适当的方式认真地阅读,把握合同内容时遗漏了重要的细节,以致给自己带来不可挽回的损失和伤害。

对于关系重大的阅读材料,我们应该运用"精读"的方式进行阅读。精读即细读,是最为重要的一种阅读方式之一。宋代朱熹在《读书之要》中说:"大抵读书,须先熟读,使其言皆若出于吾之口;继以精思,使其言皆若出于吾之心,然后可以省得尔。"

这里所说的"熟读"而"精思",便是精读的精髓。阅读时要细读,反复琢磨,反复思考,务求明白透彻,了然于心。除了重要的合同合约,对一些名篇佳作、重要专业书籍等材料,我们也应该运用这种阅读方式,以求达到理想的阅读效果。

1.4.4 略读

【案例 1-13】

一次,我的同屋买书回来后向大家抱怨,她说她觉得自己买书常有"上当"的感觉,因为很多书买回来再看时,感觉跟买的时候不太一样了。有的内容不似初看时那么好,有的干脆就不是自己想买的书,所以沉甸甸地带回来,只能用来装饰书架了。我们都笑她,有人说:"又没人逼你非买不可。"也有人说:"没人催你,干吗不看仔细再买呢?"她想了想,说:"你们觉不觉得这买书还挺考验阅读水平的。一般人决定一本书买还是不买也就几分钟时间,前前后后翻翻就该拿主意了。一方面是自己没工夫细看,就算自己有时间,可挑书时售货员或其他买书者老在你跟前站着,你也受不了啊……"大家深有同感。

这件小事让我想起来英语泛读课上,老师曾教给我们的一种名为"scanning"的阅读方式。我觉得这方式除了用来应付考试,在买书、选书的时候用来小试牛刀,也会是个不错的主意。

这种英文名为"scanning"的阅读方式,有人翻译为"浏览",有人称之为"寻读",在此我们将它称为"略读"。具体是指阅读者对阅读材料不从头到尾一一细读,而是只读内容提要、序跋、目录、翻看文章的大、小标题,选读部分段落和内容,浏览图表、结论等,概略地了解其总体内容。阅读时可以随便翻翻,略观大意;也可以只抓住评论的关键性语句,弄清主要观点,了解主要事实或典型事例。

我们可以通过略读来抓住一本书或一篇文章的要领。可以用这种方法,来弄清楚一本书是否同你的需要真正有关。

略读除了在购书、选书时能派上用场,它还有一个重要的用途就是学习过程中,在读课本的详细内容以前,纵览或大概了解一下该章或该节的内容。这样做能在一定程度上帮助学习者建构知识框架、提高学习效果。

1.4.5 寻读

寻读又称猎读,是一种为了查找文章中的某些具体信息而采取的带有很强目的性的阅读方式。这些特定信息如:数字、年代、人物、地名、某个主题词等。运用这种阅读方式时,重在辨认,而非理解。为了保证眼睛不漏看所要找的词语或事实,需要特别集中注意力。寻读过程中还需发现规律,按照信息编排的规律寻找,会事半功倍。寻读在学习、工作和生活的很多方面都有用武之地,比如在图书馆按照书名或检索到的书号找自己想借的图书,在词典中找到自己想查的词条,在地图上查找某地的具体位置,在机场电子布告牌上搜寻航班信息,在众多报刊、书籍中找一篇曾经读过却又忘记具体信息的文章……很多时候,寻读的速度直接关系到办事的效率。

寻读与略读既有联系又有区别。共同之处在于:这两种阅读策略都不同于一般的阅读,不是一字一句地阅读,而是有选择性地阅读;二者的区别在于:前者是指为查找某些特定信息的快速阅读策略,后者则是快速把握内容梗概的阅读方式。在实践中应根据阅读目的的不同而恰当地加以运用。

1.4.6 诵读

【案例1-14】

呷摸经典诵读(节选)

说起来,这场面可真不小。海内外华人青少年,特别是海峡两岸的青少年1000人列队齐诵《论语》,数十人齐诵《道德经》、《孟子》等中华文化经典,或以现代歌曲形式咏唱唐诗、宋词等古诗文,声音悦耳悠扬,气势恢弘,让人荡气回肠。这是华夏文化纽带工程组委会牵头主办的首届华人中华文化经典诵读友谊赛上出现的盛况。

近些年，京城悄然兴起国学热，不但一些中小学校鼓励学生在正常教学外的时间诵读古文化经典，而且一些热爱中华文化的人士也投身于中华文化经典诵读的推广，受到社会各界的关注和支持。毫无疑问，开展中华文化经典的诵读活动，对提高人的文化修养，提高整个国民的人文素质，具有潜移默化的深远意义。

您会诵读中华文化经典，例如《论语》和《道德经》吗？说到经典诵读，估计有不少人会想到古诗词朗诵，或者联想到在古装电视剧里看到的留着长辫子、穿着马褂、摇头晃脑地背诵经书的镜头。其实中华文化经典诵读，既不只限于朗诵古诗词，也与古装电视剧里出现的迂腐形象不是一码事。在内容上，它是对包括优秀古诗词在内的所有发生过深远影响的文化典籍的背诵朗读；在方法上，诵读是对中华文化经典的一种特殊意义上的学习。它是在对中华文化经典理解的基础上，按作者的创意和原来的意义诵读出来的，所以讲究原韵原味，听起来抑扬顿挫，非常有诗意和神韵。可以说，中华文化经典诵读本身也是一种艺术。

上个世纪90年代，为弘扬中华民族的传统文化，一些机构开始组织中华文化经典诵读；与此同时，台湾则在民间广泛开展了中华文化经典诵读活动。据称台湾每年都有100万青少年不同程度地参与，每年都要搞大型的诵读比赛。台湾有个净化社会基金会，在资金方面积极支持这些活动。为了提高国民对中国经典文化的认知，增进海内外华人对诵读活动的交流，推进中华文化经典诵读活动的普及，在9月18日到20日在孔子的故乡曲阜，举办了首届华人中华文化经典诵读友谊赛。在国内举办这么大型的古代经典诗文诵读活动，建国以来还是第一次。

"诵读"又称"背读"，是指阅读者通过反复吟诵，以达到对读物内容牢固记忆的方法。这似乎是一种因古老、速度慢而显得有些迂腐和笨拙的读书方式，然而，实际上，它不但是古人行之有效的读书方式，同时也是现代人阅读中所必不可少的方式。上世纪末在北京、上海等大城市兴起的诵读热，就是一个很好的例证。

我国传统文化博大精深，优秀的阅读材料俯拾皆是。不论是先秦诸子百家的经典，还是汉赋、唐诗、宋词、元曲，通过诵读都会让我们受益匪浅。诵读这些经典，不仅有益于增长知识、陶冶情操，也有益于我们提高自身素质和竞争力，在未来的职业活动中立于不败之地。

1.4.7 抄读

【案例 1-15】

钱钟书是我国著名作家,是公认的"一代才子"。对于做读书笔记,开始的时候他并不以为然。

他在清华大学读书时,自恃有过目不忘的记忆力,连课堂上听讲都不记笔记,而对于读课外书籍时做笔记就更加不屑了。虽然他初进清华大学时就立志要"横扫清华图书馆",但他看书时却只在书上用铅笔写、画,并不做笔记。

后来他毕业后到上海光华大学任教,在备课、写文章的实践中,他方才认识到读书单凭记忆是不行的,遂开始边读书边做笔记,养成了良好的阅读习惯。

钱钟书的读书笔记本很厚,有普通练习本的四倍,上面写得密密麻麻,有中文,也有英文,别人很难看懂。他每读一书,都做笔记,摘出精华,指出谬误,写下心得。他很珍重自己的读书笔记,"文革"期间,他曾被下放到河南"五七"干校劳动,行李箱里也忘不了放上几本字典、词典和读书笔记,一有空便反刍似的拿出来阅读。

熟悉钱钟书的学者都说,钱钟书的记忆力的确是惊人的,几十年前读过的东西还能记住。有外国学者甚至称他的记忆是"照相机式"的记忆。即便如此,从某种意义上说,读书笔记是钱钟书攀上学术高峰的重要阶梯。

钱钟书先生尚且如此,对于记忆力一般的人来说,读书做笔记就更为必要了。

抄读,是指将读书与做摘录、记心得、写文章结合起来,有人将这种阅读方法称为笔记阅读。笔记阅读是古今中外名人学者读书的宝贵经验之一。徐特立先生曾说:"不动笔墨不读书。"俗语也有"好记性不如烂笔头"之说。

综观古今中外,凡是刻苦攻读而又有所建树的学者,很有可能都是在阅读时注重运用抄读法的。阅读者一边阅读和思考,一边动笔在文章上圈点批注;或编制卡片,摘录内容,编写提要、札记、心得等。这种阅读方式手脑共用,不仅能加深印象,增强记忆,加深理解,还可以锻炼人思维的条理性,逻辑性和分析综合能力。同时,能够开阔视野,促进将知识转化为技能和技巧,还有利于发现和研究新问题。

另外，这也是被实践证明了的一种可以有效地提高语言文字表达能力的方法。阅读者能够积累大量的材料，备查待用。这种策略的形成，会使阅读者终身受益。

1.4.8 朗读

朗读是与默读相对的读书方式，它是一种眼到、心到、口到并发出声来的阅读方式。朗读是重要的阅读训练之一，在我国传统的阅读方法中，十分重视朗读的作用。它与诵读有联系，但又不以记忆为目的。

朗读的基本要求是准确、流利。朗读并非一件轻而易举的事，朗读时容易出现增字、减字、重复、颠倒等错误和问题。要使朗读收到良好的效果，通常还要求配合以适当的语调、表情和手势。

朗读不仅有助于阅读者理解阅读材料，深入地领悟文章的精微之处，而且还是锻炼思维、发展智力的重要途径。

1.4.9 默读

【案例 1-16】

张欣欣是名初中生。她和同桌王芳是从同一所小学考到这所市重点中学的，当她们发现被分在了一个班时，都非常高兴，她们主动要求当同桌，班主任同意了她们的要求，希望她们互相学习、互相帮助。

她们本来关系很要好，相处非常愉快，可是最近张欣欣却有点闷闷不乐。因为每次上自习的时候，她都能听到身边的王芳嘴里嘟嘟囔囔的，不论是看书还是写作业，王芳常常是看到哪儿念到哪儿，尽管她声音不大，可是欣欣与她近在咫尺，想不听都难。开始，欣欣还忍着，可是后来她发现同桌这种习惯常会打断自己的思维，使自己的学习效率严重下降，后来还时常被同桌的嘟囔声搞得心浮气躁。

深受其害而不堪其扰的欣欣有一天终于忍不住对王芳说能否读的时候不要出声，王芳先是一愣，既而意识到了自己的毛病，尽管觉得有点尴尬，王芳还是道了歉，并开始试着改正自己的不良习惯。开始时，王芳在看书时，还是会不由自主地"动口"，每到这时，欣欣便会提醒她。

过了一段时间后，王芳在读东西时，终于不再下意识地出声了。她发现克服了以前的毛病后，阅读的速度比以前更快了。

王芳之所以会看书时"嘴里嘟嘟囔囔的"，是因为她没有养成默读的习惯。默读是不出声的阅读方式，又称心读。采用默读的方式不仅可以避免在阅读时干扰他人,而且由于默读不需要考虑发音,还有利于思维活动的进行,能够提高阅读速度。默读是最重要的阅读方式之一,也是我们平时使用最多的阅读方式。

1.4.10 速读
【案例1-17】

　　申论,是国家公务员考试的一个重要组成部分,它是对分析驾驭材料能力、解决问题能力、言语表达能力的测试,要求考生在阅读和理解所给材料后,在规定时间内完成一定的写作任务。

　　2006年的中央机关、国家公务员考试与过去不同的是,报考所有职位的考生都要参加"申论"科目的考试。在国家公务员考试做出该重大改革后,江苏省的地方公务员考试也跟着做出了一些调整。

　　在今年的江苏省公务员考试大纲中,《申论》部分给出的阅读材料由1500字左右增加到10000字。考试时间仍为150分钟。阅读量大大增长了,但阅读时间却没有改变,这就意味着,考生要在相同的时间内去阅读和理解比往年多6倍左右的内容,难度增加了很多。

　　对于如何准备应考,有专家说,首先考生要锻炼自己的阅读理解能力,在考试中虽然不能夸张到"一目十行",但是至少要比往年的阅读速度快很多,考试节奏改变了,广大考生要适应,要尽量快地阅读,从而保证写作阶段有更为充裕的时间来组织语言和文字;再者,要沉着,所有的人都是站在同一起跑线上,不能因为阅读量的大量增加而急躁,这样在考试和复习过程中是得不偿失的。

　　在申论考试中,阅读所给资料时,需要运用速读法。顾名思义,速读是一种快速读书的方式。速读要求阅读者通过迅速浏览阅读材料,了解材料的内容大意。这种方式不仅可以用于应对考试,而且加快阅读速度,可以在有限时间内扩大阅读量,适用于阅读同类的书籍或参考书等。

　　在信息日益膨胀的今天,许多行业中的许多岗位都需要员工能具备快速掌握海量信息的能力,以在本岗位的竞争中占据有利地位。

　　例如说,市场部员工需要迅速收集市场上竞争对手的活动信息,对其活动的真实意图加以分析,还要通过大量的媒体阅读以了解本企业市场宣传工作的质量和效率;研发人员要阅读大量的技术文档和设计说明,以保证自己的研发工作顺利进行;销售人员除了要阅读销售标书、产品说明书之外,还要通过网络和平面媒体,大量地阅读整个市场和产业的动态信息，以提高销售业绩。

在这个"知识爆炸"的时代，人类的科学知识、各种出版物以及每天面对的新信息，都在快速增长。同时，人们的学习和工作压力也较之过去更为沉重。在这种形势下，现实对人们的阅读速度提出了更高的要求。速读在人们的工作和生活中使用得越来越多，同时也越来越受到大家的重视。

阅读并不是一种匀速运动，阅读者在阅读过程中应根据需要，对不同的阅读材料和阅读材料的不同部分使用不同的速度阅读。在阅读的实践中我们要分清哪些材料是需要精读的，哪些材料可以速读的，对于需要精读的材料要采取比较慢的阅读速度，对于速读材料只要把握住文章的大意就可以了。速读也可以作为精读前的准备和预习。

本节思考题：

1. 一位语文教师想在网上寻找一些应用文范文，她采用何种阅读方式最为适宜？
2. 你对近年各地兴起的"诵读经典热"有什么看法？

1.5 阅读能力的提高

【案例 1-18】

英国心理学家罗曼尼斯（Romanes）是最早开始研究阅读理解问题的学者，早在 1884 年他就报告了一个关于阅读理解的研究成果。

在研究中，他请若干成年人在规定的时间之内读一段有十行文字的文章，并要求他们在阅读后写下他们能够记得的内容。他发现，这些人在阅读速度方面的差异是 4∶1，也就是说，读同样内容的材料时，读得快的人与读得慢的人相比，读得快的人只需要读得慢的人所用时间的四分之一；并且读得快的人回忆出的内容更多。

人类知识的传递有相当的比重是通过阅读理解活动实现的，阅读理解是学习知识、发展智力的基础和前提，阅读能力的高下在很大程度上影响着人们学习、工作的效率和结果。为什么有的人能够读得又快又好，而有的人不但阅读速度慢，而且阅读效果还不够理想呢？

我们应该通过对比，发现其中的原因，了解影响阅读效果的主观因素，并结合自己的实际情况发现和克服阅读过程中存在的困难和问题、训练阅读技能、培养良好的阅读习惯,使自己的阅读能力在原有水平上得到提高。

1.5.1 影响阅读效果的一些因素

1. 注意力是否集中

【案例 1-19】

列宁读书的速度和理解的深度是异常惊人的。有一次,一位老布尔什维克看见列宁正捧着一本厚厚的外文书在快速地翻阅,便问他,要把一首诗背下来的话需要读多少遍。列宁回答说只要读两遍就可以了。

列宁之所以具有如此强的记忆力,是与他读书过程中的专心致志分不开的。他读起书来,对周围的一切就不理会了。有一次,他的几个姐妹在他读书的时候恶作剧,用 6 把椅子在他身后搭了一个摇摇欲坠的三角塔,只要列宁一动,塔就会轰然倒塌。姐妹们都等着看他的好戏,然而,正沉醉在阅读之中的列宁却毫无察觉,坐在那里纹丝不动。姐妹们不甘心,躲在旁边等啊等,直到半小时以后,列宁把当时想读的一章都读完了,他才抬起头来,这时木塔才终于塌了下来⋯⋯

列宁读书的故事说明,要想把书读透、记牢,必须高度集中注意力。阅读不但是一种视觉活动,更是一种思维活动。要提高阅读速度和效率,聚精会神是前提。阅读效果的好坏同我们精力集中程度是成正比的。只有集中精神,才能看得快,想得深。

要解决这个问题,除了靠有意识地克服不良习惯外,大家可以通过一些练习,逐步养成集中注意力阅读的习惯,同时也提高在阅读过程中抵抗外界干扰的能力。据说毛泽东在年轻的时候为了训练自己集中注意力的能力,曾给自己立下这样一个训练科目——到城门附近车水马龙之处读书。这种能力是可以培养的,通过有意识地练习,逐渐形成习惯,就能够慢慢改掉阅读时注意力不够集中的毛病。

2. 阅读方式是否得当

【案例 1-20】

下面是网友在论坛中的几段留言。

"我觉得自己学习够努力的,我常抱着课本仔细地读。但到考试时,仍然发现有太多的知识自己没有注意到,或是似曾相识却又似是而非,很难准确地回答问题。⋯⋯"

"我发现自己在阅读的过程中,总是会不由自主地默读起来。我记得曾有专家说,阅读时一定要克服默读这个不良习惯,因为默读会大大降低阅读速度。大家是怎样看待这个问题的?有什么好的方法可以帮助克服这种习惯,提高阅读速度呢?"

"我是学文科的,书上好多东西看完还得背下来。不知道从什么时候起,在背书时,我养成了一种习惯:左手执尺,右手持笔,边看边画,边画边看。起初,我画的都是一些重点和难点,效果还可以。可是渐渐地,我发现我看完的书上画满了横线,几乎整页都是。这方法对加深印象、帮助记忆也没有多大作用了,而且还挺影响速度的……"

"最近我发现自己在看书的时候,动不动就会走神儿,看了后边忘了前边,然后就不得不回过头来重新看——看课本如此,看报纸、杂志如此,就是在看武侠小说的时候也会发生这种情况。不知道有没有跟我一样的人?我该怎么办呢?"

这些留言反映了不少读者在阅读时所面临的一些共同性的问题。概括起来,主要有以下几个方面:

(1)逐字逐句阅读。阅读心理学研究表明,大多数人的阅读速度远远低于思维速度。很多时候,逐字逐句阅读是一种浪费,因为一般情况下,文章中真正对读者有价值、有意义的信息是有限的。而且,这种阅读方式容易造成只见树木、不见森林,从而缺乏全局观念的弊端。

我们应该练习通过迅速抓住句子的主干、抓住句子的主要信息来提高阅读理解的速度,调动视觉感受和思维的潜能。

(2)记忆缺乏选择性。有些人在阅读过程中平均使用力量,想把所有的内容都记住。这样阅读的结果是,时间虽然花了很多,理解和记忆的效果却很差。正确的做法是应该有针对性地采用适宜的记忆方法,有目的、有选择地去读、去记。无关紧要的词句可以舍弃,内容复杂的应该分析、归纳、理解后再记。对作者的意图、核心内容以及对自己有帮助的部分应该多花时间和精力。

(3)依赖有声阅读。我们知道朗读是一种有益的阅读方式,不过要求出声朗读的情况并不是很多。更多的时候,需要人们快速地看完、看懂。而阅读过程发声是影响阅读速度的大敌。因为"读"比"看"要慢得多。实际上,"唇读"和"心读"也是需要纠正的两种不易觉察的"有声"阅读形式。有的人尽管在阅读时没有跟着读出声来,但是心里总有一个声音在跟着默念;有的人在阅读的时候甚至每一个字都要不自觉地想到它的读音,这无疑是会影响和限制阅读速度和理解效果的。

彻底改掉这种不良习惯的确比较困难,需要我们勤加练习。对习惯出声朗读的人来说,可以尝试通过边嚼口香糖边阅读的方法,或者在阅读时将舌尖夹在齿间的方法改掉阅读过程发声或唇读的毛病。而摆脱心读的束缚,则需要更多地有意识地训练。由于人的视觉和脑的反应的速度很快,当心读的速度跟不上阅读和理解的速度的时候,自然就会渐渐放弃心读了。

(4)指画阅读。有的人在阅读的时候习惯用手指、铅笔或尺子指在要读的字行下面,随手指、尺子等指化物的移动慢慢阅读。这种阅读方式使阅读者将注意力集中在不断变换的字词上,而不能注意和思考文章中更为重要的概念或主题思想。因此,这种阅读不仅速度很慢,而且也会影响对阅读材料层次结构的把握,影响对内容的理解和记忆。我们应练习强制将双手拿开,单靠眼动来引导阅读。

(5)过多回视和补读。这里所说的回视和补读指的是回眸重读,即阅读者回过头来重新阅读刚刚读过的句子。在理解发生困难或者遗漏的某些细节影响到后文理解的时候,重读是一种积极的阅读手段。但是习惯性地、无目的地回视重读则是一种不良阅读习惯。一般不需要记忆或反复阅读的文章,只要顺着读一遍即可。如有必要,也要等整篇读完之后,再有目的性地回过头去仔细阅读某项内容。阅读过程中要尽量避免不断地回过头去重读。

3. 是否具有质疑态度和精神

【案例1-21】

朋友的妻子有喜了,这可忙坏了他这个众人眼中的"模范丈夫"。一次大家聚在一起闲聊,说着说着话题就绕到了快要做爸爸的那个朋友身上。大家都说,现代人怀孕可不比从前,讲究可多了。从饮食到情绪,从身体检查到胎教各方面都得注意。大家提醒朋友要注意多看些报刊和相关书籍,也可以多上网查查,到网上的论坛看看。朋友开始只是点头称是,后来终于忍不住了,只见他愁眉苦脸地打开了话匣子。他说自从知道爱人怀孕那天起,俩人的父母就开始隔三岔五地给他们送来书呀报呀的,只要是跟孕妇有关的,都给他搜罗了来。我想象着朋友认真研读什么"孕妇必读"、"孕妇须知",觉得很好笑。朋友也"不负众望",认真地"恶补"了一番。可他越看越怀疑一些文章的可信性。因为他发现很多文章说的不一样,有的甚至截然相反。就拿孕妇适宜不适宜吃猪肝来说,这篇文章称,美国科学家最新研究成果表明,动物内脏中所含的胆碱对胎儿的大脑发育有益。那篇文章又说孕妇应尽量少吃,说是其中维生素A含量很高,大量的维生素 A 进入孕妇体内,对胎儿发育危害很大,甚至会致畸。弄得朋友一头雾水,不知听谁信谁。看着朋友那副郁闷相,大家忍不住哈哈大笑。

孟子曰:"尽信书,则不如无书。"然而,仍有不少阅读者在阅读时往往将自己放在被动接受的位置上,只关注自己了解、领会、记忆、掌握了多少阅读材料中的内容,而忽视了主动地思考和分析,不注意带着怀疑的精神和质疑的态度阅读。其实,我们在阅读的过程中应该通过对比和鉴别,不断地发现问题、解决问题。

4. 是否亦读亦思

【案例 1-22】

这是一件真实的事。一天傍晚,我到邻居家串门,看到邻居家孩子拿着语文书,坐在桌子旁叽里咕噜地读着。他的父亲在一旁干活。我看孩子有点心不在焉,走过去一看,他的书竟是倒着拿的!

这种事我以前只听过,没见过,看着眼前这孩子煞有其事地读着,我心里感觉到的不是可笑,而是可悲。

其实,看书要有兴趣,也要用心。

有的人好读书而不求甚解。阅读的时候只动口、动眼,不动脑,这种只阅读不思考的阅读方式,让人对读过的材料留不下深刻的印象。孔子曰:"学而不思则罔,思而不学则殆。"

无论是阅读前、阅读中、还是阅读后,思考都是至关重要的。只有在阅读时积极调动已有的背景知识,边读边思,边思边读,将阅读与思考紧密地结合起来,才能准确、深刻地理解阅读材料的意义,达到理想的效果。

这正如鲁迅先生所强调的,一定要用自己的眼睛看,用自己的脑袋思考,千万不要让自己的头脑变成别人思想的跑马场。

1.5.2 阅读策略和技巧的训练

阅读策略是阅读者经过对阅读任务、自身已经具有的背景知识及自身能力等各方面因素进行综合分析、反复考虑之后产生的阅读方案,它以追求最佳效益为基本点。通过对阅读技巧的训练有利于形成好的阅读策略,以提高阅读理解的质量。

1. 预测——产生预期

【练习】

请在读完标题和每段的第一句话后推测下文的内容,然后细读全文,对自己的推测加以印证——

专家学者研讨人口、健康服务与和谐社会关系

中国老龄化形势十分严峻,2010 年开始我国每年进入老年期约 1000—2000 万人,本世纪中叶前老年人口将达 4 亿多,约占我们国家总人口的 30%。"未富先老"的国情决定了我们必须积极主动地应对老龄化问题,这对构建社会主义和谐社会意义十分重大。这是 8 月 11 日在北京召开的"人口、健康服务与和谐社会"研讨会上,来自国家计生委、中国社科院、北京大学、清华大学、中国人民大学等单位专家的共识。

专家们说,中国的老龄化问题来势迅速,而庞大的老年人群将是我国经济的巨大负担。中国老年人谈不上有储蓄养老能力。2000 年人口普查显示,中国老年人口的财产收入只占供养资源的 0.3%,老人几乎都是靠退休金、子女供养和继续劳动自我养老的。而现阶段的老年人都是经历过艰苦的岁月,为社会主义建设做出过重大贡献的一代,他们是社会稳定的力量。

然而,他们分享的改革开放成果不多,他们中有些人特别是农村老人,没有多少可以应对老龄化的资源。这就要求我们必须尽快探索一些行之有效的办法应对这一问题。

在我国,除了政府主导和群众积极参与外,社会参与是不可或缺的。在构建和谐社会中,要摸索居家养老、社区助老的方法,这可能会走出一条有中国特色社会主义应对老龄化的可行道路。

会上,专家们高度评价由北京大学老龄健康与家庭研究中心主任曾毅等主编的《21 世纪中国人口与经济发展》(社会科学文献出版社)一书,认为该书集中了国内著名专家学者关于中国人口研究的最新成果,探讨了未来中国人口年龄结构变化、人口老化、人力资源的发展趋势和对经济的影响,以及今后中国人口与经济的发展战略等。

这个练习的目的是帮助大家运用阅读过程中常用同时也很有价值的一种策略——预测策略。预测的目的是对阅读材料形成预期,从而提高阅读效率。

阅读前应先看题目或标题,自问就相关内容自己知道些什么?依照该题目或标题,文章有可能是讲什么的?进而判断有无必要阅读,决定是详读还是略读。

若读的是一本著作,那么根据目录和前言对全书内容进行预测有助于我们了解全书内容与框架,了解作者论述哪几个方面的问题及内部的层次。

预测策略也可运用在阅读正文的过程之中,阅读者应该一边读一边预测下文内容,判断是否有必要继续阅读下去,以何种方法将阅读进行下去,并自始至终理解和揣测作者的意图。

预测能力是可以逐步培养和提高的。训练自己的这种预测能力,最简便易行的一种做法是找一份质量较高的报纸,先就一些大标题进行内容预测,然后读副标题、引言及文中的小标题。接下来可以试着读读文章的开头和每段的第一句,再在头脑中形成明确的预期(最好能够用语言表述出来)。最后通读全文,对自己的预测进行印证,同时对自己的预测水平给予评价,以便对照。

利用报纸、杂志做这方面练习的好处是,报刊为了吸引人们的眼球,提起读者的阅读兴趣,一般会将文章的核心内容以及最吸引人的方面用最为凝练、精辟、生动的语言作为标题呈现给读者。但是也有一些不负责任的媒体,为了提高销量,确定标题时一味标新立异或者迎合读者的口味与心理,造成标题与核心内容相去甚远。这种情况在网络上更为常见。

大家还可以找一些书籍,通过翻看其目录、前言来推测该书的总体内容和各章节的内容侧重点。

2. 标注——提示重点

【案例1-23】

列宁酷爱读书,在紧张的革命斗争生活中,甚至在被捕、流放后仍然手不释卷。

他读书的时候很喜欢在书页的空白处随手写下内容丰富的评论、注释和心得体会。有时还在书的封面上标出最值得注意的观点或材料。一旦读到具有较高学术价值的著作,他还在书的扉页上或封面上写下书目索引,特别注明书中的好见解、好素材及具有代表性的错误论断的所在页码。

列宁把做批注视为一种创造性劳动,非常认真地加以对待,从不马虎草率。他一般使用铅笔批注,很少用钢笔。他写批注的过程,可以说是与书的作者探讨甚至激烈争论的过程。每当读到精辟处,他就批上"非常重要"、"机智灵活"、"妙不可言"等;读到谬误处,就批上"废话!""莫名其妙!"等等,有的地方则干脆写上"哦,哦!""嗯,是吗?!""哈哈!""原来如此!"等等。其读书入神之态,跃然纸上。

列宁的重要著作《哲学笔记》就是他在读哲学书籍时写的批注和笔记汇编而成的。该著作被公认为是马克思主义哲学的经典著作之一。

不知大家可曾留意过,同样是读过的、属于自己的图书,有人的书上干干净净,整洁如初;而也有人的书跟列宁读过的书类似,书的空白处布满了各式符号和文字。

列宁读书时这种看似随意的圈圈点点、涂涂抹抹,实际上是在运用一种阅读过程中经常使用的阅读策略——标注策略。这种策略是阅读者在阅读的材料上根据需要用文字或一些符号做出一些标识。

通常情况下,阅读者标注的内容包括下列各项的一种或几种——

A. 段落的第一句或最后一句;
B. 因果句;
C. 列举项目;
D. 人、事、时、地、物;
E. 提示事件发生顺序的词;
F. 与文章核心相关的内容;
G. 文中特别标示的字。

当然,除此之外,阅读者还会根据自身的实际需要,在自己特别关注的内容或者对自己特别有启发的内容上进行标注。包括画线、批注在内的标注不仅有助于将来查询和有目的地再读,而且标注这个过程本身也有助于加深印象,可以帮助记忆。

认真写批注,可以促使自己在读书时开动脑筋,认真钻研,把握书的主要内容,也可以督促自己动手笔录,记下某些感受、某个思想火花。将来重温此书,还可进行比较,看看当初的认识是否正确。这是一种有效的读书方法。

【练习】

请读下面一段报道,并试着标出最能够回答文章第一段中所提到的三个问题的句子。

搜索互联网,关于心理咨询服务和心理咨询师培训的网站成百上千。在这些令人眼花缭乱的信息背后,实际生活中,公众是如何看待心理咨询业的呢?这个职业在我国的发展状况如何?前景又会怎样?

在中国青年报社会调查中心、智联招聘和新浪招聘联合进行的职业吸引力调查中,近四成的人觉得"随着生存压力越来越大,求助心理咨询师的人肯定更多"。截至记者发稿时,共有1812人参与了此次调查。

发达国家平均每1000人就有一名心理咨询师,而在我国,这一职业刚刚起步。2001年,劳动和社会保障部颁布心理咨询职业标准,2002年,这一职业被写进《国家职业大典》。目前全国取得心理咨询资格证书的不过几千人,而以发达国家的平均水平来看,中国至少需要40万名心理咨询师。

在东方广场工作的王先生告诉记者,自己想去做心理咨询,但又担心会让别人认为精神有毛病,被同事和朋友疏远。对心理咨询的这种误解和担忧,正是现在公众所持的心态。

"随着生存压力越来越大,求助心理咨询师的人肯定更多"的观点在本次调查中得到了38%的公众支持。咨询师何女士认为:"从长远来看,随着人们观念的开放和对心理咨询师的认同,这一职业肯定会有很好的前景。"

心理咨询看似很简单,但要拿到心理咨询师证书却得经过两次考核。专家表示,心理咨询认证虽然面向社会开放,但并不是人人都能胜任的。除了要具备心理学的专业训练和大量相关学科的知识积累之外,丰富的人生阅历和社会实践经验、健康的人格素养和一定的临床经验技巧都是必不可少的。调查中,27%的公众赞同"成为优秀的心理咨询师需要丰富的经验和扎实的功底"的观点。

据了解,现在国家规定的心理咨询收费标准为每小时60元,而实际的咨询费用一般为每小时50元至150元,甚至更高。在让人羡慕的优厚待遇背后,心理咨询师也要承受这一职业所带来的烦恼和苦闷。调查中,4%的公众觉得心理咨询师"经常听到让人很郁闷的事,自身心理压力也很大"。

"现在中国的心理咨询机构良莠不齐,让人难以信任"是让公众对心理咨询这一职业感到困惑的原因。调查中,19%的人表示有此担忧。从事该行业的资深人士肖先生说:"半路出家是中国心理咨询师的最大特色。"在中国学历教育体系中,心理咨询专业设置仍为空白,目前大学心理系的心理咨询课也仅有一个学期的课程。心理咨询教育还处于职业培训的较低层次。另一位业内人士黄铎香将这一现状形象地比喻为"像一名驾驶员,没有熟练驾驶就给他颁发了驾驶证,这种驾驶员上路,让人如何放心"。

除了人才方面的因素,政府对心理咨询业的重视和扶持不够,也是该行业发展中存在的实际困难。尽管有种种不尽如人意之处,12%的公众在调查中还是相信"心理咨询师的职业前景很光明"。

3. 推论——加深理解

【练习】

请在阅读下文之后，回答问题。

今天的人们仰仗过去的发明，已经能够无忧无虑地繁衍生息，以至于许多人虽然时时刻刻享受发明，却仍然对发明感到陌生。陌生会导致偏见，偏见形成的氛围使发明的处境十分困难。

从本源上讲，发明缔造了人类的各种行业。然而在今天，当各行各业按照常规和惯性运作时，几乎都不再考虑发明对自己的意义。<u>发明家是个例外的群体</u>，他们对技术的现状不满意，总是思考人类未来的事情。在没人认为人类需要飞行的时候，他们执著地发明了飞机，甚至在早期被社会嘲笑为"冒险的死亡游戏"，但他们心甘情愿地忍受穷困的折磨，甚至死亡的危险，终于以坚韧的毅力和令人折服的智慧在不到100年的时间里让世界感到"人类怎能没有飞机"。

虽然世界因发明而辉煌，但发明家个体仍常常寂寞地在逆境中奋斗。市场只认同具有直接消费价值的产品，很少有人会<u>为发明家的理想"埋单"</u>。世界上有职业的教师和科学家，因为人们认识到教育和科学对人类的重要性，教师和科学家可以衣食无忧地培育学生，探究宇宙；然而，世界上没有"发明家"这种职业，也没人为发明家付薪水。发明本质上是一种主动思考的奉献活动，使命感和迎接智力挑战的激情是发明家的真正动力，这种神圣的人类情感使他们一往无前。他们以前瞻的目光引导人们产生新的需求，培育未来的市场；他们不断以新的方式启发和满足人类新的深层次需求——由于发明，世界充满生机，日新月异。

呵护发明，营造鼓励创新的氛围，是科学理性精神的体现，是建设创新型国家在精神领域的一项基础工作。

问题：

A. 文章第二段中说"发明家是个例外的群体"，含义和根据是什么？
B. 文中第三段中的"为发明家的理想'埋单'"具体指的是什么？
C. 本文的主旨是什么？

在回答这些问题的时候，我们需要结合背景知识和上下文对已知事实做出合乎逻辑的联想，凭借已知的事实对作者希望表达而又未做明确表达的意思进行正确的推理，从而得出合乎逻辑的结论。

推断是以掌握的知识去获取未知的信息。推断能力在阅读理解中占据很重要的位置。因为一些文章的作者有时并不是明确陈述他们的观点和描写他们想解释的事物,而是通过暗示使读者从字里行间悟出言外之意。因此在阅读过程中,读者需要借助自己的逻辑思考能力、背景知识对文章的主题、作者意图等做出合乎逻辑的推断。

综合性推理是指阅读者借助上下文提供的信息或已有的背景知识来推测下文或作者的写作意图,从而达到深层理解文章目的的一种阅读策略。"综合性推理"需要联系上下文,根据作者提供的事实、理论依据或相关材料等展开合理的推理。运用这种策略,我们可以深入文字的背后,发现作者"藏而不露"的真实写作意图,有效地理解阅读材料所传达的信息。

阅读过程中,推论的内容和方法主要包括以下几个方面:
① 根据字义、词义把握作者态度;
② 根据句子所提供信息做推论;
③ 推论段落的意义;
④ 推论全文的意义(文章主旨);
⑤ 在阅读时遇有看不懂的字句,可依上下文推断意思;
⑥ 在阅读中,依段落的内容推论作者省略的部分;
⑦ 读完一段文章后,推想作者写作此文的用意。

训练正确推论能力的方法包括在阅读时,找出句子中的关键词语,用关键词概括句子的内容;用一句话概括一个句群或段落的意思,推求隐含义,补充省略的内容;用几句话概括一篇短文的主要内容,并推想作者的写作态度及意图;用几十个字或几百个字将所读材料缩写成一篇短文等等。

4. 摘要——把握梗概

【练习】

请就下文概括性地回答应当如何正确选择适合自己的职业。

正确选择适合自己的职业

职业或岗位的选择,是否与自身的特点吻合,直接关系到人生事业的成败。那么,如何才能使自身特点与职业或岗位吻合呢?通常应注意以下几点:

性格与职业的匹配。近年来,国外用人单位在选人时出现一种新观念。他们认为,性格比能力重要。其原因是,如果一个人能力不足,可通过培训提高;但一个人的性格与职业不匹配,要改变起来,就困难多了。所以,在招聘新人时,将性格的测试放在首位,当性格与职业相匹配时,才对其能力进行测试检查。

单位选人重视人的性格,个人选择职业或岗位时更应对性格加以重视。你的事业成功与否,与你的性格与职业的匹配密切相关。简单地说,如果你是一位典型的性格内向的人,选择营销工作,是不会有好业绩的;如果你的情绪易激动,控制力较弱,就不能去玩股票。

兴趣与职业的匹配。在选择职业或岗位时,不仅需要了解自己的性格,还须了解自己的兴趣。有的人对研究自然知识感兴趣;有的人的兴趣倾向于情感世界,活跃于人际关系领域;有的人对智力操作感兴趣……不同的职业也需要不同的兴趣特征,一个擅长技能操作的人,在技能操作领域得心应手,如果硬把他的兴趣转移到书本理论上来,他就会感到无用武之地。正是这种兴趣上的差异,构成人们选择职业的重要依据。

更为重要的是,如果一个人选择的职业与自己兴趣吻合,那么枯燥的工作也会变得丰富多彩、趣味无穷,就会产生一种动力。如果一个人的兴趣与职业不吻合,那么这个人的工作就始终是被动的,不会有好业绩,更不会有成功的人生。

特长与职业的匹配。在职业选择时,还要特别注意特长与职业的匹配。因为不少人往往将兴趣误认为是特长,这一点一定要搞清楚,否则,你将进入误区,事业难以成功。

所以,要想获得事业的成功,还要注意发现你的特长,并将你的特长与职业相匹配。此外,还要考虑内外环境因素的影响。如能将这四个因素融为一体,权衡利弊,综合考虑,就能对自己的职业做出正确的选择。

为了迅速掌握阅读材料的主要信息,把握内容梗概,需要阅读者在阅读过程中对阅读材料进行摘要。这种摘要不一定非诉诸文字不可,但一定是通过简洁、明了、浅显、直白的语言,对原本相对冗长、复杂、深奥、晦涩的文字进行概括,将所需内容浓缩为容易记忆的材料。摘要是个提纲挈领的过程。

在这个过程中,阅读者一方面要删除不必要的细节或重复之处,另一方面要概括重要部分和复杂部分的内容。对于一些记叙性的文字,要分析人、事、时、地、物等重点内容。

在读说明文、议论文等条理清晰、逻辑严密的文章的时候,我们要特别注意学会寻找关键的句子。此类文章经常会在文首、文尾、段首、段尾等处使用概括全文、概括全段或连接上下文的句子,只要把这些句子连起来,就能够清楚地知道全文的内容了。

为了培养和提高自己把握梗概的能力,在平时的阅读过程中,应有意识地进行一些训练,比如在读一些篇幅较长、内容较为复杂的文章的时候,将每个段落、每个章节的大意与要点,用自己的话表述出来。然后逐渐将这种做法内化成一种习惯,在以后的阅读中,可能不需要特别的注意,不需要花费很多精力就可以将所读的一些内容概括并转化为自己容易记忆的内容在大脑中存储起来。

5. 归纳——巩固成果

【案例 1-24】

费孝通的读书法

费孝通,1910 年出生于江苏吴江,社会学家,曾任中国社会科学院社会学研究所所长等职。从小受过良好的家庭和学校教育。

费孝通教授提倡在学习上也要定期"盘货"。"盘货式"读书法,就是指要随时摘抄有关资料,并定期将这些资料进行分类、比较、归纳和提炼,就像商店要随时进货,并定期进行盘点一样。这种方法主要是针对自学者提出来的,它是提高自学能力和自学成才的有效方法。

自学者在读书过程中,大都总会摘录下一些有价值的资料。怎样使这些摘录下来的资料为我们所用呢?重要的方法就是将这些资料定期进行分类、比较、归纳和提炼。没有分类,纲目不分,就会一团乱麻,笔记本就会成为杂记本;没有比较,就没有鉴别,分不清精华和糟粕,选不出最佳的东西;没有归纳,就会一盘散沙,抓不住要点,总结不出规律;没有提炼,就不能使知识升华,不能在吸收的基础上有所创造。这是四个互相有别,却相互衔接的过程。学习上的每一次"盘货"都会减少盲目性,增强针对性,从而有所进步,有所收获,有所创造。这一学习过程也就像当"二传手"一样,自学者要善于把别人的或书本上的知识摘抄下来,吸收有价值的部分,然后把它调整到适当的位置上。最后才有可能出成果。这也是学习上的吸收、消化和创造过程。

有人认为阅读时,只要理解阅读材料的意思、明白作者想表达的意念就够了,其实这样的阅读是不充分的。

如果阅读一份调查报告,不进行归纳和总结,又怎能获取对自己最有价值的信息呢?未经过思考、归纳和总结便结束阅读,就过于草率,而且往往也会很快遗忘。

所以每读一段文字、一篇文章、一个章节、一部著作,只要是于我们有益的,我们都应该悉心总结和归纳,巩固自己所获得的知识,抓住阅读过程中所产生的思想火花。

这里的归纳指的不仅仅是传统意义上的归纳文章中心思想,它更指在阅读过程中提炼、吸收和消化文本传达出的新信息,进而使之与自身固有的思想冲突、激荡以至达到融合的程度。这种归纳一方面要立足目前阅读的材料,另一方面更要注意与自己已有的知识建立联系。这个过程也类似于整理我们头脑中的信息仓库。

我们应该知道这些阅读材料所传达的信息有什么用途,在我们的记忆库中该如何归类,以及将来有用之时该如何提取。

以上介绍的各种技巧并不是相互独立和相互排斥的,它们可以协同发挥作用,阅读者可以根据需要同时使用多种策略与技巧。

阅读能力的提高不是一朝一夕的事情,它是一个积累和沉淀的过程。无论是学习、应试还是职业中的阅读活动都既是检验阅读能力的过程,又是锻炼和培养阅读能力的过程。一方面我们要学会灵活运用各种阅读方法和技巧,另一方面还要认识到对于任何权威的迷信都是错误的,适合自己的方法和策略才是最佳的。

无论是什么样的阅读方法或策略,都需要我们在阅读过程中去实践,以达到运用自如。古人云:"纸上得来终觉浅,绝知此事要躬行。"希望大家在阅读实践中不断提高阅读能力,希望阅读能给大家带来更多的快乐和收益。

本节思考题:

1. 你对自己的阅读速度和阅读效果是否满意?你觉得对你的阅读效果影响最大的因素是什么?
2. 一位同学在学了曹禺的《雷雨》后,希望在图书馆找一些他的其他剧作来读。这位同学应当采取什么样的阅读技巧与策略才能以最快的速度找到他所需要的书?

练习题

1. 请根据下表,在最短的时间内回答:
   A. 从北京到哈尔滨最快的是哪次列车?
   B. 上午 8 点到 12 点之间抵达哈尔滨的列车有几趟?
   C. 张先生订于 20 日上午 10 点在哈尔滨出席一个重要会议,但他头一天的晚上八点半多才能赶到北京站,那么他乘坐哪次列车是最合适的?

车次	始发站	出发站	出发时间	目的站	到达时间	终点站	历时	硬座	软座	硬卧下铺	软卧下铺
1301	北京	北京	10：30	哈尔滨	03：53	满洲里	17小时23分钟	161	268	302	490
K19	北京	北京	22：56	哈尔滨	15：04	满洲里	16小时8分钟	100	167	192	310
K265	北京	北京	14：00	哈尔滨	04：26	牡丹江	14小时26分钟	154	243	272	429
K339	北京	北京	15：50	哈尔滨	06：19	佳木斯	14小时29分钟	154	243	272	429
K39	北京	北京	22：56	哈尔滨	15：04	齐齐哈尔	16小时8分钟	175	276	308	486
T156/T157	泰州	北京	08：15	哈尔滨	19：37	哈尔滨	11小时22分钟	154	243	272	429
T17	北京	北京	21：05	哈尔滨	08：40	哈尔滨	11小时35分钟	154	243	272	429
T47	北京	北京	17：30	哈尔滨	05：05	齐齐哈尔	11小时35分钟	154	243	272	429
T71	北京	北京	08：30	哈尔滨	20：29	哈尔滨	11小时59分钟	154	243	272	429
Z15	北京	北京	20：30	哈尔滨	07：05	哈尔滨	13小时25分钟	154	243	272	429

2. 快速阅读下文后回答问题——

绝不滥读

文学的情形和人生毫无不同，不论任何角落，都可看到无数卑贱的人，像苍蝇似的充斥各处，危害社会。在文学中，也有无数的坏书，像蓬勃滋生的野草，伤害五谷，使它们枯死。他们原是为贪图金钱、营求官职而写作，却使读者浪费时间、金钱和精神，使人们不能读好书，做高尚的事情。因此，它们不但无益，而且为害甚大。大抵来说，目前十分之九的书籍是专以骗钱为目的的。为了这种目的，作者、评论家和出版商，不惜同流合污，朋比为奸。

因此，我们读书之前应谨记"绝不滥读"的原则，不滥读有方法可循，就是不论何时凡为大多数读者所欢迎的书，切勿贸然拿来读。例如正享盛名，或者在一年中发行了数版的书籍都是，不管它属于政治或宗教性还是小说或诗歌。你要知道，凡为愚者所写作的人是常会受大众欢迎的。

不如把宝贵的时间专读伟人的已有定评的名著,只有这些书才是开卷有益的。

不读坏书,没有人会责难你;好书读得多,也不会引起非议。坏书犹如毒药,足以伤害心神——因为一般人通常只读新出版的书,而无暇阅读前贤的睿智作品,所以连作者也仅停滞在流行思想的小范围中,我们的时代就这样在自己所设的泥泞中越陷越深了。〔德〕叔本华(著名哲学家)

  A. 坏书出现的原因是什么?
  B. 叔本华选择书籍的方法是什么?

  3. 根据下文回答问题——

英国剑桥大学最近在一项研究中,分析了十多个国家的人的饮食习惯和癌症之间的关系,结果发现,食用淀粉类食物越多,小肠、结肠和直肠癌的发病率越低。比如,以肉类食物为主食的澳大利亚人,结肠癌发病率是以淀粉类食物为主食的中国人的 4 倍。

所谓淀粉类食物,主要指富含碳水化合物的主食,如大米、玉米、小麦等,以及根茎类蔬菜,如土豆、山药、薯类等,此外,还包括各种豆类和香蕉等含淀粉比较多的水果。

研究人员指出,淀粉类食物主要通过两种方式抑制肠癌:一是当淀粉进入肠道后,经一系列反应有助于增加粪便,促使结肠排泄,加速致癌代谢物排出体外。二是淀粉在肠内经发酵酶作用,会产生大量的丁酸盐。实验已经证明,丁酸盐是有效的癌细胞生长抑制剂,它能够直接抑制大肠细菌繁殖,防止大肠内壁可能致癌的细胞产生。

在生活中应该如何选择含淀粉的食物呢?对于忙碌的上班族来说,超市中粗加工未经去除谷皮的全谷食物,如谷类面包应是首选。购买谷类面包时要注意识别:如果成分表的第一位就是谷类,说明它的谷类含量的确丰富;如果谷类成分排在其他成分或者糖的后面,说明这种食物里谷类成分不多。还有一个方法是:用手拿着面包,如果感觉面包密实紧凑,有明显的麦粒,就是谷类含量丰富的面包。

除了谷类面包以外,米饭和用荞麦做成的面条、凉粉、烙饼、蒸饺等主食也是不错的选择。富含 B 族维生素、维生素 E 的五谷杂粮粥,比如腊八粥、八宝莲子粥、荷叶粥等则更适合中老年人食用。

  A. 以下哪种不属于淀粉类食物?
    a. 各种豆类

        b. 根茎类蔬菜
        c. 碳水化合物
        d. 淀粉含量高的水果
    B. 下列哪种说法是正确的?
        a. 丁酸盐能促使结肠排泄
        b. 全淀粉可抑制癌细胞生长
        c. 谷食物有利于促进细胞生长
        d. 丁酸盐能直接抑制大肠细菌繁殖

推荐书目:

巴　丹(2004):阅读改变人生,东方出版社
丁晓良(2003):语文阅读策略与教学,苏州大学出版社
〔美〕莫提默·艾德勒、查理·范多伦著,郝明义、朱　衣译(2004):如何阅读一本书,商务印书馆
王功玲(2004):快速阅读最佳训练创案,深圳报业集团出版社
阎国利、吕　勇(2002):阅读策略,百花文艺出版社

参考书目:

高　荣、陈玉敏(1991):读书·记忆·思维,中央民族学院出版社
〔美〕莫提默·艾德勒、查理·范多伦著,郝明义、朱　衣译(2004):如何阅读一本书,商务印书馆
刘电芝(2001):学习策略研究,人民教育出版社
卿　成(1991):阅读方法指南,中国华侨出版公司
王增奎、张晓然(1993):阅读策略与技巧,中国大百科全书出版社
周介钧(1994):读写研究与训练,学苑出版社

第二章 聆听的技巧

21世纪是一个沟通无所不在的时代,如何准确地把握说话者的意图或本意,正确理解对方的话语,在职业活动和日常生活中都显得尤为重要。事实证明成功的人生需要成功的沟通,成功的沟通需要有效的聆听。聆听作为信息沟通的途径,作用是不言而喻的。心理学家认为,聆听是一种对他人的情感和语言表达的反应方式,是增强对他人的情感和心理体验的理解手段,是使人与人之间形成良好互动关系的有效方法。

2.1 什么是聆听

自从呱呱坠地,我们便拥有一个五彩缤纷的世界,我们用眼睛观察变换的事物,用手和皮肤去感触冷、热、疼、痛,用嘴去品尝酸、甜、苦、辣,用鼻子去辨别气味,用耳朵去听世间的各种声响。"听"成为生活中不可缺少的重要部分,对常人来说,"听"已经习以为常,因此,人们认为只要清醒就能听,常常把"听"和"聆听"混为一谈。其实聆听不同于日常生活中的"听"。

2.1.1 聆听不同于"听"

在生活中,"聆听"常被当作"听见",很多人认为有效的聆听是一种与生俱来的本能。结果导致很少有人致力于聆听技能的训练,不知不觉地就忽略了这一重要的交流功能。研究表明,平均而言,"听"只有35%的效率。

一般学者认为,"听"是人体感觉器官接受到的声音,换句话说,"听"是人的感觉器官对声音一种被动的、消极的生理反应。只要耳朵听到别人谈话,我们就在"听"别人。

海德格尔认为:聆听不仅仅是聆听音响,不仅仅是听从,而且也是一种理解;聆听要求以理解为条件,聆听包含了理解。在聆听中达到理解,理解又为聆听准备条件。只有理解,才能聆听;只有聆听,才能理解。聆听与理解,二者的关系是一种解释学循环。

因此,聆听在某种程度上是听力理解的过程。聆听以听到声音为前提,但更重要的是听者对声音必须有所反应。在聆听过程中,人必须思考、接收、理解,并做出必要的反馈。实际上,人们的言语往往由于伴随言语的行为而被赋予更多特殊的意义,仅根据听到的言语常常很难断定讲话人的真实意图,很难准确理解对方的意思。从这个意义上说,聆听的对象不仅仅局限于声音,还包括言说者的肢体语言和面部表情等。聆听时,视觉接收到的信息也属于聆听内容。聆听的过程需要用耳听,用眼观察,用嘴提问,用脑思考和用心灵感受,是一个积极的能动的过程。简言之,聆听是人们调动一切因素对言语信号和其他相伴信息进行接收、解码的动态过程。

2.1.2 聆听的过程及聆听的要点

在聆听的过程中,包含了几个具体的过程,如:感知、选择、组织、解释和理解。

感知是对对方发出的语音信息,通过听觉器官耳,把声波转换成刺激,在大脑中形成声音感觉的过程。听觉器官耳往往并非接受信息的唯一生理器官,言语信息的获得主要来自听觉,但聆听效果却是各种因素的综合。

选择是指由于受聆听主体的社会经验、知识、情感等因素的影响,在听的过程中,不可能对无限多样的信息全部感觉到,而只对一部分信息进行整合加工的过程。事实上,并非任何信息都为我们所接受,我们总是对一部分信息表示特别的关注和兴趣,同时又忽略一些信息,选择的过程是一个主动的过程。例如,在喧哗的火车站,如果有朋友或熟人喊你的名字,你会很快地觉察到,而对身边嘈杂的声音则可能充耳不闻,这就是接受信息的选择性。

组织是指人们把杂乱无章的信息分门别类,集中贮藏起来,为下一步服务。人类具有整体知觉的特点,我们在选择客观信息时,不是杂乱无章的,而是尽量把信息整合为一个相关的整体,即使相关信息量不足时也要努力形成一个整体形象。整体感知能力的高低体现出一个人认知能力的高低。

解释或理解。聆听的过程也是理解的过程,只有对获得的信息进行分析,才能形成具体的认知,才能更进一步了解情况。在此环节中,需要借助已知信息,调动大脑贮藏的知识和经验,通过判断、推理达到正确解释或理解的目的。

聆听的这四个过程并不是界限分明的,在聆听的过程中,各个部分都以惊人的速度完成,它们之间常常互相重叠。新感知的信息很快存入记忆库中,变为经验成分,以便感知更新的言语信息,服务于聆听理解的循环过程。

有学者从不同角度对聆听进行了划分,但是总体而言,聆听过程是一个积极的、能动的理解过程。因而理解能力的高低是聆听能力好坏的主要体现,社会生活中的聆听主要体现在以下几个方面:

1. 积极思考获得的信息,理解说话者谈论的基本大意;
2. 捕捉说话者的主要信息、重要细节,记住重要的详细内容;
3. 概括归纳谈话者言语的中心、主旨,形成整体认识;
4. 分析谈话者言语中的具体因果关系,学会整理理解言语中的相关信息;
5. 根据说话者的话语进行合理推断,听出言外之意,掌握谈话者语用策略;
6. 根据言语判断说话人的真实态度、意图、倾向和目的。

2.1.3 聆听是沟通的桥梁

语言是人类最重要的交际工具,人们运用这个工具进行交际是信息的交流过程。在日常生活中每个人既是信息的发送者,又是信息的接收者,每天我们都在通过聆听、观察等渠道获取信息,同时也在转化信息,根据自己的需要发送信息。可以说交流过程是以传递和接收信息为目的的、动态的、多元的过程。

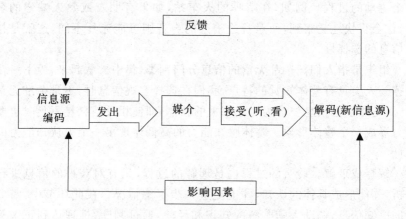

只要看一下上面的模型,我们就能体会到在交际过程中,缺少信息的

接收和理解将会意味着什么。信息从沟通的过程来看,接受过程至关重要。没有信息的接受谈不上信息的加工和新的信息的产生,也不能很好地相互产生影响,形成互动。聆听是获取信息的手段,缺少聆听,言语信息没法传送,则意味着沟通没有发生。

2.2 聆听的作用

亚里士多德认为,"言说的词语"是"精神体验"的符号,"书写的词语"是"言说词语"的符号。从哲学角度来看,言说与聆听是在先的,书写与阅读是派生的。从语言的习得过程来看,孩子的话语是通过听和模仿学会的,即使是第二语言的学习过程,也离不开听。

到过佛教寺庙的朋友都会发现,进了寺庙正门后,迎面看到的往往是弥勒佛。你会发现他面容慈祥、和蔼可亲、面带微笑,好像对任何人都是那个姿势。如果留心观察的话,你会发现,绝大多数佛像都是耳朵大、嘴巴小。善男信女能虔诚地崇拜和敬仰他,在某种程度上是因为佛像能始终微笑地对待信徒,能静静地聆听他们的声音。从这一点上,也能说明"听"比"说"更加重要。苏格拉底在招收弟子的时候,让他们先学会聆听,然后才学怎样演讲。然而在生活中我们往往只顾自己滔滔不绝,而忽略了别人的谈话。其实正如苏格拉底所说:"上帝给了我们两个耳朵,一张嘴巴"显然是希望我们能多听少说的。

"沉默是金,雄辩是银","会说的不如会听的","说之前先认真听"等谚语,都是在强调"听"的重要性。

2.2.1 聆听是生活中的润滑剂

生活中,在不同时刻人们会扮演不同的角色,不时地变换身份去和大家交流、沟通。譬如聆听父母的忠告,聆听老师的教诲,聆听朋友的劝慰,聆听婴儿的啼哭,聆听爱人的关爱……聆听是心与心的碰撞、爱与爱的交流、情与情的融会;聆听是一种主动的生活姿态,一种亲切的对待,一种由衷的信赖,一种美妙的心境。

【案例 2-1】

"你知道我是什么吗?"一个少年曾这样说:"我是一个逗号。"

"这是什么意思?"听的人问。

"嗯,不管什么时候我和爸爸说话,他都停止讲话,作一个停顿,逗号。但是当我讲完以后,他立刻又开始了,好像我什么都没说过。我只是他讲话中的一个逗号。"

子女们都希望父母能积极地聆听他们的感受,许多青少年渴望和父母亲有真正的对话——不光涉及生活的交流,也涉及感情的交流。可是大部分青少年都不能从父母那里得到正面的了解,原因可能就是父母从不知道聆听孩子诉说的重要性:积极聆听可以帮助父母越过理解的鸿沟,顺利地与子女沟通。

【案例 2-2】

朋友之间也需要聆听。在美国南北战争形势最错综复杂的时期,林肯写信邀请一位远在千里之外的老朋友来白宫,说有重要的事情和他讨论。这位老朋友千里迢迢来到白宫,一见面,林肯便开始分析若干重大决策可行和不可行的理由,甚至提到发表"解放黑奴宣言"的可行性。林肯的滔滔不绝,使这位老朋友连插话的机会都没有。数小时后,林肯与老友握手告别,仍没有问他的看法。

后来,林肯在回忆录中说,当时他自己的心理压力极大,非常想找一个能够让他尽情吐露心声的人,他并不需要任何忠告,所需要的只是一位友善、深具耐心,并且能够保守秘密的聆听者。在林肯的印象中,这位老朋友是最佳的人选,于是林肯便把他请来了。一番倾诉后,林肯的心境平稳多了。

会聆听别人,是一种交际智慧。在人际关系圈里,会聆听别人,你就能掌握主动权,也就能在人群中生存、发展。无论是父母和子女之间、夫妻之间、朋友之间,同事之间还是上下级之间,人们都渴望被理解。聆听在人和人之间架起一座沟通的桥梁,通过聆听可以使彼此的联系更密切,关系更加牢固。

有这样一个故事:有人问上帝,天堂和地狱有什么区别。上帝用非常形象的话回答:天堂和地狱里的人都有长柄勺,也有充足的食物,可是在地狱里的人都吃不到食物,而天堂里的人们却生活得很愉快、幸福,是因为在天堂里人们用长柄勺互相将食物喂到对方的嘴里。这个回答很耐人回味,其实在人际交流过程中,敞开心扉,聆听对方是件很美好的事。

【案例 2-3】

美国著名的成功学大师卡耐基,以自己对生活的洞察和积累起来的睿智,帮助人们寻求最佳的成功途径,总是能让人感到一语中的、切中要害。其实在生活中,作为一位善谈大师,他也能做到静听他人。

卡耐基曾应邀参加一次桥牌会。而他不会打牌,其中的一位女士也不会打牌。当她知道卡耐基曾到欧洲旅行过,问道:"卡耐基先生,你去欧洲演讲一定去过很多有趣的地方,你能讲讲欧洲很多风景优美的地方吗?"卡耐基看出对方是个健谈的人,没有人喜欢别人滔滔不绝,都喜欢讲述自己的故事。其实当时该女士是想找个谈话的契机,避免不会打牌的寂寞。卡耐基从朋友那里知道她刚和丈夫从非洲回来,于是他对那位女士说:"是的,欧洲有趣的地方可多了,风景优美的地方更不用说了。但是我更想去神奇的非洲看看,却始终没去成。"

那位女士如获至宝,开始滔滔不绝地讲述她的非洲之行,描述了沿途的风光,俨然成为她对自己过去美好地方的追忆。卡耐基一边耐心地听着,一边微笑着点头鼓励对方讲下去。那位女士一直讲了几乎一个小时,桥牌会结束的时候,她说:"卡耐基先生,下次见面我要继续给你讲,还有很多很多呢!谢谢你让我度过了这样美好的一个夜晚。"事后该女士对主人说:"卡耐基是个很有意思的人,我非常愿意和他在一起。"

正是由于卡耐基善于聆听别人的谈话,才能给对方留下一个良好的印象,并愿意和他交往。如果没有耐心听对方倾诉,或是大谈自己的欧洲之行,不给别人倾诉的机会,势必影响别人的情绪,可能会使谈话不欢而散。

马斯洛的"需求层次论"认为,当人在满足基本的生理需要和安全需要后,每个人都渴望被他人接受、了解、尊重和自我实现。人同此心,心同此理。而聆听所表现出的正是一种宽容、谦逊的人格,充分展示出对他人的尊重。这样,借助聆听,我们可以获得更多的朋友,获得别人的关爱和赞同,也能满足自我实现时的成就感。在这个过程中,双方都可以从对方学到某些东西,做到互相了解,互相配合。

2.2.2 聆听是获取信息的重要来源,是说的前提

用心聆听,是获取信息的重要方式。研究认为,我们听的时间是说话时间的两倍,是看的三倍,是花在写上面时间的四到五倍。可见听在信息获取的时间分配上占有优势。报纸、文献资料、网络、电视媒体都是了解信息的重要途径,但受时效或条件的限制。相对而言,聆听却可以得到很多新信息、获得更多的信息。

【案例 2-4】

19 世纪中期,美国西部刚刚开发,加利福尼亚州出现了一股淘金热,很多富有探险精神的人带着梦想奔向那块土地。

年轻的亚默尔买不起昂贵的船票，和大多数穷人一样，跟着大篷车，风餐露宿，奔向加州。

一路上，来往的人群谈论着各种见闻和经历，也带来了对加州的议论。一个从加州回来的淘金者不无抱怨地说："加州真是个鬼地方，如果当地有水，我宁愿拿一块金子来换。"

这样的一次道听途说，在当时来说，只不过是淘金路上普通人的抱怨，按理说并不见得有什么特殊的意义，但是，言者无意，听者有心。就是这么一句话，触动了那位富有挑战精神的年轻人敏锐的大脑神经，他马上意识到他可以就"水"大做文章。

到了加州，他设法勘探水源，挖渠引水，把水变成可供人们饮用的甘甜泉水。亚默尔很快就成了腰缠万贯的大富翁。其实就是那次不经意听到的信息成为他发财致富的契机，成就了他的一番事业。

俗话说得好，"听君一席言，胜读十年书。"可见聆听在知识或信息的获取上的作用。交谈中有很多有价值的消息，有时常常是说话人一时的灵感，对听者来说却很有启发。实际上就某事的评论、玩笑、交换的意见、交流的信息、各地的需求信息，都是最快的消息，这些消息可能对说话者来说不一定有什么意义，可是对有心的人来讲，就是宝贵的信息，就是财富。所以有人说，一个随时都在认真聆听他人说话的人，在与别人的闲谈中就可能成为一个信息的富翁。

沟通大师戴尔·卡耐基认为：在沟通的各项功能中，最重要的莫过于聆听的能力。有效的沟通始于真正的聆听。你若想了解别人的观点，你先得给他们一个表述的机会。"说"与"听"是沟通不可或缺的条件，这两者平衡，才会产生理想的沟通。沟通中重要的是聆听，而不是滔滔不绝地言说。

【案例 2-5】

例如，作为一个的推销员，成功因素往往不在于说，而恰恰在于听。有位汽车推销人员，曾经通过电话向一位很健谈的客户推销汽车，可这位客户的滔滔不绝使推销员很难插嘴说话。他只好耐心聆听。期间他逐渐发现，当他选择专心聆听客户说话，不再试图游说的时候，却听出了客户对汽车的技术特点、发动机、排量、油耗、装置等性能指标的关注。该推销员通过掌握的信息，适时地就该款汽车的性价比做了介绍，吸引了客户，结果达成了销售协议。

实际上，很多有经验的销售员的推销秘诀就是少说多听，在聆听过程中获得客户的需求信息,再通过运用各种有效的推销方法,便可以在尽可能短的时间内达成交易。

心理医生、心理学家和心理顾问都是通过聆听来帮助自己找出解决问题的答案的。著名心理学家卡尔·罗杰斯曾经说过:"如果我专心聆听客户的倾诉,如果我能了解整个事件对客户的意义,如果我能感觉这对客户有多大的影响,那么,我会帮助客户释放出内心的压力或挖掘其未知的潜力。"

我们在牙牙学语的孩提时代,听别人说话对于语言表达能力的形成起到至关重要的作用。如果一个人连别人说话的意思都不能领会,很难想象他会讲出让他人接受的话语。在生活中,每个人由于经历、背景不同都有自己的思想和智慧,聆听别人是学习的过程。"他山之石,可以攻玉"就是这个道理。商场中,商机瞬息万变,一个善于聆听的人,常常能从聆听中捕捉到有用的信息,也因此能谋得先机,取得事业的成功。因此,可以这样说,学会聆听,其实就是培养一种获取信息的敏锐意识,会立即意识到潜在的巨大价值,不至于熟视无睹或束手无策。事实上,有的商人能够把握时机,做出正确决策,取得一个又一个胜利;而有些商人则常常白白失去一个又一个机会,原因就在于是否善于聆听。

2.2.3 聆听的人格魅力

【案例 2-6】

保罗·夏邦先生是西班牙西南部加的斯一家海运公司的老工程师。他既受到高层的喜欢,又受到同仁的敬重。秘诀在于他有着超人的谈话能力,他能让每一位与他交谈的人感到愉快。他从不打断别人的谈话,从不急于发表自己的见解。当你与他交谈时,他比任何人都有耐心地用双眼诚恳地看着你,你会觉得他对你的每一个用词都充满浓厚的兴趣。有时他会插上一两句,使你感受到鼓舞,使你愿意把心底的东西全部倾诉出来直到你满意为止。虽然他不是核心人物,但公司的每一项重大决策都要征询夏邦先生的看法,虽然他并不是公司的领导,但他能够使决策者的想法更成熟。

在这方面,周恩来总理也是典范。他在听别人讲话时态度极其认真,不论对方职位高低、年龄大小,都同样对待。对此,美国一位外交官曾评价道:"凡是被他亲切会见过的人都不会忘记他。他身上焕发着一种吸引人的力量,长得英俊固然是一部分原因,但是给人留下难忘印象的是他的眼睛……你会感激他全神贯注于你,他会记住和你所说的话。这是一种使人一见之下顿感亲切的罕有天赋。"也正是因为能认真地聆听别人,他才能给大家留下一个和蔼可亲的形象。

在求职面试中,善于聆听的人大都会给考官以谦逊、大方、话语简洁的印象。在面试过程中,主考官的每一句话都是非常重要的,在展示自己之前,只有集中精力去听,了解考官的期望所在,记住其意图要点,才可能恰如其分、有针对性地展示自己的知识技能,表达自己的求职意愿。即使说话者的提问和语言确实无聊乏味,也要尽力转变自己的想法。认真听对方的讲话或多或少都可以使自己受益,而聆听本身也向对方传递着敬意,因此会自然而然地留下有教养、懂礼仪的良好印象。

美国一位女作家曾说过,沟通的最高境界是静静聆听。聆听是一个人必须学会的技巧,聆听是尊重和涵养的表现。如果你不能聆听他人的讲话,一心只想着自己如何才能说出更独到的言辞,或自己该说什么才能给对方留下好印象的问题,这种缺少互动的交流方式,将会给人留下不好的印象,破坏你和他人原本良好的关系。

2.3 影响聆听的因素

聆听是一项很重要的技巧,人们花在聆听上面的时间也很多,但是现实中聆听往往不尽如人意。很多人在聆听上都会犯这样或那样的错误,其主要原因在于聆听过程中存在一些障碍,这些障碍的存在极大地影响了聆听的效果。这些障碍可以归结为两个方面:主观障碍和客观障碍。

2.3.1 聆听过程中的客观障碍

客观障碍是指那些影响聆听效果的客观环境因素,包括语言、言语环境和言语行为等方面的因素。

2.3.1.1 语言方面的障碍

语言是交流和思维的工具,语言是由语音、词汇、语法、语义等子系统构成的符号系统。语言在不同的层次上都会影响到聆听的效果。语音层面是我们听觉器官接收说话者信号的层面;语法层次是把声音转化成有意义信息的因素,言说者的口语是否逻辑畅通是关键因素;最后是语意层次,包括带有很强感情色彩的词汇或句子,其也会影响聆听的效果。

【案例 2-7】

1987 年我国东北大兴安岭发生罕见的森林大火,大火蔓延很快,很多地方都被大火吞噬。

曾有人发现一处森林火情,便立即通过电话向上级报告。

"我们这整个旮旯都着火了,请赶紧派人灭火。"

指挥部里的人,接到报警,立即铺开地图,寻找目标,找遍整个地图都没发现叫"旮旯"的地方,结果白白地错过了灭火的好机会,造成了不必要的损失。

【案例 2-8】

一位留学生的自行车坏了,推着车子到了一家自行车修理铺。

"师傅,请问有没有修车的'公主'。"

师傅愣了一下,答道:"我这儿没有修车的公主,中国现在也没有修车的公主。"

这位留学生马上意识到自己说得不正确,然后慢慢地说:"是能修理自行车的工具,不是公主。"

由以上两个案例可见,单个语音错误便会给交流带来这么大的麻烦,更不用说在很多语音差异的情况下的聆听效果了!

口语是语言在语音层面的载体,口语在词汇和语法结构等方面不同于书面语,尤其是口语稍纵即逝,靠口耳相传,语音、语调或口误都使聆听这样一个简单的过程变得复杂,听者很容易曲解信息。此外,交流过程中环境噪音干扰也会给信息的获取和理解带来一定的负面影响,噪音在信息的发送过程中可能会导致信息失真,间接影响聆听的效果。生活中语音层面的问题,给交流带来很多困难,也因此引发诸多问题,这也是我国大力提倡推广普通话的一个重要原因。

如果说语音是信息流,那么单个的词语便是流动信息中的一个"分子"。语言在社会发展过程中逐步变化发展,有的词语可能有很多义项,有的词语的意义已经发生转化,一个词对言说者来说是这个意思,而对聆听者来说却可能是另外一个意思。这是有效聆听的潜在障碍之一。

例如,有几个顾客到一家餐馆就餐,就座后,一位客人示意服务员过来,说:"小姐,请把菜单拿过来。"当地人对"小姐"这个词很忌讳,服务员没好气地回应:"你才是小姐呢!"像这样的词语还有"同志","同志"这个词现在被很多职业称谓和仿亲属称谓代替,使用的频率和范围也大不如前,使用的对象有所限定。

言说者的交谈信息如果涉及许多难以理解的词语或者使用特定专业术语,将有碍交流的顺利进行,导致听话者把握不了主题。假如,让一位只具有小学文化水平的人去聆听一场关于高能物理方面的科技报告,即使他能听下去,也不可能完全听懂。听者只会觉得讲话云山雾罩,有被隔离的感觉。"代沟"的出现可能也与语言的差异有关。此外言说者使用充满贬义感情色彩的词或使用会引起听者恐惧、愤怒的词,如"笨"、"神经病"、"下流"等,则会影响人的情绪,阻碍正常的聆听。

2.3.1.2 参与者的客观因素

【案例 2-9】

有一次,雨果出国旅行。他来到某国边境接受检查登记。哨兵问:

"你的姓名?""维克多·雨果。"

"干什么的?""写东西的。"

"以什么谋生?""笔杆子。"

于是哨兵在登记本上写道:姓名:维克多·雨果。职业:贩卖笔杆。显然哨兵没有正确理解"笔杆子"的正确含义,而错误地认为是靠做买卖为生的。

不同阶层的人在语言使用上往往显示不同的特点,在沟通和交流上也有不同的方式。科研人员喜欢循规蹈矩,条理清晰;文艺工作者喜欢热烈奔放,幽默风雅;政治家喜欢稳重深沉,含而不露;军人喜欢干脆利落,果断干练……交流时听话人的知识水平、文化素质、职业特征及生活阅历往往与他本身的理解能力和接受能力紧密联系在一起。正因如此,不同职业特征的人在理解不同的言语时必然具有会有不同的聆听效果。正如鲁迅先生所说,焦大是不会爱上林妹妹的。在现实生活中由于职业、爱好、兴趣的差异而导致"对牛弹琴"的现象不在少数。当然个体的智力差异也是影响聆听效果的一个不可忽视的方面。

精神状态是一种持续的对客观世界的体验,是情感的外在表现形式。精神状态对人的认知过程有调节和影响作用。在良好的精神状态下,人的思路开阔,思维敏捷,客观冷静;心境低沉,则会思路阻塞,效率低下,烦躁不安。良好的精神状态在聆听中十分重要,一个人心事重重,忧心忡忡,势必影响听的效果。比如,聆听位高权重的人的谈话,很多没有经验的人往往会忐忑不安,在聆听的过程中过于注重自己是否得体、合适等,结果谈话结束时毫无收获。如果这种现象出现商务活动中,势必要付出惨痛的代价。

研究表明,男性和女性在彼此沟通的方式上存在差别,由此造成很多不正确的理解。例如:男性对问题的看法很直接,往往直截了当;而女性较含蓄,常常采用迂回的方式发表意见和看法,在存在争议的问题上更是如此。在有争议的问题上,男人会根据个人经验或知识说:"我认为不合适。"而女性往往说:"你再考虑考虑怎么样?"女性由于天生具有被保护的倾向,往往显得很柔弱,感情细腻、敏感,因而女性话语中的很多词语不能完全理解为是缺少信心或者软弱的表现。

2.3.1.3 交谈的环境等因素

言语环境是指话语交流的环境和背景。相关研究认为,语境有广义和狭义之分,广义的言语环境既包括时间、空间等自然和社会环境构成的话语环境,也包括交际过程中形成的人际环境和由话语形成的话语环境。人际环境和话语环境是狭义的交谈环境。

现实生活中,人们对空间的看法也影响信息的传递。在聆听不同文化背景的人群讲话时,更应该考虑空间的作用。有研究认为,在交谈中往往视交际的需要而保持一定的距离。因此在聆听时还要注意空间和距离,0.46米以内是亲密的距离;0.46—1.22米是人际距离;1.22—3.66米是社会距离;3.66米以上是公共距离。根据具体的聆听对象,适当地选择聆听的距离会使交流更容易进行下去。1980年,美国社会学者在对工程设计院的一项调查表明,由于各种因素的干扰,相距10米的人,每天进行谈话的可能性只有6%~9%,而相距5米的人,这一比率则达到了25%。试想,朋友聊天,几杯清茶,围桌而坐,比隔桌而坐的效果要好得多。

从信息沟通的过程来看,环境主要从信息的传递和理解这两个方面影响聆听。聆听作为沟通不可缺少的一部分,要通过传播媒介获得信息,然后理解。而现实中环境可能干扰信息的正常传递,而且还从主观上影响聆听的效果。一般来说,交谈双方的环境因素:光线、颜色、空气、声音、空间位置都会影响人的注意力和感知能力。场合、颜色也会影响人们的心理和精神状态,如精神是疲劳还是饱满,情绪是忧伤还是愉快,都可能与环境有关。布局杂乱、喧嚣嘈杂的环境还会导致信息接受的缺损和失真。

2.3.2 聆听过程中的主观障碍

聆听过程中的主观因素是受说话主体和聆听主体影响的部分,这部分往往由聆听主体的情感控制。在交际过程中,造成沟通效率低下的最大原因就在于聆听者本身。研究表明,信息的失真主要是在传送和理解阶段,而理解偏差归根结底是在于倾听者的主观障碍。

2.3.2.1 聆听者的情感因素

情感的产生是以客观事物或对象是否满足人的需要为中介的。客观事物能引起人们不同的体验,当满足人的需要时会产生高兴、喜悦、爱慕等情绪;反之,将会产生痛苦、忧愁、厌恶、恐惧等不快的感觉。

成见或偏见是影响聆听效果的最大障碍。它们都是一种思维定势,这种思维定势往往对信息的完整接受和正确理解造成极大的障碍。思维定势是指在人们头脑中形成的对某一种人或事的固定印象,这种印象包含了某种人或事的特征,带有很强的个人感情色彩。比如在聆听熟人的时候,我们往往在对方讲话之前就对这个人进行了评价,以往积累的信息已帮你形成了对此人的看法。有时这种潜意识的个人主观认识可以帮助我们较快地把握信息,但是这种认识有时只反映了一类人的部分特征,更多时候,它会妨碍聆听过程中的正确理解。

我们在生活中常常对一些人存在固定看法。我们在大脑中都会首先产生一个印象。比如老年人、青年人、南方人、北方人、日本人、中国人等,我们会不自觉地对对方进行归类,在聆听的过程中,进行贴标签式的推理。在一次国际会议上,以色列代表团的成员们在阐述其观点时,用了非常激烈的方式,他们抱怨泰国代表对会议没有兴趣和热情,因为他们"只是坐在那里",而泰国代表则认为以色列教授太过激,因为他们"用了那么大的嗓门"。所以,在团队中成员的背景多样化时,倾听者的最大障碍就在于,因自己对信息传播者的偏见而无法获得准确的信息。当我们头脑里充满了自己的是非标准、自己的情绪,就很难真正了解他人的头脑里想的是什么。可想而知,我们对信息的把握就会少了很多。

人格因素也影响我们的聆听效果。有的人与人为善、心胸开阔,有的人冷酷无情、自私自利;有的人虚伪,有的人谦虚;有的人认真,有的人马虎。乐观的人,认为世界上美好多于丑陋,在聆听的过程中容易接受一些信息;悲观的人,在聆听过程中即使是正确的信息,也会疑虑重重;自私的人在聆听过程中,会以小人之心度君子之腹,而大度的人,则以宽厚待人。

焦虑是指聆听过程中由于自身的限制或者其他外界的干扰,导致无法聆听的心理状态。一个学生处在焦虑状态下,整天为考试担忧,为生活渺茫而彷徨,听课效率一定会降低,其成绩也必将受到影响。其实,导致这种结果的关键,是学生没有控制自己的情绪,没有调整好自己的心态。一个整日忧心忡忡的人,决不可能是一个好的聆听者。

2.3.2.2 聆听主体的选择性

人类的信息接收天生具有倾向性,生活中我们倾向于注意想要听到的东西,并对接收的信息加以理解,而对其他的伴随信息,充耳不闻。举个简单的例子,我们对铺天盖地的广告,能详细回忆出来几个?恐怕大多数人只能记住个别广告的只言片语。在生活中还有一个奇怪的现象,很多人做事情总是有预期,总是估计会不会出现什么结果,如果真的如其所料,就会加强这种心理倾向,这种"预期的自我实现"往往是有效聆听的障碍之一。很多人都有这种想法:不会有人认真听自己的讲话,其他人的讲话也未必有作用,以至于人们习惯于不去聆听和不被聆听和理解。听与不听也没什么大碍的看法,导致人们只注重与个体有关的信息。这种潜移默化的习惯也会影响聆听的效果。

2.3.3 不正确聆听的表现

2.3.3.1 打断谈话 急于求成

人们习惯上认为"口才"是展现自己的一种途径,言说是一种主动的、积极的生活态度,聆听是被动的接受过程。在这种思维习惯下,人们常常在他人还未说完的时候,就迫不及待地打断对方,或者没等对方把意思表达清楚和完整,就认为自己听懂了、听全了。其实这种想法和做法都存在不妥之处。善于聆听的人未必不是言说的高手,夸夸其谈的人也未必能获得他人的尊重和信赖。

【案例2-10】

一位顾客从商店买了一件外套,很快发现衣服褪色,而且洗涤的时候把其他的衣服也染花了。他很失望,拿着衣服来到商店。

"我前几天刚买的衣服,没穿几天就褪色……"

售货员没等他说完,就打断他的话,"这款衣服我们一直在卖,你是第一个抱怨质量不好的,我们也没办法。"

另一个售货员也凑过来。

"听说深色的衣服刚开始穿时都会褪色,一点办法都没有,特别是这种价钱的衣服。"

听到这儿,顾客非常恼火,想把衣服扔给他们。

这时部门经理过来,首先问明原因,让这位顾客慢慢把话说完,静静地聆听,又批评了售货员几句,然后问顾客:"您想怎么处理?我一定认真考虑您的要求。"

顾客看到经理这么维护自己的利益,说:"我也没别的意思,我只想听听你的意见,想确认一下,以后是否还会褪色,有什么办法吗?"

部门经理说:"我建议你再穿一个星期,如果还不满意,我们负责想办法解决。对不起,给您添麻烦了。"

一个星期后,顾客没有再来。一场售后争端就这样被化解了。不论什么时候,听对方把话说完,比打断对方的话语重要。

聆听的目的是获得正确的信息。聆听的时候需要适当的反馈,但不是打断对方的谈话,也不能由于对方的谈话引起自己的"共鸣"转而表达自己主观的认识。在生活中可能碰到这样的情况:有些人以为自己具有丰富的经验或阅历,在聆听别人的时候,固然能很专注;可是一旦言说者没有找到合适的词汇,或者因为其他原因"忘词"的时候,他们往往打断对方的谈话,有的人还会立即介入,甚至帮助说话人结束句子,提出自己的猜测,好像知道说话者下一句要说的内容似的;更有甚者直接说:"你的意思我明白,请别说了!"这样的聆听就失去原有的轻松氛围,也让言说者陷于窘境。

2.3.3.2 假装聆听 心不在焉

"听"相对于"说"是一个被动的行为过程。由于大脑处理字码的速度是聆听过程中获得言语信息的四至五倍,同时由于人们普遍缺少聆听技巧的训练,因此常常不能很好地处理讲话速度与思考速度的时间差,于是在聆听的过程中,便分出一部分时间思考其他的问题。心不在焉、心猿意马是这种情况的典型表现。此外由于心情不好或在想自己的心事,聆听者表面上似乎在用心努力地听,而聆听的信息完全没有或仅有部分进入聆听者的头脑中,这样情况也时有发生。聆听者坐在那儿,几乎呈恍惚状态,任凭信息从左耳进右耳出,全然不知所云。这种聆听的效果肯定不好,即所谓"身在曹营心在汉"。

一位青年教师在上一堂历史课,自己在讲台上绘声绘色地讲述,却发现一个学生目光呆滞,好久都没有任何反应,这位老师问道:"请重复一下,我刚才讲到哪里了?"这个学生一个激灵,赶紧翻书,不过还算聪明,马上答到:"我刚才讲到哪里了。"全班哄堂大笑。在学习过程中,这样的情况并不少见,每个人或多或少都曾经历过类似的情况。

在职场上,很多销售人员和客户服务人员在聆听客户描述或投诉的时候,经常出现的情况是,一边听,一边紧张地在想对策。更有甚者,一边听,一边招呼其他顾客。由于不断分心,他们会忽略掉客户认为重要的部分,而把客户认为不重要的部分加以强调,导致双方产生沟通的差异。这时客户直接的感受就是销售人员或客户服务人员根本不关心自己的要求,拂袖而去。

聚精会神听是聆听的一个基本要求。而"心不在焉"、"开小差"、"心有旁骛"都是不正确聆听的表现,其结果是听而未闻,一有疏忽,就可能遗漏至关重要的信息。

2.3.3.3 缺乏耐心　先入为主

人们一般认为听是毫不费力的事,常采用被动的方式聆听,在聆听时习惯东张西望、摆弄其他东西,更有甚者从开始就没停下手中的活。这种不耐心的聆听还表现在一些身体动作上,如面部缺少表情、姿态僵硬、双手交叉、跷起二郎腿,甚至用手不停地敲打桌面等。这些动作和身势语都会被视为一种不耐烦的表现,意味着"你有完没完?这些都是些什么事?与我没有关系,我已经听得不耐烦了,请早点结束"。

【案例 2-11】

女主人沃若尼卡刚从西藏旅游回来,晚上与丈夫拉法艾罗谈论她对西藏的感受。

"西藏真是太神奇了,那里的人们太可爱了,太有意思了。"

拉法艾罗拿着刀叉,慢慢地叉起食物,头也没抬地说:"哦,我知道了,上次我和公司的同事去过。"

沃若尼卡没有好气的说:"难道你就知道你的公司,一点都不关心我吗?"

"好了,好了,咱们别争了,我最近工作很忙!"

沃若尼卡狠狠地吃了两口,收拾好自己的餐具,愤愤地回到房间。本来轻松温馨的环境,由于男主人的不耐烦不欢而散。

先入为主在行为学中被称为"首因效应",它是指在进行社会知觉的过程中,对象最先给人留下的印象,对以后的社会知觉发生重大影响。也就是我们常说的"第一印象往往决定了将来"。人们在倾听过程中,对对方最先提出的观点印象最深刻,如果对方最先提出的观点与倾听者的观点大相径庭,倾听者可能会产生抵触的情绪,而不愿意继续认真倾听下去。先入为主地聆听常带有情绪、偏见或成见,是带"有色眼镜"看待问题和人的行为,往往会曲解别人说话的意思,错误地理解或判断对方的心理、意图和想法,直接影响自己的行为选择和决策。

2.3.3.4 浅尝辄止　忽略重点

听的话大部分都是口头言语或整理过后的录音文字,就前者而言,大部分说的话都是边说边想,不能突出重点,甚至杂乱无章,毫无条理。有时在谈话中,传递的信息多少还带有说话者的主观意思在内,有有用的、无用的、真实的、虚假的。这就需要听者在接收的时候要有所鉴别,在潜心聆听的基础上,及时处理,去粗取精,去伪存真,理出条理,抓住要点。

其实真正重要的并不是话语的表层意义,而是话语所蕴涵的深层含义。如果只听到对方的表面语言,对方的真实意思会有被误解、被隐瞒、被夸张的可能。中国人有"谦虚"、"恭顺谦让"、"含而不露"等传统美德;尽管在当今竞争激烈的年代,人们强调快节奏、高效率,表达方式也趋于直接,但是一些知识渊博或是城府很深的人,在谈话和做事时还是会不动声色,不露山水。因而,在人际沟通时,学会察言观色,显得尤为重要。

蜻蜓点水式的聆听,只获得表面信息;全盘接受不分主次,则又没法思考判断信息的真正含义,达不到聆听的效果。很多人在聆听时想把全部信息都记下来,实际上没有几个人能把所有信息记录下来。比如某公司经理在做多种事情的报告时说"事实A……",经理继续讲话,"事实B……";当你记下事实A时,领导又开始另外一个话题。等报告全部结束,你也只能支离破碎地记下几个片段。有效地聆听,不是被动、照单全收,它应该是积极主动地聆听,该过程是提取重点,有所选择的过程,如此才会更了解对话内容、更懂得欣赏对方,回答也更能切中要点。

2.3.3.5 情绪激动 容易偏激

俗话说:"话不投机半句多。"在聆听的过程中不可避免地要听到与自己观点、想法不同的言语,面对这种情况要保持冷静的心态和从容的气度,应避免因别人出言不逊而感情冲动,失去自制,无法聆听。事实上在一些场合有些说话者带有试探性,好让你表现真实的自我,以便获取真实的信息或意图。在商务谈判中,更应该以平和的心态、宽广大度的胸襟去对待别人的言语,始终以冷静的姿态分析、处理、加工信息。相信越是能够保持冷静、专心聆听的人越能把握交际的主动权,也能赢得对方的尊重。

【案例2-12】

小王是一家电脑企业的研发人员,在软件研发上很有想法,赢得了公司领导和同事的赞赏。一天,公司人力资源部门主管找他谈话,说要调他去销售部门,小王一听此话,很吃惊也很诧异,毕竟他很喜欢研发,销售部门与他的专业和兴趣都大相径庭。

"我不愿意去干销售,我很喜欢目前的岗位。"没等主管解释,他就坚决反对。

主管停顿了片刻,继续温和地说:"我们了解你的确喜欢这个岗位,可是公司的决定有公司的考虑。"

小王耍起了孩子气,说:"我就喜欢研发,别的我干不了。"

主管顿了顿说:"年轻人多点历练也好,真的不愿意吗?公司可是看重你才让你去的。"

小王还是固执己见,结果连原来的岗位都丢掉了。其实公司想让他从销售中寻求潜在的市场,更好地研发产品。小王因为没能体会到公司的真正用意,反而给他人留下不好的印象。

2.3.3.6 忽视"副"语言的作用

【案例 2-13】

晚上十点,孙飞正在宿舍准备明天科研报告的幻灯片,同学郑田走进来。

"张琼在吗?"郑田问。

"回家了,还没回来,"孙飞起身迎接:"进来坐。"

郑田嗜烟如命,只要有空,就会抽一口。他点上一支烟,没话找话地问:"最近很忙呀?"

"太忙了,恐怕今晚都完不成了,可必须赶出来,明天要做主题发言呢!没办法了!"孙飞指着电脑屏幕上的幻灯答道。

"你看了新上映的电影吗?"郑田吐出一个烟圈说。

孙飞闻到烟味,鼻息微微翕动,用手扇了扇飘来的烟圈,接答到:"看了,还可以……"

郑田的话匣子打开了,开始滔滔不决地谈论剧中的情节和人物,俨然是个评论家。孙飞瞥了一下电脑上对话框的时间,站起来伸了下腰,有点自我安慰地说:"累死了,到现在还剩15个没完成。"

而郑田丝毫没有打住的意思,还在继续自己的话题。

这个案例中,郑田没有注意到孙飞对烟的敏感,也没注意孙飞起立的暗示。这个案例说明在人际沟通过程不可忽视副语言的作用,否则会给交际带来不必要的负面影响。

"言为心声"是说通过语言可以窥见人的思想。"情动于中必形于外",是说通过一个人的言谈举止可以了解这个人的想法、性格、品性等。《鬼谷子》第二篇:"人言者,动也。己默者,静也。因其言,听其辞。言有不合者,反而求之,其应必出。"作为外部的身势语与内部的有声语早就联系在一起,在言语交际中,身势语可以与语言配合起来传递信息。相关研究认为,在良好的沟通要素中,话语占7%,音调占38%,而余下的55%完全是非言语的信号。可见无声的"副"语言在交际中的作用是十分重要的。在一定的场合,通过察言观色,能获得更多的信息。

2.4 如何提高聆听水平

一些学者对聆听做了一些有趣的统计:人们通过学习知道的东西85%都是通过聆听获得的,听过之后一般能立即回忆起来的部分只有50%;清醒的时候人们用在交流上的时间为80%,而花在听上的时间只有45%;这部分时间要听配偶、孩子、朋友、同事或是熟人的声音,而听过之后能记住的部分只有20%;在接受正式教育的人群中,有过正规的聆听训练的人不足2%。这些数据让人大吃一惊,原来习以为常的听是这么的匪夷所思。

聆听是"听"的高级形式,是信息的获取、收集、选择、分析理解的过程。光学会听而没有足够的能力去"选择"辨析,仍然不是聆听。塞纳克说过,怀疑一切人和相信一切人的错误都是一样的。只有把自己的判断建立在充分思考和分析的基础上,才有理由相信它。也只有这样,聆听才有价值,才可以说是真正学会了聆听。

聆听是一种技巧,可以通过培训来提高。《幸福》杂志对500家公司的一项调查显示,59%的被调查者回答他们对雇员提供听力的培训。研究表明,多数员工将60%的时间花在聆听上,而经理们也平均将57%的时间花在聆听上;研究者还发现,聆听技巧和工作效率之间存在着直接的关系,接受聆听能力训练的雇员的工作效率远高于未接受聆听能力训练的雇员。

2.4.1 学会"移情式"聆听

根据聆听目的的不同,可以把聆听分为五种:鉴赏式、理解式、辨别式、移情式和评价式。研究发现,在以上五种聆听方式中,移情式聆听的效率最高,同时也是较难掌握的一种聆听方式和技巧。"移情"一词在词源上源自希腊语,em是"进入"之意,pathy是由pathos而来,意思是"感受"、"承受",因此"empathy"也译成"神入"或"同理心"。移情式聆听就是在聆听的过程中设身处地地领会别人的思想感情,"心有灵犀一点通"、"心领神会"是移情式聆听的理想境界。

移情式聆听的目的是,在深入了解对方的情绪和思想的基础上实现有效沟通。除了要听人们说的话,还要注意他们是如何表达的。作为听者要做的是把自己的情感放在一边,使自己沉浸在对方的谈话中。移情式的聆听表达的是对他人的关心,对他人所谈论事情的关注。通过聆听,使对方可以宣泄情绪,感到自己真正被了解了,而不是被评判。为了做到这一点,你需要识别情感,让说话者告诉你发生了什么,然后运用语言和非语言给予反馈,鼓励他们去倾诉、去发现解决问题的办法。

耐心聆听是移情式聆听的前提。一些心理学家指出,我们的说话速度是每分钟120—180个字,而思维的速度却是它的四五倍。所以,对方还没说完,我们也许早就理解了;或者对方只说了几句话,我们就已经推测出他所说的大致意思。这种主观的推测和理解,使我们在交谈中的思维产生自满,开小差、注意力涣散,出现心不在焉的下意识动作和神情,以致对对方的话"充耳不闻"。这样,当对方突然问到一些问题时,我们往往只是毫无表情的缄默,或者答非所问,这会令对方十分难堪,感到不快;同时,我们也会在不知不觉中漏掉许多言说者在言谈话语之间透露的重要的信息,更不要说领会对方的"言外之意"了。因此,听人谈话时,应集中精神,表情专注,做到耐心、平和是移情式聆听的一大前提。

要做到移情式聆听,听话者不要急于表达自己,不能急于说自己的事情。这是因为,当一个人开始想要说关于自己的事时,他的心理状态已经从听的一方转换成了说的一方。而在心理状态由"听"转化成准备"说"的时候,就意味着已经不能客观高效地听清对方的话了。比如,我们都有这样的经验,在对方说话的时候,会在心里面估算下面该如何回答对方或该如何引入自己想要讨论的话题。我们也经常可以察觉到,当自己在讲话的时候,对方似乎心不在焉,仿佛在思考什么。在这种情况下,听者对于所说的话语没有做到专心"接受"、以便全心全意地处理话语传递的信息,更会给说话的一方话语没有得到重视的感觉,导致其心中产生不快的反应。

"移情式"聆听的关键是做到"情感控制",这也是移情式聆听的重点和难点。因为,我们每个人都有这样的思维倾向,喜欢听自己喜欢的东西,将不喜欢的拒于千里之外。我们也很自然地常用第一印象来判断人,对于自己不喜欢的人,很难集中精神交谈。在跨文化沟通中,由于沟通者之间文化背景的差异,我们更容易用自己的文化价值观、习惯、行为规范等来判断对方,可能因为对方的一句话或一个行动,我们就会失去客观接受信息的态度。遇到这样的情况,就应该极力控制自己的情绪,保持冷静的头脑,重新调整自己的心态和思维,客观、积极和主动地接受对方的信息。

在聆听对方讲话的时候如何进行"情感控制"呢?就是要"老实地听对方讲话"。这句话看似简单,但其实却很不容易做到。例如,如果听到这样一句话:"28岁、独身、女性、穿着黑色连衣裙和黄色浅口鞋,胸前佩戴着蔷薇花胸针。"你会怎么想象这位女性呢?对100名成年男女的调查结果显示:七成的男性认为这个女性有一头长发,八成的女性认为不想和这样的女性交朋友;六成的男性和女性认为这是个美女,而且六成的人想象蔷薇花是红色的,三成的人想象成白色的,一成的人想象成黄色。大家一定都明白,这个问题没有正确答案。因为这只是随便罗列了一些单词而已。如果一定要说正确答案,回答"不知道"才是最恰当的。通过这个例子,可以看出人们是多么会凭自己的想象和喜好去理解事物。这样的"曲解"在聆听过程中无处不在。

事实上,"老实地听对方讲话",其要旨就是将注意力集中在听的本身,在保持对说话者话语的兴趣这一前提下,进行积极地聆听和客观地判断,其目的以获取说话者话语中包含的信息为主,同时在获取信息之后根据客观情况对信息的真实性做出合理分析。移情式聆听的目的并非在对话中引出个人的主观评价进行交流讨论,而是以传达信息为主,因此要尽量避免在有意无意之间根据个人的喜好主观地曲解说话人的信息。这才是高效的移情式聆听,如果能够掌握这种聆听方式,在各种场合都会非常有利。

2.4.2 学会关注、附和、反馈

聆听之道在于专注,聆听的作用在于尊重和安慰。很多时候,倾诉者并不需要聆听者的建议,倾诉者存在的全部意义就在于聆听倾诉者的心声、获得亲近之人的理解。聆听对方,对方在心理上也会觉得你听得很专心,对他的话很重视,因而会产生"酒逢知己千杯少"的感觉。

美国电台著名节目主持人拉里·金(Larry King)在谈电视谈话节目时认为,谈话节目成功的秘诀在于对每一位接受他访问的人都有高度的好奇心,细心听答话,因为答话能引出更多的问题。拉里·金的经验之谈值得玩味,可以说他能成为名嘴是与他善于聆听分不开的。给予关注、附和反馈,是聆听过程的重要方面。聆听的过程不仅是被动的接受,还应该主动地反馈,这就需要做出会心的呼应。

2.4.2.1 注意身势语的运用

身势语是人类交际行为中的重要部分,对言说而言,听者通过身势语

传达的反馈信息将会促进交流的顺利进行。身势语有多种,如表情、手势、身体姿势等。

眼睛是心灵的窗口,在交谈时,注意与说话人经常保持目光交流。眼睛最能传递微妙的感情差别,目光的长短、眼帘的开合、眼睛附近肌肉的变化都可以表达各种意思。目光接触与死盯着别人看是两码事,聆听时保持相当稳定的目光接触并非不自然。细心观察可以发现,深入交谈的人的目光接触频率之多令人惊讶。这种目光接触是以另一种方式在向对方传递一种信息:我现在是跟你在一起,我在认真地听你说的话。如何保持目光交流呢? 当然也要因地、因时、因人而宜。一般来说在聆听的时候,要面对说话者,目视对方的眉心,过一段时间把目光扩散到额头、面部、肩部,然后才回到眼睛上。当然,偶尔将目光投向远处,并不意味心不在焉,但是不断地将目光飘向别处,会给出不情愿聆听或对他的话不感兴趣的暗示,这就可能导致说话者不愿继续倾诉。

不管是否意识到,听者的表情如微笑、皱眉、疑惑、生气等都影响说话者的情绪。真诚的微笑可以使说话者感觉到听者在认真地听,明白自己的意思,就能鼓励把话说下去。表情呼应时要注意与对方的神情和语言相协调:当对方说笑话或幽默话时,你的笑声的反馈会增添他的兴致;他说得紧张时,你的屏息凝神则强化了紧张的气氛。当然,表情呼应需要自然坦诚,不可矫揉造作。如动辄大惊小怪、挤眉弄眼,会使人觉得你缺乏修养,甚至滑稽可笑。

姿势和体态都可以表达感情,传递信息。此外手势、动作也具有一定的反馈作用。对敌视的人,往往采用叉腰的姿势;对不关心的话题,往往采用交叉双臂的姿势;对不喜欢的人,往往采用后仰的姿势。在聆听的时候采用开放的姿势,显示关心、接受、容纳、尊重与信任。听话者采用轻松随和的姿势,则能使倾诉者不受拘束;听话者采用庄重的姿势,说话者则极容易瞻前顾后,不敢言语。尽量使自己能和说话者保持相似的姿势,则会让对方敞开心扉、开诚布公。将身体倾向对方是表达关注的方法,也是亲近说话者的一种表现方式。观察发现,亲密交谈的人都会无意识地将身体向对方倾斜,自然而然地表现出关心。这样会给说话者带来一种心理上的满足感。当然,聆听的过程中,要审时度势地合理控制自己的体态,合理控制自己与讲述者的距离。营销人员在营销的时候应根据交谈的进程,适时靠近,方能达到营销的目的。

2.4.2.2 聆听过程进行适当的附和反馈

看戏的时候,该在什么时候鼓掌,是一个学问。因为恰到好处的鼓掌会使节目更精彩,而不合时机的鼓掌反而会破坏气氛。要想告诉对方你非常认真地在听他说话,附和是一个最好的方法。为了使谈话顺利、愉快地进行,学会肯定对方是非常重要的。如果说话者知道自己所说的得不到对方的肯定或认可,那么还有谁愿意继续说下去?

在聆听中对说话者表示肯定,可以使用常见的附和语,例如:"是"、"嗯"、"好的"、"原来是这样"、"是吗?"等。除了这些常见的附和语之外,最重要也是最难的附和方式,就是重复对方说的话。能够把对方说的话重复一遍,会使附和更加出色。为什么说是最难的方式呢?因为这里所说的重复对方的话,并不是指完完全全的、毫无重点的复述。注意不要使附和带有"学话"的味道,如果只是像鹦鹉学舌般重复对方的话,会被对方认为你只是不加思考地随声附和,不尊重他,所以在重复时要注意技巧。

重复对方的话最重要的是要做到"明白通畅"、"简洁"、"抓住要点"、"使用对方说过的话"这几个要点。假设一位朋友偶然遇到一件不可思议的事,于是他非常兴奋地来告诉你。在你们谈话中,你用一般的附和语也可以,但如果在谈话停顿时你能说一句:"唉,这么巧,真不可思议啊……",那么对方就会觉得你不仅认真听他讲话,还非常能理解他的话和他的心情。

具体来说,就是要从说话者很长的话中,判断哪些是关键的语句,然后把所选择出来的关键语句重复一遍。这样就能做到有重点、简洁、明白通畅地重复对方的话。这个时候,能够重复对方的话是对谈话起关键作用的因素。如果对方听到自己的话被对方重复,就不会产生抵触情绪。假使不重复对方的话,而是尝试用另外一种表达方式去解释说话者所说的内容,即使聆听者本意是在附和,也不能达到良好的效果,比如,说话者说:"真叫人吃惊啊!……",而听者说:"是吗?……"那么对方可能会认为你对此不以为然,如果这样,就算你完全没有这种意思,但一旦对方产生这种想法后,会产生一定的抵触情绪,对于你们之间的交流将会产生一定障碍。所以说,应该尽量重复对方说过的话,而不是自行解释,才可以在很大程度上避免这种情况的发生。

在对方说话时,除了使用以上的附和语和附和技巧之外,适当地提问也可起到良好的交流效果。聆听时如果有没理解的话,或者有些疑问,不妨提出富有启发性和针对性的问题来抛砖引玉。此时,对方一般是乐意以更清楚的话来解释一番的,这样就可以把本来比较含糊的思路整理得更明晰。美国沟通学家把提问分为开放式提问和闭合式提问。开放式提问的回答比较自由,而不像闭合式提问那样只能用"是"或"不是"回答。

例如就所听的话可以问"我可能没理解,你能否再讲具体一点呢?"、"你能详细说明一下你刚才所讲的是什么意思吗?"、"你认为是否还要考虑其他的呢?"为求证对方信息的问答,而不是评论,可以使对方不至于为难,容易形成一个良好的氛围,也给自己一个思考的空间,更有利于信息的把握和理解。聆听中两种提问方式各具千秋,并非一成不变。闭合式提问可以控制说话者的主题,可以引导掌握对方的思路,但是常常使用闭合式提问又会显得锋芒毕露,此时适当使用开放式提问更能促进说话者的言说。

最后,附和或反馈时还要注意时机。就像打铁的人一敲一停、要掌握敲的时机一样。掌握对方说话的节奏,并且配合对方,适时地做出附和,这并不是很难做到的事。提问应在双方充分表达的基础上进行;过早提问会打断对方的思路,而且显得十分不礼貌;过晚提问会被认为精神不集中或未能理解,也会产生误解。另外,谈话是继续下去还是就此结束,都可由一句附和语来控制。

2.4.3 学会聆听时间的安排、场合的选取

如上文所述,环境从信息的传送和理解两方面影响聆听效果,不合适的环境对聆听起阻碍作用,良好的环境能促进有效聆听。从更为宽泛的意义上说,环境的概念不仅仅包括社会因素,而且包含人的心理、生理因素。聆听者和说话者如果是有心人,对交谈的时间、场合进行合理的选择、利用、改造,就可以事半功倍,顺利达到沟通的目的。

交谈场所直接影响交谈者双方的心理。能够交谈的场所很多,但适宜的场所则应根据具体情况选定。环境对聆听的质量有很大的影响。例如,在喧闹的环境中讲话者要比在安静环境中讲话的声音大得多,才能保证沟通的顺利进行。如果谈话内容属于私事或机密信息则最好在安静、封闭的谈话场所。几个人谈话,可能相互干扰。人有知觉的选择性,一个人同时听到两个信息时,他会选择其中的一个,而放弃另一个。正如荀子所说:"耳不能两听而聪"。

谈话和聆听可以分不同的类型,可以根据聆听的类型选择环境。如住宅,适合亲切融洽的近距离接触,保密性较好,除礼节性拜访外,一般用于亲朋好友的来往交谈;公园、娱乐场所浪漫自然,青年人交朋友、谈恋爱比较合适;饭馆、茶楼介于严肃与随意之间,有一些礼节性的要求,但交谈不会过于拘谨,能近距离沟通感情,又不会造成无话可说时的尴尬局面,近些年也慢慢成为交谈的好场所。如和朋友聊天,选择轻松、安逸、舒服的地方要比喧闹、压抑的环境好。如果领导和职员之间非正式的交流,则

宜选择非正式的场合。反之,要聆听对方的有关工作的"陈述"则最好选择正式的场合,这样容易让对方有成就感,让对方觉得被尊重。

心理学家认为,"人们的说话需要道具"。心理实验表明,把人放在空旷的屋子里的谈话明显不如有桌椅的房间内效果好。有门窗、通风、阳光的房间比阴暗、潮湿、封闭的地方好。当然道具的摆设也不能突兀、过于显眼,应以和谐为宜。绿色是一种冷色调,具有一定的镇静和安详的作用,因此绿色往往受到欢迎。聆听时也可以适当摆设一些盆花,这样房间会变得生动,有助于调节室内的气氛。饮料、食物甚至香烟,也能有助于谈话顺利进行。在首脑会谈时,聚餐以及喝茶是必不可少的。设想说话者口干舌燥,饥肠辘辘,就不能专心讨论重要的事了。音乐也是一个关键的要素,适当的背景音乐不仅不会影响谈话和聆听,还会缓解紧张情绪,提高聆听的效果。

聆听的效果不仅受环境的影响,也受说话者和聆听者的主观因素影响。尽管在许多情况下,专心聆听可以减少由于身体和精神不佳带来的一些问题,可是交谈时无论是哪一方的情绪低落或烦躁不安,都会影响聆听效果。"人逢喜事精神爽",心情愉悦的时候与人沟通更容易,也更容易获取信息,求人办事效果最佳;精神旺盛的时刻要比身心疲惫时效果好,时间充裕、精神饱满,可集中精力处理问题;时间紧张、身体疲惫时去交谈,对方必定急急忙忙、三言两语、草率应付,很难有什么交谈质量,也难获得良好的聆听效果。此外,明媚的天气要比阴沉的天气更有助于精神状态的提升,上午要比下午好。因此,根据聆听的目的选择合适的时刻,会给交谈和聆听带来积极的影响。

掌握不同场合的特征和影响聆听的主要干扰源,主动地排除可能的障碍因素。环境干扰对于聆听者来说,是一个持续不断的问题,我们也无法完全地清除这种环境干扰。与环境干扰抗争的第一步,是在聆听过程中找出干扰的潜在因素,有意识地避免不利因素,这将会让聆听的效果更完美。具体讲,首先要建立互信关系,建立和谐的交谈环境;其次,明确交谈的目标,突出聆听的目的。目的越明确,感知的选择性更鲜明。

2.4.4 适当地保持沉默和必要的记录

聆听是个能动的过程,需要听者做出反应,但是决不是要求听者对说话者滔滔不绝,也不要求不分场合地打断对方的话语,更不意味要获得对方的话语权。聆听过程中的沉默就像乐谱上的休止符,运用得当,韵味无穷,能达到以无胜有之效。而且,沉默一定要与语言相辅相成,不能截然分开。当然，沉默决不意味着严肃和冷漠。只有在聆听当中适时、恰当地运用沉默，方可获得最佳效果。

一些精于聆听的电视节目主持人谈到聆听的技巧时，总会提到保持沉默。如果被采访者回答得不完整，则什么也别说，被采访的人往往会沉不住气，会把话说完、说清楚。保持沉默会使谈话变得愉快，也给双方留出思考的空间。鼓励别人说下去的，是静静地等待别人的话语，而不是"越俎代庖"似的滔滔不绝。沉默的力量在于它能让人更多地了解说话者，适当的沉默能让对方把很多"秘密"倾诉出来，沉默的时间越长，获取的信息可能会越多。

日本人非常了解沉默的意义。举例来说，日本的国技柔道就体现了沉默的精神。在相扑中，身体和技术是必要的。但是与对手"心"的较量更重要。在相扑中有种叫做预备姿势的一连串沉默动作，这就是"互相怒视"。通过互相怒视，压制对手的气势，两人渐渐兴奋，斗志渐渐高涨。这个时候如果从对方脸上移开视线，就等于不战而败。

同样的道理，聆听者使用沉默和间隔也会在对话中产生一定的"压迫力"，使双方慎重、严肃地讲述话语、处理信息和思考问题。说话人说话的内容越严肃，越具有正式的意义，就越是需要适当地沉默。很多善于谈判的高手，也都会适当地沉默。

在谈判中，有些问题不便回答或答而无益，便可沉默无语。对不能回答的问题沉默比盲目答复更有利。沉默使人感到深沉、稳重、琢磨不定。因此从某种意义上说沉默是金，这也就是沉默之所以能成为回答问题要领的原因之一。谈判中长时间的沉默会给对方造成极大的心理压力，也给自己一个回旋的余地。丁建忠在《国际商务谈判技巧》一书中反复强调听多说少，如何沉默。例如，李克农就是位善于在重大谈判中运用沉默的人，1953年朝鲜停战谈判就包含着沉默的艺术魅力，他所运用的沉默表现出来的对抗力远远超出唇枪舌剑所达到的效果。

此外，沉默能缓解彼此情绪的紧张，促进思考，控制自我情绪。学会在对话中使用沉默和间隔，有助于聆听者获取信息，有助于调节说话的节奏，当然也会使谈话变得融洽，有助于保持自己的良好形象。在对话中引入具有压迫力的沉默和间隔，是成为出色聆听者的标志之一。

聆听中的理解与信息的记忆是分不开的。聆听过程中的听、记忆、思考或理解是统一的，不能截然分开。理解基础上的记忆可以提高记忆的效果，记忆存储的信息越多，越能加快理解的速度、增强理解的深度和广度。俄国生理学家谢切诺夫说过："一切智慧的根源都在于记忆。"可见记忆的作用是多么的重要。在聆听的过程中,记笔记是聆听的延伸,俗话说,"好记性不如烂笔头",说的就是这个道理。由听获取的信息能够长久保留到头脑中的很少,在听取很长的言论或报告时,不记笔记就能较全面地复述的人也很少。如果仔细观察口译者或新闻记者,不难发现绝大多数的人在聆听说话者的话语时,都备有纸和笔,会不时地记下什么。如何记下重要的信息又能保证聆听的进程,不影响聆听的效果呢?答案是训练,每个人并非天生就具备速记的技能,要想在聆听中记住信息非要训练不可。具体可从以下几点入手:

1. 抓住重点,不可全盘接受;
2. 学会归纳,突出主题,及时形成话语的概要;
3. 记录重点词语、句式,达到以点带面的效果;
4. 尝试用符号代替汉字。汉字的笔画多,书写费时。过于追求完美,很可能耽误信息的接受。

2.4.5 学会正确理解信息

聆听的主要目的在于信息的获取和理解,形成新的认识。因此,在聆听中,正确理解对方谈话的意图是最重要的一件事。但是,在人际沟通中,有时说话者的讲话含蓄,不直接告诉你,而是采用迂回策略,拐着弯暗示你;有时说话者的意图并不在"话语"本身,而是有弦外之音,这时就需要你有较强的理解能力,更需要你能从接受到的信息中,去伪存真,去粗取精,体会出言外之意。谈判时,谈判双方的口语表达,有的是直来直去,坦诚真实,有的则委婉含蓄,模棱两可;有的故弄玄虚,真真假假。这就需要聆听者潜心辨听,不为虚假信息所迷惑。在聆听过程准确把握判断说话者的心理活动,要从以下几个方面着手:

2.4.5.1 注重交际过程中非语言因素的作用

聆听过程中的理解要靠逻辑判断,聆听的过程还是个互动的过程,听者的身体语言能影响说话者的情绪,间接影响交际效果。同时,说话者言说时附带的身势语也能传达信息。一些学者还认为无声的身体语言包含的含义甚至要比有声语言还要多,还要可靠、真实。统计认为,55%的信息是无声的。弗洛伊德认为,人的语言表达的信息是经过理性加工过的信息,往往不能真实地显示一个人的真正意图,要想深入了解说话人的心理,非要借助身体语言和其他途径不可。因为身体语言大多发自内心深处,很难压抑和掩盖。"情动于中必形于外"即是此理。

因此,在聆听的过程中,可以通过观察对方的手势、眼神、形体变化、姿势、肢体动作、面部表情等,洞察说话者的心理活动:是高兴还是痛苦,是喜欢还是讨厌,是友好还是敌视,是谦虚还是傲慢,是真诚还是虚伪……身体语言好比内心活动的晴雨表,是人真情的流露,识别身体语言有助于理解说话者的真实意图。

2.4.5.2 了解语言行为和交际中的语用策略

聆听往往和会话结合在一起,了解会话的话题转换及会话的言语功能,可以在聆听过程中游刃有余,准确回应。被言说的话语都带有一定的意图,有的是对事件的陈述,有的是断定、指令、承诺和宣告,有的希望听话者就所说的内容给予某种行动。聆听的时候区分说话者言语的目的,对于正确理解信息很重要。有时说话人出于某种原因或意图不愿意直接说出,而采用迂回、隐含的方式表达出来,此时要对字面意思进行推理,才能理解真实的含义。此外,不可忽略交际双方所处的语言环境和双方共同了解的信息。

【案例 2-14】

"买票买票,别等下车补啊。"售票员喊。

"要说售票员大姐也是真辛苦,一样坐车她还得老嚷嚷。换个不负责任的也就一边眯着不言语了,谁受损失?国家受损失。钱也一分不进大姐腰包。要是大姐自己的车肯定就白拉咱们了是么大姐?"冯小刚歪着头朝售票员笑。

"别跟我臭贫,你们这样的我见多了。"(王朔《你不是一个俗人》)

只要仔细一听,就可知冯小刚通过冷嘲热讽来说售票员多管闲事,自己不愿意买票。而售票员的回答也是针锋相对,让他买票。生活中有时对交际规则的违反可以达到诙谐幽默的效果,而另外一些时候,将会给交流带来不好影响。

【案例 2-15】

"陈幺妹同学,既然你回来了,就不妨一块听听。我的意见不一定正确,仅供参考。"

"连自己都觉得不一定正确,干吗还要说呢?"

李老师怔了一怔,还是说了下去。(张洁《他有什么病?》)

李老师的话,并不是认为自己的话是不正确的,而是一种谦虚和礼貌的表示。可是陈幺妹没有考虑交际过程中礼貌的因素,造成李老师的尴尬。

倾诉过程一般都是围绕一个话题进行的,了解话题转换的艺术,及时把握信息的变化,才能获得聆听的主动权,不然,听者头脑里一团糨糊,理不出个所以然来。同时了解话题的转换,对谈话的继续和人际关系的维系都有好处。适时地进行话题的转换,是附和的一种表现,也是一种交际技巧,可以引出新的话题,创造良好的交谈氛围,避免尴尬。

2.4.5.3 掌握重音和语调的意义

"言为心声","文如其人"。听人谈话,通过语言风格、说话的腔调、声音的高低、粗细、强弱,音量的大小以及表达方式,可以知其性格、习惯、智力、性情,这就起到了间接了解一个人的作用。一些专家和学者通过对语言的调查与研究之后认为,言语材料内容真实与否可以通过以下几个方面看出:节奏、语调、发音自然与否;说话者之间是否有重叠现象;句子是否完整、是否有变化;开头和结尾是否自然;说话时眼睛是否注视着听话者。

提高聆听的水平首先要提高处理声音信号的能力,即辨别语音的能力。通过听觉器官接收到的言语信息是语音形式的排列组合,包括声韵、声调、停顿、重音、语气等等。对母语是汉语的人来说,聆听过程中的语音听辨关键在于正确把握语流中的重音和语气。至于语音的不同组合,在针对母语的聆听理解中并不太重要,聆听母语者已经建立起该语言的系统,已经在大脑中形成了匹配机制。当然,不同方言导致的聆听障碍除外。

【案例 2-16】

赵大爷家的电视机坏了,他想起邻居小高是个电工,就去他家找他。

"小高呀,你会不会修电视机?"

"我不会修电视机。"(重音放在"修"字)

"不会修?敢情还是装配电视机的电工呢!"

"我不会修电视机!"(重音放在"电视机")

"那我平时走路听的收音机也坏了,帮我看看吧!"

"我不会修收音机!"(重音放在"我"字)

"你们干这行的小哥们儿多,那就帮我找一个……"

小高耐住性子,急得直抓头说:"大爷,你老怎么老是听不懂我的话呢?"

赵大爷说:"我说,你小子怎么总是把话答岔了呢?"

日常生活中简单的一句问话,小高却回答得令人啼笑皆非,原因在于没有把握住说话的重音。如果强调"不会"就可以明确地回答赵大爷的问题了。

　　在日常的话语交谈中,为区分程度的轻重、突出性质的不同或表示强调等,常采用区分性重音。如:"我们生在中国,长在中国,我们热爱我们的国家"、"这件事与他不相干,请别找他的麻烦"、"他简直是个十足的骗子"。交际过程中,为显示话语的修辞特点,在运用修辞的句子中,常对比喻体、摹状物、对比、排比词或短语,以及反语、夸张的词或短语重读,达到说话者预期的交际效果。如:"他并不是盏省油的灯"、"我家的孩子不懂事,还是人家的孩子乖"、"他是个大喇叭筒子,凡是他听到的事情,没有人不知道的"。话语中的重音不仅仅是简单句子中关键词语的重读,也有复句中的关联词语的重读。在表达并列、因果、假设、递进、条件、转折等关系时,常对相应的关联词重读。在聆听中准确把握这些将有助于准确理解信息。

　　不同的语气可以表达不同的思想感情。聆听他人谈话中,说话者的喜、怒、哀、乐、悲、惧、急等情态,完全可以通过语气得知。语气轻快柔和顺畅是"喜"的表现;语气低沉轻缓是"悲"的表现;语气急促、简短有力是"急"的表现……

　　"听话听音,锣鼓听声",说的是语调可以传情,语调的魅力在于即使是相同的一个字,可以有几十种表达,传达不同的意思。如:"好"、"是"等。语调是通过节奏的快慢起伏、音调的抑扬顿挫、语速的停顿连接、音量的轻重强弱等不同方式而成的。习惯上把语调分为三大类:平直调、上扬调、降抑调。

　　1. 平直调:语音平稳少变,语气柔和、舒缓。这种语调常常表达庄重、严肃、从容、冷漠、悲伤等感情,常用来陈述一件事情或者表明一种较客观的观点;

　　2. 上扬调:调值是前低后高,语气顺畅、急促。这种语调表达的感情有疑问、惊奇、愤怒和鼓励等;

　　3. 降抑调:调值是前高后低,语气渐降,语气迅猛有力。一般表示一种态度,如坚定、自信、肯定、赞扬、感叹。

　　交际过程中,相同的话,由不同人所讲,效果大不相同。聆听时根据所处的场合、谈论的主题、不同的人物,仔细辨别,方能在聆听过程中有所收获。

　　聆听过程中的理解是关键所在,一个人聆听效果的好坏是一个人综合能力的反映。聆听者的语言感知能力、概括能力、记忆能力、总结分析能力、评判能力都影响其聆听效果;而这些又是个体综合素质的体现,没有说话的背景知识,没有基本的聆听技能训练势必影响聆听的效果。

思考题:
1. 聆听和"听"有什么区别?谈谈聆听的基本过程。
2. 根据你的生活经历谈谈聆听的作用。
3. 你认为聆听的障碍有哪些?该如何克服?
4. 结合自己的生活经验,谈谈如何在聆听时,注意非语言因素的应用。
5. 举例说明如何在聆听过程中注意话题的转移。
6. 仔细想一想下面两句话由于语调不同能有几种意思?
   第一句:"你去过上海?"
   第二句:"他这个人!"
7. 结合自己的感受谈谈如何在聆听中正确理解说话者的信息。
8. 成为善于聆听的高手,应该注意哪些?

参考书目:
杨惠元(1996):汉语听力说话教学法,北京语言大学出版社
李宇明(2000):语言学概论,高等教育出版社
李 岳(2006):赢在倾听,广东经济出版社
舒 丹(2005):实用口才培训手册,中国电影出版社
赵惠军(2005):管理沟通,首都经济贸易大学出版社
苏珊娜·杰纳兹、卡伦·多德、贝丝·施奈德著,时启亮、孙相云译(2006):组织中的人际沟通技巧,中国人民大学出版社
高玉祥、程正方、郑日昌(1985):心理学,北京师范大学出版社

第三章 说话的艺术

说话是人际交流最简便、最直接的方式。我国古代文学理论批评家刘勰在《文心雕龙》中讲到:"一人之辩,重于九鼎之宝;三寸之舌,强于百万之师。"著名美国成人教育专家卡耐基也曾说过:"80%的成功人士靠一根舌头打天下。"可见,说话在人类社会生活中发挥着极其重要的作用。另外,在不同场合,面对不同的人,说话也是有讲究的。会说话的人左右逢源,赢得人心,占尽先机,做事经常取得事半功倍的效果;反之,则可能处处碰壁,事与愿违,延误良机,甚至产生一些不必要的麻烦。所以,说话的好与坏、巧与拙、对与错,将直接影响到事情的结果,甚至会改变人的命运。说话不仅是一种技术,更是一门艺术,需要我们认真地加以学习和研究,掌握规律,灵活运用。

3.1 说话的基本原则和要求

从诚信做人的角度出发,说话当然要奉行事实求是的原则,即要说"实话"。如果从做事成功的目的出发,说话作为一种手段就要灵活运用,为达成目的服务,仅说"实话"有时并非有效。

那么,什么样的话说出来别人爱听?同样一句话为什么有的人爱听,有的人不爱听?该说什么样的话,该怎样说,一定要以达成目的作为准绳来组织语言,概括起来要遵循三条基本原则,即:目的明确、因人施语、合乎情境。

3.1.1 目的明确

3.1.1.1 目的影响说话效果

我们无论做什么事,总有一个目标或期待达到的效果,说话也是如此。不管是演讲、谈判、辩论、采访乃至聊天拉家常都是为了实现一定的交际目的而进行的。说话者清醒的目的意识对于取得良好的说话效果十分重要,有时甚至能够使说话人超常发挥,化险为夷。

【案例 3-1】

有个贼深夜闯入一户人家偷东西,不巧惊醒了熟睡的夫妻俩。丈夫一跃而起,妻子却吓得不知所措。丈夫想,硬拼不行。于是急中生智,大声对妻子喊道:"别怕,快把鸟枪拿来!"妻子茫然,说:

"哪有鸟枪?"

"在墙上挂着啊!"

"胡说!"

"胡说?"

丈夫见妻子不解其意,又不能直说,立刻说:

"对对,就把'胡说'拿来,'胡说'比鸟枪更厉害!"

藏在门后的那个贼一听,心想,妈呀,鸟枪就够厉害的了,"胡说"比鸟枪还厉害,赶紧逃命吧!于是夺门而出,一边跑着一边还想:"得快点跑,可别让'胡说'给打着!"

男主人深夜发现盗贼入室,他对妻子大声吆喝,目的很明确,就是要吓跑盗贼。"'胡说'比鸟枪更厉害",这句话就是丈夫在清醒的目的意识中的急中生智的表现,的确把那贼给吓跑了。

相反,如果说话目的不明确,会让说话失去主题,内容也会扩展得漫无边际,我们生活中常碰到的"闲聊"、"胡侃"等就是这种情况。有时候,我们在说话时也会因为注意力不够集中或在想别的事情,而让语言失去了交流作用,从自己口中说出的话连自己都不知道在说什么。所以,没有明确目的地说话,就是在说废话。

3.1.1.2 围绕目的灵活应变

说话的内容是经过口耳相传的,直接沟通,瞬时反应。话一经出口,就容不得再去从容斟酌,更无法收回,所谓"一言既出,驷马难追"。因此,对说话的调控能力可以实现话由旨遣,前面的事例其实也是一个围绕说话目的灵活应变的例子。下面我们再举一个围绕说话目的灵活应变的例子。

【案例 3-2】

一位西装笔挺的中年男子走到玩具摊前,售货员立即站起来接待。顾客伸手拿起一只声控的玩具飞碟。

"先生,您好!您给多大的小孩挑玩具?"售货员彬彬有礼地发出试探信息。

"六岁。"顾客回答,并把玩具放回原处,眼光又转向其他玩具。

"六岁！这样的年龄正是玩这种飞碟的时候。"售货员一边说一边把玩具飞碟的开关打开,开始演示操作方法。

"玩这种飞碟,可以让孩子从小培养强烈的领导意识。"

"一套多少钱?"

"45元。"

"太贵了!"

"那算40元好了。先生,跟培养您孩子的领导才能比起来,这实在是微不足道的!"

顾客微笑着。售货员机灵地拿出两节崭新的电池说:"这样吧,奉送两节电池!"说着,便把一个原封的声控玩具飞碟同两节电池,一起塞进专用的塑料袋里递给顾客。付款,开发票,递上发票之后,售货员又补充说:"如果有质量问题,三天之内凭发票调换。"

这次推销玩具的全过程,时间虽然不长,但有几分曲折。售货员紧紧围绕推销的目的,细致揣摩顾客心理,先问清孩子的年龄,将相应的玩具介绍给顾客。接着以有益孩子成长的话语打动顾客,当顾客开始动心而询价时,售货员机敏地周旋,控制着话说的主动权,几乎没有经过像样的讨价还价,顾客就买下了玩具。而仔细回顾这一推销过程,售货员能说会道、灵活应变显然是成交的关键。

3.1.1.3 自信是把话说好的基础

林肯说过:"不论人们如何仇视我,只要他们肯给我一个略说几句的机会,我就可以把他说服。"有强烈的自信意识的人在说话时总是神态自若,声音洪亮,毫不做作,言真意切。相反,缺乏自信的人说话模棱两可,底气不足,语言干瘪,枯燥乏味。

有句格言这样说道:"充实,是自信的前提。"自信离不开丰富的学识、阅历,有了这个后盾,才可能口若悬河,谈笑风生,像毛泽东、周恩来等许多伟人和名人那样谈吐睿智、幽默,都是以学识渊博和阅历丰富为基础的。

此外,出色的言语表达还需要灵活的思路和敏捷的反应。在社会生活中,常常可以见到有的人书读得不少,阅历也不浅,但却未必能言善辩。因此要把话说好,平时必须要注意训练敏捷的思维。

3.1.2 因人施语
3.1.2.1 见什么人说什么话
说话要有对象意识,针对不同的人说不同的话。话是说给别人听的。话说得好不好,说话人是否有口才,不仅要看话语是不是恰到好处地表达了自己的思想感情,尤其要看别人能不能准确理解,乐于接受。如果你说的话别人听不懂,或者压根儿不想听,那还有什么意义呢?

人们之间的交谈,都离不开特定的对象。要使交谈达到既定的目的,必须知己知彼,有的放矢,要根据交谈对象的实际情况,如年龄、性别、身份、职业、文化程度、教养、性格、心理等等因素,有针对性地确定交谈的内容和方式,做到言之有物,因人施语。

例如在与农村老太太说话时,说"配偶"就不如说"老伴"好。有个大家熟悉的相声,一位问:"贵庚?"另一位却回答:"中午吃的炸酱面。"我们在笑答者答非所问的同时,也感觉到"贵庚"也太过文绉绉,不利于口语交际。所以,我们在平常与人交谈时,应该尽量使用通俗易懂的口语。

对不同年龄的人,有时即便是同一交谈内容,用语也应有所区别。比如询问对方的年龄,对老年人应问:"您高寿?"对中年人不妨问:"您的年龄?"而对小孩则可直接问:"你今年几岁了?"

3.1.2.2 说话要切中对方的心理
与人交谈,在明确了谈话目的之后,评判成功与否的标准,关键不在于自己所采用的说话方式和内容是否正确,而在于对方能否理解你所说的内容和接受你所要表达的观点。因此,说话要想取得良好效果,必须充分了解听话人的思想状况和最大限度地满足对方的心理需求。

韩非子在《说难》中指出:"凡说之难,在知所说之心。"韩非子认为说话的难处,关键在于要使自己的话语切中对方的心理。对方求名,你若用利去打动他,他会认为你节操不高而看不起你,自然不听你的;对方逐利,你若用名去打动他,他会认为你不务实际,也不会接受你的意见。有些人阴一套阳一套,表面说的与内心想的不一致,你按他表面说的去劝他,他会敷衍你,实际上并不采纳你的意见;你按他内心想的去劝他,他会暗地里采纳你的意见,但表面上却似乎不同意你。下面这个历史上的真实例子,可以让我们认识到说话时把握好对方心理的重要性。

【案例 3-3】

1936 年西安事变爆发后,张学良、杨虎城手下的军官很是冲动,纷纷要求把蒋介石杀掉。周恩来到达西安后,面对着一群愤怒异常、言辞激烈

的军官迅速地掌握了他们的思想感情状况,劈头反问一句:

"杀他还不容易,一句话就行了!"

这话尖锐泼辣,立即引起了对方的深入思考,使愤怒激动的人们趋于平静。但是他们思想上一时还理不清头绪,需要点拨。接着周恩来循循善诱地引导:

"杀了他以后又怎么办呢?局势会怎样呢?日本人会怎样呢?国家和民族的前途会怎样呢?各位想过吗?"

然后,周恩来又入情入理地分析:"这次抓了蒋介石不同于十月革命逮住了克伦斯基,不同于滑铁卢擒获了拿破仑。前者是革命胜利的结果,后者是拿破仑军事失败的悲剧。现在呢,虽然捉了蒋介石,可并没有歼灭他的实力,在全国人民抗日热情的推动下,加上英美也主张和平解决西安事变,所以迫蒋抗日不是不可能的。我们要爱国,就要从国家民族的利益考虑,不计较个人的恩怨。"

一席话终于解开了他们心中的"结",达到了预期的目的。周恩来正是善于抓住了这些军官的心理,才能够让由于愤怒而激动的军官们冷静下来,并心悦诚服地接受了和平解决的方案。

3.1.2.3 察言观色利于说

有时候,我们在思维清晰的状态下,说出口的话未必全是心里想说的话。"心口不一"有时是有意而为,有时却是无意而为。产生这种矛盾的原因是人在特定情境中的特殊心理所致。一般说来,在下述四种情况下人的心境与话语表述往往呈现出矛盾状态:

第一是当人们感到自己的愿望不太可能实现,往往就会用话语进行自我掩饰,甚至用相反的话语与非语言行为表现出来;

第二是当欲望极其强烈而又感到实现的把握不太大时,往往"借他人杯酒,浇自己块垒",用描述别人的心情与需要的办法来表述自我;

第三是当需要与目的的实现遇到挫折时,就转移方向,无端生事,无理取闹,心情表现为一种扭曲状态;

第四是当需要与目的尚未完全自我把握,这种潜在动机往往使心情表现为一种矛盾状态。

上述四种情况的存在,就要求我们注意和比较对方在特定场合的特殊反应和各种场合的一贯反映。察言外之意,听弦外之音。避免因误解对方的意思说错话,而使自己陷入尴尬境地。只有掌握人的心理变化规律,准确预测和窥探出说话人在特殊情境中的真实心理需求和意愿表达,才能保证自己说话的良好效果。

3.1.3 合乎情境
3.1.3.1 在什么场合说什么话

俗话说:"到什么山上唱什么歌。"场合是指交际时的地点和氛围,有庄重与随便、正式与非正式、喜庆与悲伤、私下与公众之分等。因此,说话要顾及场合,否则,再好的意思、再优美的话语,也收不到良好的交际效果,有时甚至会适得其反。

试想,跟朋友在家里谈心时,像作报告那样拿腔拿调,或者在悲哀、肃穆的葬礼仪式上讲话,像相声演员那样幽默逗笑,将会产生怎样的后果?所以说话要遵循"话随境迁"的原则。

【案例3-4】

小王和小张是同事,平时爱开个玩笑,斗个嘴。小王见到因出差好几天没见的小张,高兴又诙谐地说:

"几天没见你了,你还没死啊?"

"等你给我买棺材呢!"小张笑着说。

两人哈哈一笑,就过去了。可是没过几天,小张因车祸受伤住院了。小王来医院看他,开口第一句还是那句说惯了的话:

"你还没死啊?"

"滚!"小张气愤地说。

本来小张的心情就因出车祸而沮丧,小王一句不合时宜的玩笑一下激怒了他,可想,当时气氛多么尴尬。同样一句话,场合变了,效果大相径庭。

有时候在特殊情况下,说话不必遵循常规,允许而且需要组织结构特殊、不符合语法规范的话语来传递信息。例如:当发现有人过马路快要被车撞到时,作为一名旁观者在这种紧急情况下,会突然喊道:"车!小心!"此时如果这位好心人说出这样结构完整的句子:"同志,你小心啊,对面有辆红色的小轿车开过来了,车速很快,你要躲着点。"也许,还没等他说完,一场惨剧就发生了。

3.1.3.2 情境对说话有限制作用

在不同的场合找到相宜场合的话题和谈话方式,是一个人有良好交际能力的表现。做到一时适合不难,要做到时时处处都适合就不容易了。因此,我们有必要了解一下不同场合对说话的要求,掌握其普遍性规律,

这有助于提高我们的说话能力。这里说的"情境"是对场合的具体化,情境对说话的限制作用主要体现在以下几点:

首先是对说话声音的限制。这里包括对声音的高低、音量的大小、语速的快慢等所做的种种限制。例如,在安静得只有翻书声和写字声的自习教室里,你非说话不可,那只能悄悄地耳语几句,声音要小得别人听不见,若以正常的音量说话,立刻会成为众矢之的,招来一束束责备的目光。如果两个人在办公室里促膝谈心,一般声音就可以了,说到机密处,还可以把声音放得更低,窃窃私语。在嘈杂的闹市上说话就得提高嗓音了。而如果两个工人在织布车间里说话,声音小了恐怕根本听不到。

其次是对话语情调的限制。这里包括对说话的语调、感情色彩、面部表情等的限制。例如,公祭堂里奏起哀乐,人们面带悲戚,眼含泪花,致悼词的人语调应低沉缓慢,此时谁也不会说一句戏谑的话。在欢庆的宴会上,人们都在尽情地说笑,举杯相祝,此时就不要用沮丧的语调说话,哪怕是长叹一声,也会使大家感到扫兴。这都是情境对话语情调的限制。

最后是对说话内容的限制。

【案例 3-5】

话剧《茶馆》的第一幕:屋里和凉棚下都有挂鸟笼子的地方,各处都贴着"莫谈国是"的纸条,街上正兵荒马乱地搜查谭嗣同的余党。

庞太监进来说:"天下太平了。圣旨下来,谭嗣同问斩!"

茶客甲:"谭嗣同是谁?"

茶客乙:"好像听说过!反正犯了大罪,要不,怎么会问斩呀!"

茶客丙:"这两三个月,有些做官的,念书的,乱折腾乱闹,咱们怎能知道他们捣的什么鬼呀!"

……

王利发:"诸位主顾,咱们还是莫谈国是吧!"

茶馆掌柜王利发不时地提醒茶客们:"咱们还是莫谈国是吧!"

这些就构成了茶客们聊天的说话情境,话题被限制在一定的范围之内了,因此茶客们在想要继续讨论乱党的时候,被王掌柜及时限制住了。不同的场合要选择相宜的话题。在人家办喜事的场合,就不要谈使人丧气的话题;在人家悲痛的时候,一般忌谈逗乐的话题;在大庭广众中作演说、作报告,应当讲严肃的话题,而且话题要求集中;如果是聊天,则可以不断转换话题,甚至离题也有离题的乐趣。

3.1.3.3 利用情境增强说话效果

话语虽是意识活动的产物,是观念形态的东西,但还是来源于客观现实。马克思说:"观念的东西不外是移入人脑的并在人脑中改造过的东西而已。"情境虽然对人的说话产生了一定限制作用,但同时也给人们说话提供了一个可以创造发挥的条件。交际能力强的人善于利用特定场合,造成情境歧义,以实现特定的交际目的。

【案例 3-6】

鲁迅在厦门大学任教期间,校方召开了一次专门会议,无理削减了一半经费,遭到了与会人员的反对。校长林文庆不但不予理睬,反而阴阳怪气地说:"关于这件事,不能听你们的。学校的经费是有钱人付出来的,只有有钱人才有发言权!"

话音刚落,鲁迅立即从口袋里摸出两个银币,"啪"地一声拍到桌子上,铿锵有力地说:"我有钱,我有发言权!"此言让林文庆措手不及,狼狈不堪。

鲁迅讲的"有钱"和林文庆说的"有钱"显然是两个概念,二者所包含的语义相差甚远,鲁迅正是巧妙地利用交际环境造成的歧义,给林文庆当头棒喝,压制了他的气焰,打乱了他的阵脚,实现了话语交际的特定目的。类似的例子还有很多。

【案例 3-7】

第二次世界大战期间,英国首相丘吉尔到华盛顿会见美国总统罗斯福,要求美国共同抗击德国法西斯,并给予物质援助。丘吉尔受到热情接待,被安排住进白宫。一天早晨,丘吉尔正躺在浴盆里抽着他的特制雪茄。突然,美国总统罗斯福推门进来,丘吉尔大腹便便,肚子露出水面,这两个世界大国的领导人在此刻会面,确实非常尴尬。而丘吉尔扔掉烟头,利用这种特殊的情境以幽默的口吻说:"总统先生,我这个英国首相在您面前可真没有一点隐瞒。"说完,两人哈哈大笑。

丘吉尔正是使用了言此意彼的手法,既解除了当场的窘态,又借此向罗斯福袒露联合抗击德国法西斯的诚意,增进了双方的相互了解与信任,促使这次会谈取得了成功。

3.1.4 表达要求

3.1.4.1 主动热情,以真动人

与人交流谈话,第一要做的就是让人家感觉到你的热心和诚意。正

如一句谚语:"有了巧舌加诚意,就能用一根头发牵动一头大象。"说话一定要有感而发,要有真情实意,切不可无病呻吟,言不由衷。

语言不仅要实在,而且要注意得体。得体的语言沟通来源于与个人相符的身份、修养、阅历,以及由此产生出来的智慧。说话不但要符合自己的身份,还要注意把握好分寸,像做事一样,不说不及的或过头的话。得体的语言能使人听了感到亲切自然,乐于接受,反之,则会招来别人的厌烦,尤其是过头的话要比不及的话更糟糕。三国时,杨修知道曹操爱惜有才能的人,希望能引起曹操的重视。杨修依仗自己有点小聪明,多次在曹操面前卖弄,结果虽然得到了几句口头上的称赞,却让曹操怀恨在心。最后,恃才傲物的他终于因"鸡肋"事件被曹操所杀。

情感要发自内心。"情自肺腑出,方能入肺腑。"在话语交际过程中,要使对方受到感染,话语一定要受到发自内心的情感支配。尤其是当众演讲者,如果在讲台上净说些不偏不倚、不痛不痒的话,或是罗列一些干巴巴的事实,背诵一些冷冰冰的条条儿,不是在奏"催眠曲",或是在吹"耳边风",这样下面的听众就会走了。

真话不一定非得直说。我们要求说话要以真动人,一般情况,真话当然要真说、直说,但不是适合所有情况。有时候,有些真话可以根据场合的实际需要而采用更为合适的方式表达,即真话可以美说。

【案例 3-8】

有一次,一位贵夫人在宴会上问萧伯纳:

"先生,您看我有多大年纪?"

"尊敬的夫人,据您晶莹剔透的牙齿来看,您大概 18 岁吧?要是据您优美弯曲的秀发推算,您顶多 17 岁;可是如果看您灵活的细腰,您还不到 14 岁呢。"萧伯纳答道。

听了这话,贵夫人不禁面生悦色,又穷追不舍地问道:

"可是先生,您能否准确说出我的年龄呢?"

"那就把我刚才说的 3 个数字加起来吧。"

萧伯纳既说了实话,又让对方高兴地接受了。这个例子既表现了萧伯纳的机智与幽默,同时也向我们揭示出人们在实际交往中普遍存在一种"喜闻美言"的心理。所以,当我们想要表达自己的观点或判断时,不要只从自己的角度,想到什么就说什么,而应该多考虑一下对方能否接受。说话是手段,不是目的。如果对方不乐意接受,甚至引起反感,那说得再多、再正确又有什么用呢?

3.1.4.2 巧用修辞,声情并茂

客观陈述性的言辞虽然有准确、简练的优点,但也存在直白、单调的缺点。要想使自己的语言生动富有情趣、吸引人,修辞是必不可少的"兴奋剂"。恰当的修辞能给语言着色,增强言辞的感染力。下面是我们比较熟悉的一个例子。

【案例 3-9】

20 世纪初,爱因斯坦创立"相对论"时,很少有人能理解"相对论"的意义。一次,有位男青年要求爱因斯坦用最简单的话来解释"相对论",他这样回答:

"你与一个漂亮的姑娘一起坐在火炉旁,一个钟头过去了,而你只感觉过去了五分钟;反过来,要是你一个人孤单地坐在火炉边,只过了五分钟,但你却感觉坐了一个小时。这就是相对论。"

爱因斯坦运用比喻修辞格把难以理解的科学原理转化成人们日常生活中所体验过的真实感受,简单明了,让人一听就懂,这就是使用比喻修辞法的好处。

修辞中除了比喻外,还有借代、夸张、对比、双关、反语、引用等。各种不同的修辞都有自己的特点和作用,灵活运用它们是一种自如驾驭语言能力的体现。再看一个运用双关修辞格的例子,可谓连骂人都可以不带个脏字。

【案例 3-10】

一位小伙子向路边老者问路:

"喂!去三里屯怎么走啊?还有多远?"

"走大路一千丈,走小路八九百丈。"老者抬头看了他一眼,冷冷地说道。

"怎么你们这儿论丈不论里?"小伙子听了直纳闷。

"本来我们这儿是讲里的,可自从不讲里(礼)的人来了才讲丈的。"老者笑笑说。

小伙子一听才明白过来自己的失礼,赶忙给老者赔礼道歉。

在日常交谈中,使用修辞的现象是普遍存在的。需要指出的是,我们在使用修辞的时候,不要单纯去追求形式,更应该注重效果。没有好效果的修辞,不如不用,画蛇添足就没有必要了。要发挥利用修辞为语言"着色"的正面作用,并防止负面效果的产生,这是提升语言交际能力的重点。

3.1.4.3 使用口语通俗易懂

语言就沟通风格而言可以分成两种,即口语和书面语。二者有不同的表达方式。口头表达是人们说出来的,书面表达是人们写出来的。我们日常说话,大多使用口语。口语的优点在于贴近生活,通俗易懂。当然它还受一定地域限制,不同地方有不同的方言,自然就会有不同的口语。一般在交往时,即使对象都是自己周围的人,不存在方言障碍,我们也要提倡说普通话,使用普通话的口语。唐代诗人白居易曾被誉为"诗魔",他写的诗不仅为现代人广为传诵,在当时那个年代也是脍炙人口,以至于当时"禁省、观寺、邮候墙壁之上无不书,王公、妾妇、牛童马走之口无不道"。白居易诗的魔力由何而来?人们为何给他这样一个美称?原因就在于白居易的诗具有"口语化"特点,简洁明快、自然流畅、通俗易懂,具有超常的吸引力和传播性,雅俗共赏。

口语的基本风格特征就是通俗化,要善于运用生动通俗的群众语言,如民谚、歇后语等,使口语表达取得良好效果。在这里,要特别注意区分,通俗并不等于庸俗。通俗是指用朴素明白的词语形式表达充实向上的思想内容,而庸俗的语言多表现为内容空洞,趣味低下,用词粗、脏、痞。如果在正式场合中说"脱了裤子放屁——多此一举"、"占着茅坑不拉屎"这类语言,就很不合适,会显得比较粗俗,听话人也会觉得尴尬。

在丰富多彩的群众生活中,我们要不断地采用和提炼各种适合于表现生活的生动语言和语言手段。在交谈中多运用这些群众语言,既是表达思想、反映生活的需要,也是学习语言、培养说话能力的需要。

3.2 职场活动中的说话艺术

事业成功是人生价值很重要的体现。一个人要想在社会中立足,就离不开工作。求职创业是人在社会中迈向的独立生存的第一步。人在社会中,不是孤立存在的。在工作中要与人合作,就离不开职场语言。好的职场语言能成为你走向成功的阶梯,帮助你实现自己的人生目标。

3.2.1 求职应聘

3.2.1.1 给人印象深刻的回答

当前,我国正步入高速发展的时期,社会建设需要方方面面的人才,这给每一位求职者带来了很多机遇。但是,人才市场供过于求的现状,也使我们面临巨大的就业压力。求职不仅是很多在校大学生走出校门踏入社会要跨过的一道门槛,也是无数期盼重新获得工作岗位的人面临的一道关口,而面试交谈是我们在求职过程中最为重要的一个环节。面对初次见面的人,自信是成功的第一秘诀,如果再加上几句精彩的对答,相信你一定能给对方留下良好的第一印象,这将会大大提高你求职的成功率。

【案例 3-11】

有一个家庭背景极为普通的女大学毕业生参加某个单位的招聘面试,应付了很多刁钻的问题后,最后一道题目由老总亲自发问:"在你过去的二十多年中,对你影响最大的一件事是什么?"女大学生认真想了一会,然后向那位老总讲了一个故事:

一个女孩 7 岁那年,开始上学。第一天,母亲带着她去学校。学校离家大约有 3 里的路程,可是,一出家门,妈妈就要求她要仔细记住每一个转弯、每一处标记。去学校报完到后,妈妈要求她走在前面带路一起回家。第二天开始正式上学,吃过早饭,母亲问她是否还记得去学校的路,并吩咐女孩自己去上学。奶奶心疼,坚持要送孙女上学,却被母亲拦住了。"如果你不能永远都送她,那么从一开始就让她自己去。"母亲的话斩钉截铁,奶奶只好作罢。结果是,那天女孩顺利地找到了学校,从此开始了自己的求学生涯。在以后的日子里,女孩自主地填报了中考志愿,自主地选择了大学专业,又在异乡的求学时光中独立地面对一切困难和挑战。那个女孩就是我。在我过去的二十多年中,对我影响最大一件事就是那年,我的母亲送给了我最珍贵的一份礼物:自立!

老总听完这个故事后当场便与这位女大学是生签订了协议书,她如愿地获得了那份许多人向往的工作。

很多用人单位在面试环节上设计了许多有趣的甚至是难以回答的问题,但无论怎样提问,目的只有一个,就是要了解你与众不同的一面,此时你一定要抓住机会,充分展示出自己的个性。上面就是一个以巧妙的回答顺利通过面试的例子,从中我们可以总结一下她成功的经验。还有一个例子,一个普通的女人去应聘当教师。校长问她为什么要选择教师这个职业,她回答说:"小时候,我有过一个梦想,那就是我要成为一个伟人。后来这个梦想没有实现。于是我又有了一个新的梦想,就是我要成为伟人的妻子,然而这个梦想也破灭了。现在,我产生了第三个梦想,那就是我要做伟人的教师。"她当即被录取了。

第一印象很重要。用个性化的语言塑造自己的形象,给人的印象尤为深刻。上面两个例子最能说明这一点。"语不惊人死不休",独特的个性语言最易打动人,能为你的事业创造机遇。

3.2.1.2 巧妙弥补自身缺陷

俗话说:"金无足赤,人无完人。"每个人身上都是优缺点并存,这很正常。缺点有的可以通过自身努力去克服,但先天性的缺陷就不容易那么改变了。存在不同缺陷的人,有的只会怨天尤人,自叹命苦,而有的人则能用一种健康的心态去正视和面对,善于将劣势转化为优势,同样可以取得成功。

【案例 3 - 12】

李小姐是某名牌大学经济管理系的高材生,学业优秀。但是,她本人因相貌欠佳,在找工作时,每次都被面试关挡在了门外。经历了一次又一次的打击后,李小姐对通常的招聘渠道失去了信心。她决定亲自去找老总,主动上门推销自己,她坚信凭自己的能力一定能找到工作。经过一再努力,她终于走进一家大型化妆品公司,获得了一次和老总面谈的机会。面对老总,她从一些国际知名化妆品公司的成功之道说到国产品牌的推销妙招,侃侃道来,顺理成章,逻辑缜密。这位老总听得很兴奋,但脸上不免露出一丝遗憾的表情,亲切地说:

"小姐,恕我直言,化妆品广告很大程度上是美人的广告,外观很重要。"

"美人可以说这张脸是用了你们的面霜的结果,丑女则可以说这张脸是没有用你们的面霜所致,我想不出还有哪种女人会拒绝你们的产品。"

李小姐毫不自卑,盯着老总的眼睛,大胆讲出上面的话,老总听后点点头,马上要求她到人事科报到,先搞推销,试用期 3 个月。现在,李小姐果真凭自己的能力而不是相貌干到了该公司副总经理的职位了。

大多数人对于自身存在的缺点总是回避或遮掩,敢于正视自己的缺点确实需要勇气,能利用缺点,并转化为有利因素,就不仅仅是有勇气的表现,而是自信和有智慧的体现。很多时候有好相貌不如有好口才,动容不如动听,动听不如动心,内因才是主导一切的原动力。

3.2.1.3 富有幽默的自我推荐

自我推荐是求职过程中最为主动和直接有效的方式,有时能起到关键作用,"毛遂自荐"就是我们熟知的一个故事。然而,当今社会早已不同于古代,自荐的方式有很多,大可不必都要学毛遂那样自夸其才。相反,有时候我们换一种幽默的方式去推荐自己,或许能取得意想不到的效果。

【案例 3-13】

有一位刚毕业的大学生,主动找到一家报社去求职。在办公室里,他见到了总编辑,于是直接问到:"你们需要一位好编辑吗?"

"不需要。"

"那么,记者呢?"

"不需要。"

"印刷小工如何?"

"不,我们现在什么也不缺。"

"那么,你们一定需要这个东西。"

这位大学生从公文包里拿出一个精美的牌子,上面写着:"额满暂不招聘。"总编辑笑着说:"如果你愿意的话,请到我们的广告部来。"

这位大学生就这样被录用了。

幽默的实质就是一种十分得体的玩笑。幽默不完全是天赋,它是受人的意识支配和受环境影响的。幽默在交际上的功用是"出奇制胜",既能显示出你的聪明之处,又能给大家带来快乐,引起他人对你的兴趣和好感,甚至可以左右局面、影响结果。

3.2.1.4 面试时要注意避免的几种忌语

面试时,恰当得体的谈吐不仅有助于增进求职者与招聘人员之间的沟通和情感交流,同时也是求职者知识、能力的一种体现。如果求职者在面试时使用了一些不得体、不适宜的语言,其结果会大大削弱自己的竞争力,甚至导致求职的失败。下面是面试时应避免出现的几种谈话方式,希望能引起注意。

缺乏自信。有的求职者要么不会寻找合适的话题打破沉默,使面试出现冷场,要么就问一些毫无意义的问题,如:"你们招几个?""你们要不要女生?""外地人你们考虑不考虑?""中专学历的你们要吗?"等等。其实,这些都是求职者缺乏自信的表现,这是应聘求职的大忌。对于招聘方来说,看中的是你的实际能力,如果你这样问人家,多半会被礼貌地回绝。

自吹完美。与缺乏自信相反,有的求职者太过于自信,认为自己超凡过人,什么都能做好。诸如:"我可以胜任一切工作。""我没有失败过。""我的能力超过你的想象。"等等,这些不但没人会信,反而会弄巧成拙。汉献帝建安初年,孔融推荐祢衡去见曹操。祢衡在曹操面前自夸,并把曹操身边的那些谋士荀攸、郭嘉、程昱等说得一文不值,结果自己仅得了个敲鼓打钟的差事。

乱套近乎。具备一定专业素质的面试官是最忌讳应试者套近乎的，因为不管什么样的关系或感情因素都会影响面试官的评判。诸如"某某经理的儿子是我的同学"、"我认识你们单位的某某"之类的话最好不要说。一位应聘者得知有位面试官是他的校友，在面试时，就直奔那位面试官而去，紧紧拉着对方的手高喊"校友"，弄得那位面试官很尴尬，其他几位面试官也面面相觑。面试结束后，给他打出最低分的竟是那位"校友"。

急于讨薪。找工作，关心待遇，是很正常的。但不要一开始就问"工资报酬多少"、"待遇如何"等问题。一位人事经理说："求职者关心收入和待遇的心情是可以理解的，但八字未见一撇，一开口就讨价还价，是不成熟的表现。"毕竟求职不是谈生意，"金钱第一"的谈话论调很容易让别人产生反感。

过河拆桥。有很多求职者不是第一次找工作，"跳槽"的原因也很多。当面试官看过你丰富的工作简历后，可能会问到你这样一个问题："你是因为和上司有矛盾才转到我们这里来的吗？"此时要记住千万别对过去工作单位的同事，尤其是领导，乱加评论。通过否定别人来抬高自己不是磊落的做法，不会给人留下好印象。可以这样说："我过去的上司是一个正直的人；但我们之间性情差异很大，无法成为好朋友。"

3.2.2 合作共事

3.2.2.1 让上司接受你的建议

戴尔·卡耐基曾经说过："如果你仅仅提出建议，而让别人自己去得出结论，让他觉得这个想法是他自己的，这样不更聪明吗？"实践表明，人们往往对自己得出的看法比别人强加给自己的看法更加坚信不疑。因此，作为下属，要想使自己的看法变成上司的想法，在提建议时，不要直接点破上司的错误所在或越俎代庖地替上司做出你所谓的正确决策，而是要用引导、试探、征询的方式，多提供资料和情况预测，其中所蕴涵着的结论，最好留给上司自己去定夺。

【案例 3-14】

威尔逊做总统时，在他的顾问班子中间，唯有霍士最得其信任。别人的意见，他很少采用，或者根本不采用，而霍士的建议却屡进屡纳，后来霍士做了威尔逊的副总统。霍士自述说："我认识总统后，发现了一个让他接受我的建议的最好办法：我先把计划偶尔地透露给他，使他感到兴趣。这是在一次偶然的机会中发现的。"霍士不但使威尔逊自信这种思想是自己的，后来他还牺牲了自己许多伟大的计划，让给威尔逊，使总统更加赢得民众的拥戴。那么，霍士是怎样把计划移植到威尔逊心中呢？他常常走进总统办公室，用一种请教的口吻提出建议："总统先生，不知道这个想法是否……您不觉得这样做有什么不妥吗……我们是不是可以这样……"就这样，霍士把自己的想法不露痕迹地灌入威尔逊的大脑，使总统从自己的角度考虑这些计划，加以完善并付诸实施。

向上司提建议不要指望一锤定音，除了要选择最佳的进言时机外，最好要有一个向上司"灌输思想"的过程。许多聪明的下属总是利用和上司在工作之外、休闲娱乐时的随意交流，逐步启发诱导，含而不露，最终使自己的想法得以实现，并赢得上司的信赖和重用。

3.2.2.2 办公室里的谈话

一个和谐的工作环境，对我们干事创业是极其重要的。经常与同事沟通交流，有助于促进工作。但是，在办公室里和同事交谈，要注意选择话题，发牢骚、抱怨工作、背后议论人的话最好少说，千万别用"有口无心"、"对事不对人"之类的话为由，想说什么就脱口而出，口无遮拦，应该三思而后"说"。有很多人做事总是费力不讨好，不是能力不强，而是因为说话不太讲究的缘故。

【案例3-15】

张某是一家公司的后勤主管，每天都忙于应付来自公司上上下下的烦琐事务，心烦的时候喜欢发两句牢骚。财务部的小刘来领签字笔，张某正忙于处理一笔款项，满脸不悦地说：

"昨天你不是刚来过吗？以后记着点儿，东西最好一起领。"

说完，从抽屉里翻出一只签字笔往桌上一扔。小刘忙赔着笑脸：

"你看你，每次找人家报销都叫亲爱的，一有点事找你，脸马上就长了。"

张某一听此话，脸色好看了许多。这时，人事部的小李匆匆跑来，说电脑出问题了。张某脸上立刻晴转多云：

"知道了。和你说一百遍了，先填保修单。后勤部的人都死光啦，什么事都找我！"

对桌的小郑气坏了："我招你惹你了！"

张某的确在公司里出力不少，但因为说话太呛人，实在是让人不舒服。年终评比，张某总是得票最少的。她自己满心委屈："我累死累活的，却没人体谅……"

和同事共事久了，除了感情进一步加深外，彼此间也免不了因为一些鸡毛蒜皮的事发生矛盾和误会,这很正常。当矛盾或摩擦在所难免时,一定要友善对待,将大事化小,小事化了,避免发生正面争吵。若是总在小事上斤斤计较,不但与同事合作起来难免尴尬,工作也很难开展,还会落下一个气量小的名声。我国古代的"将相和"就是一个很好的例子,宽容是化解矛盾的最好方法。

3.2.2.3 会议室里的发言

会议室是一个集体公开的场合,在这种场合讨论问题或发表自己的意见时,一定要注意方式方法。对上司说明看法,不要选用那些过于肯定的方式,语气温和些,言辞婉转点,会有利于你的意见被接受采纳。要知道,上司是权威,拥有最终的决策权,而你只不过是一个参谋。

【案例 3-16】

在某公司的职代会上,公司在集体讨论一个方案。

小刘发言:"我认为,还应该加入一点……"

小王发言:"我经过对这个方案的多方面考虑,认为有点不太理想的地方。我提出来,如果有什么不妥的地方,还请各位领导指正……"

小刘单刀直入,语气强硬,即使他的想法再好,他的口气也让领导难以接受;而小王的发言就婉转得多,而且听起来谦逊随和,对领导也不失尊重,领导自然喜欢听。因此,对于小刘的建议,上司的反应冷淡,无所表示;对于小王的建议,上司却认真地考虑了一番。以后公司里有事,就经常征求小王的意见。

在公开场合,当你的看法与上司相左,需要提出来时,要注意照顾一下领导的面子。不要急于否定上司原来的想法,要抓住上司意见中某一处被你所认同的地方,加大肯定和赞扬,而后再提出你的建议,这样往往容易被采纳。

【案例 3-17】

在某公司的一次例行会议上,小陈对经理关于质量问题的处理不是很满意。在经理征求大家意见的时候,小陈说:

"经理说得很对,在产品质量方面,我们的确应当给予充分的重视,这是解决问题的前提之一。我认为,除此之外,我们还应当加强全体员工的质量意识。质量意识不强,导致工作懈怠,产品质量问题就难彻底解决。我想,如果我们对公司各级员工都进行质量意识培训,让员工看到公司上层如此重视,自然他们自己也就重视起来了。"

经理听了这样的话后怎能不高兴?

会议室是讨论问题、做出决策的地方,谈话一定要注意简洁性、条理性和可行性。出于岗位职责的要求,提出对公司发展有利的建议,是一种尽职的表现。但提建议的方式不能过于直接、独断,你只可以提供某种参考,不可以替领导做出决断。你提的建议"受用"才"能用","能用"是目的,"受用"是前提。你的建议再好,如果领导不愿接受,岂不白费唇舌?再者,建议提出后,一定要给别人留出充分思考、比较的余地,不要立即询问结果:"我的建议怎么样?""可以照我的方法做吗?""绝对没问题,还等什么?"。可以这样说:"由于时间紧,我的建议还有很多考虑不周的地方,仅供参考。""我的建议只代表我个人的观点,希望领导能予以考虑。"

3.2.3 推销洽谈

3.2.3.1 迎合顾客的口味说话

"说别人喜欢听的话,双方都会有所收获。"这句名言,在商业推销活动中,是一条极为重要的法则。不同心理类型的顾客会由于不同的原因拒绝采取购买行动。要消除各种阻碍顾客购买的因素,最好的方法就是投其所好,迎合他们的口味说话,打动其心,使推销收到成效。

【案例 3-18】

有位农村大娘去商店买布料,售货员小张迎上去打招呼:

"大娘,您要买布吗?您看这布多结实,颜色又好……"

"要这么结实的布有啥用,穿不坏就该进火葬场了。"

"大娘,看您说到哪去了。您身子骨这么结实,再穿几件也没问题。"

起初,那位农村大娘听了售货员的介绍后并不高兴,这时小张既没有随便附和,也没有以沉默表示认同,而是灵机一动说出了让大娘心头发热的一句话,大娘不但高高兴兴买了布,还直夸小张心眼好。

我们再看一个用巧妙的语言成功推销的例子:

【案例 3-19】

有一位草坪修剪工主动上门,想从一位家庭主妇那里揽一份活。可是这位太太以必须先和丈夫商量为由拒绝了他。于是修剪工问到:

"夫人,您每星期去超市买零杂用品要花多少钱?"

"大概 250 美元。"

"您是不是每次去买东西时都和丈夫商议呢?"

"当然不会。"

"那您每年光买这些东西就要花去 1.2 万多美元,那可是一笔不小的开销啊。我注意到您说并没有征求您丈夫的意见,而我们现在谈到的仅仅是一个 200 美元的决定,所以我相信您丈夫不会介意您做主吧,对吗?"

然后,修剪工又趁热打铁地说:"我打算星期三来替您家修剪草坪,您看是上午合适还是下午合适?"

"那就下午吧。"

消除对方的抵触心理,是进行有效沟通的前提。一个高明的推销员,必须善于揣摸顾客的心理,巧妙地进行周旋,说顾客喜欢听的话,让顾客觉得很有面子,这样才能让顾客心甘情愿地解囊。所以,高妙的推销,卖的其实不是产品,而是人情。

3.2.3.2 有修养地打电话

电话是现代社会主要的通信工具之一,是体现"快节奏、高效率"生活工作方式的重要标志。我们对于许多事务的处理是靠电话完成的。打电话看似平常,但实际上,有很多人不懂得打电话的"规则",对电话用语的使用缺乏常识与素养,不仅使电话办事效率高的特点得不到发挥,还容易让对方感觉没礼貌、没修养,留下不好的印象。

日本铃木健二先生经常被邀请去讲演,他说过这样一段话:"不管是在公司还是家里,凭这个人在电话里的讲话方式,我就可以基本上判断出其教养的水准……凭对方在电话里的第一句话我就可以基本决定是去还是不去。"可见,"话如其人"和"文如其人"是一样的道理。卡耐基也曾讲到:"打电话时,第一件事,就是用声调表达出你友好的微笑。"

电话交谈要有时间观念,一般在三餐或早上 7 点以前、晚上 10 点以后这些时间段内不要给人打电话,否则就显得不太礼貌了。每次打电话的时间以 3 到 5 分钟为宜。如果需要长时间通话,应该告之对方是关于什么方面的事,并询问:"您现在和我谈话方便吗?"假如这时不方便,就和对方另约时间。

在电话交谈中,除了坚持使用"您好"、"请"、"谢谢"等礼貌用语外,说话的语气语调也需要加以控制。语调过高过重,使人感到生冷、尖刻;语气太轻、太弱,会使人无法听清,感觉无精打采;语调过长显得拖沓,过短又显得不负责任。此外,在句式上以祈使句代替陈述句比较符合电话用语要求,效果会好很多。例如,"我正忙着",可以说"对不起,请稍等"。"我有急事要等着去办"可以改为"对不起,我时间很紧"。这样代替后的语气,对方不但不会产生不悦情绪,反而会觉得你亲切,是带着微笑在说话的。

打电话时,找不到人是常事。如果事情紧急,就要特别注意控制好自己的情绪。否则,可能会因为说话不当而适得其反。

【案例 3-20】

"喂,教育局吗?"

"是。"

"刘艺同志在吗?"

"他不在。"

"怎么会不在?"(打电话的急不择言)

"我怎么知道!"(接电话的火了)

"那……那就跟你说吧。"

"对不起,你过会再打吧。"(把电话一摔)

由于打电话的人操之过急,说话得罪了人,事情没有办成。不妨这样试一下:

"喂,您好,教育局吗?请问刘艺同志在吗?"

"对不起,他不在。"

"哦,真不巧,那我有点事可以麻烦您一下吗?"

"好,你说吧。"

"我是长江出版社的,想与贵局……"

这时,你就可以把你所需要办的事说清楚,需要请对方传话的内容,必要时还可请对方记下来。

打电话的艺术中还有一个小细节要特别注意,假如是与外宾、上级或长辈等通电话,不论你是主叫方还是被叫方,都必须做到在谈话结束后,听到对方确实把话筒放下后才能把电话挂掉,这也是打电话中应有的礼貌。

3.2.3.3 谈判语言的艺术

一提起谈判,很多人的传统观念就是一种集体一致对外的利益争夺方式。其实,在经济交流越来越多、经济关系越来越复杂的今天,谈判早已成为不仅是企业针对外部也是内部组织间、个人间、组织与个人间沟通的一种生活方式。按照意大利外交家达里瓦的话来说:"谈判的本质就是让他人为了他们自己的利益按你的方法行事的艺术。"成功的谈判是谈判者出色运用语言艺术的结果。

谈判的语言和我们日常说话有着明显区别。谈判的动力是需要和利益,谈判双方都试图说服对方理解接受自己的观点,使双方在需要和利益方面得到协调和适应,最终达成一致。因为关系利益重大,所以语言的准确性就显得至关重要了。谈判无所不在,谈判对象也各不相同,要取得谈判成功,谈判者还必须遵循针对性原则,针对不同的谈话对象,采取不同的谈判对策。此外,谈判桌上的灵活应变和由于地域、文化差异而"入乡随俗"的适应能力也是不可缺少的谈判技能。

因为利益所致,大多时候谈判桌上的谈话气氛总给人一种严肃紧张的感觉。双方代表经常为个别条款争得面红耳赤,谁都不愿轻易让步。其实,谈判的最终目的是求"和",求一致,"争"只是一个过程,无论哪一方都不愿看到对方愤然离席,谈判破裂。当谈判陷入僵局时,如果某一方说句幽默的话,或讲一个小笑话,大家一笑,可能紧张的气氛就会化解,双方就有了继续谈下去的可能,直至取得成功。

无论是商业谈判还是政治谈判,利益都是第一位的,立场一定要坚定。在技巧上要注意:

1. 不要轻易亮出自己的底牌,要尽可能地去了解对方;

2. 要装得小气一些,让步要慢,要有点勉强、为难的口气;

3. 要利用对方的竞争同行来体现自己有多种选择的意愿,即使是独家生意,也要在新品和二手货之间选择,不能让对方觉得你别无选择;

4. 留有余地,不要伤感情,一次谈不成不代表永远不能合作。

总之,谈判的基本原则是没有任何一方是失败者,双方都应该是胜利者。

3.2.4 当众演说

3.2.4.1 好的开场白是演说成功的一半

俗话说,"好的开始是成功的一半",也有的说,"万事开头难"。其实,这都说明做一件事开好头的重要性。同样,一个好的开场白对于演说的成功与否至关重要。开场白在整个演说中所要发挥的作用就是,一开始在短时间内将听众的注意力集中起来,引起他们对演说者的注意,以利于后面的演讲内容能够准确清晰地传达到每位听众的耳朵里。正如某位演讲家说的:"如果在最初的10分钟内吸引住了听众,后面的演讲将会变得很容易。"

【案例3-21】

张治中在南京任国民党中央陆军军官学校教育长时,有一次让自己的妻子陪同去开校会。当张治中偕夫人一起走上主席台的时候,下面的学生都感到很诧异,这样的场面他们还是第一次见。张治中开始讲话了:

"今天开会,我与同学们只谈一个问题。据我了解,你们当中有些人花天酒地,无视学校的纪律,不爱护个人的名誉,这样很不好。"他用手指了指坐在身边的妻子,说:"这位是我的夫人,长得不漂亮,也没文化,我们结婚二十年了,感情一直很好。在我内心,我很感激她,没有她操持家务,我在事业上也不会这样顺利。现在,论军衔,我比你们高,论薪饷,我拿得比你们多,但我活到现在,从没去过一次妓院,没乱搞过一个女人,更没有讨小老婆的想法,这些,她都可以作证。"原来,张治中是让妻子来为自己作证,用自己的亲身经历来教育违纪学生,整治校风。当时,军校有不少学生经常到南京秦淮河一带逛妓院,产生极坏影响。从此次校会以后,军校的纪律果然大为好转,张治中的"请夫人作证"也传为一时的佳话。

一般说来,好的开场白很少直奔主题。如果有人一上台就正正经经地演讲:"今天,我演讲的题目是……"给人的感觉特别生硬,有种照本宣科的味道,这样会大大降低听众的兴趣。所以,我们在设计开场白的时候,一定要考虑一下听众的心理需求。因为大多数人都有好奇的天性,故弄一下玄虚,制造一点悬念,这样的开场白就能吸引听众的注意。

自嘲应用于开场白中,效果也极为明显。自嘲是一种很高超的幽默艺术。

【案例 3-22】

1990 年,中央电视台邀请台湾影视艺术家凌峰先生参加春节文艺晚会。当时,大陆观众对他还比较陌生,可凌峰一上台讲了一段精彩的开场白,一下子就得到了观众的认同并受到了热烈欢迎。他说:"在下凌峰,我和文章(台湾歌星)不同,虽然我们都得过'金钟奖'和最佳男歌星称号,但我以长得难看而出名。一般来说,女观众对我的印象不太好,他们认为我是人比黄花瘦,脸比煤炭黑。"

这一番话让在场观众捧腹大笑。此后不久,在"金话筒之夜"文艺晚会上,他又应邀参加,见到观众后就说:"很高兴又见到了你们,你们很不幸又见到了我。"观众立刻被逗乐了,并报以热烈的掌声。其实,笑声和掌声一样,都是对演说者最好的肯定和奖励。

3.2.4.2 用排比增色激情的演说

在修辞学中,排比有增强语气的特殊作用。演说中使用排比句,可以使语言富有节奏感和韵律美。用它来说理,可以使论述细密严谨;用它来叙事,可以使表达集中完美;用它来抒情,可以使情感宣泄更加酣畅淋漓、激昂高亢。美国著名黑人解放运动领袖马丁·路德·金是一位成功的演说家。他那著名的《我有一个梦》的演讲至今被人们熟记。1963年,在华盛顿举行的"自由进军"的集会上,马丁·路德·金的演讲感动了在场的每一个人。

【案例3-23】

100多年前,美国一位伟人签署了《解放宣言》……然而,100年后的今天,我们都不得不面对黑人依然没有自由这一可悲的事实;100年后的今天,黑人的生活依然悲惨地套着种族隔离和歧视的枷锁;100年后的今天,在物质富裕的汪洋大海中,黑人仍然生活在贫困的孤岛上;100年后的今天,黑人依然在美国社会的阴暗角落里艰难挣扎,在自己的国土受到放逐……我们怀着这个信念,我们能够把绝望的大山凿成希望的磐石;怀着这个信念,我们能够将我国种族不和的喧嚣,变成一曲友爱的乐章;怀着这个信念,我们能够一同工作,一同祈祷,一同奋斗,一同入狱,一同为争取自由而斗争……

听了马丁·路德·金的演讲,黑人流下了眼泪,白人也流下了眼泪。他的讲话既是对黑人遭遇不平的声讨,也是战斗的号角,排比句的大量运用使演说极富感染力和鼓动性。

排比在演说中的这种特殊作用早已被许多人尤其是演讲高手们所重视。提醒注意的是,构成排比的句子在结构上要求相同或相似,在内容上具有相关性,在语气上要求一致,在数量上应该包含三项或三项以上,且各项之间的关系是并列或递进的。

特别强调的是,构成排比的一组句子的意思应有一定的内在联系,如果不按事理的内在逻辑顺序一层一层地说下去,不仅说明自己思维混乱,也让别人摸不着头绪。运用排比必须从内容的需要出发,不能生硬地拼凑排比的形式。

3.2.4.3 让演说在圆满中结束

演说的结尾也和开头一样重要,结尾不好,就会给人一种"虎头蛇尾"、"头重脚轻"的感觉。在演说即将结束的时候,要想让你的演说深入人心,给听众留下完美的印象,深情地呼唤是一种很好的方法。

【案例3-24】

1941年7月4月斯大林在二战期间发表的著名《红场演讲》的结尾是:"红军和红海军战士、指挥员和政治工作人员、男女游击队员同志们!全世界都注视着你们,把你们看作是能够消灭德国侵略者匪军的力量;处在德国侵略者压迫下的被奴役的欧洲各国人民都注视着你们,把你们看作是他们的解放者。伟大的解放使命已经落在你们的肩上。你们不要辜负这个使命！你们进行的战争是解放战争、正义战争！彻底粉碎德国侵略者！消灭德国占领军！我们祖国的光荣、我们祖国的自由、我们祖国的独立万岁！在列宁的旗帜下向胜利前进！"

演讲结尾深情地喊出了苏联人民坚决打败希特勒法西斯的决心，激励着广大将士和人民为保卫祖国而战斗到最后胜利。

有时候，幽默式的结束会让人回味无穷，同样是演说圆满结束的标志。一个演说者在结束时能赢得听众的笑声，是一种演说技巧成熟的表现，它能给听众留下美好回忆。有一次老舍先生到某市做演讲，开头就说："我今天给大家谈六个问题"，然后他开始从第一个开始谈，接着第二个、第三个、第四个、第五个……就在第五个问题刚谈完的时候，他发现离规定的结束时间不多了，于是说："第六，散会。"听众开始一愣，接着就欢快地鼓起掌来。无独有偶，1966年，现代著名作家林语堂被特邀参加台北某学院的毕业典礼。安排在林语堂前面还有好几位颇有身份的演讲者，轮到林语堂时，他抬腕看了一下手表，已经十一点多了，再看看下面听的人，已经有些坚持不住了，于是他随机应变，快步登上讲台，仅说了一句话："绅士的演讲应该像淑女穿的迷你裙，越短越好。"然后走下讲台，几秒钟后，会场"哗"地响起一片笑声，紧接着是所有在场听众以最热烈的掌声表达对这位优秀演讲家的欣赏和尊敬。

上面的例子可以看出，何时该结束演讲，一定要时刻注意听众的情绪。当听众渴望你继续讲下去时，你多拖点时间无妨；当有人已经很不耐心地在看表时，最好赶快打住，下个结论。好的结束语，对于演讲的成功会起到"画龙点睛"的作用。一般来讲，好的结束语有以下几种方式：

1. 对整个演讲内容概括、提炼；
2. 注入强烈的情感以鼓动、感染全场听众；
3. 以幽默的方式使演讲令人回味；
4. 引用名言增强提高演讲的社会认同度。

3.3 社交活动中的说话艺术

因为人有社会属性，决定了人不可能孤立于社会之外而存在。就此而言，人与自己之外的任何人的交往都应该属于社会交往活动。我们这一节的"社交活动"的范围，仅指工作和家庭之外的朋友圈子，重点讲解如何与陌生人交往。

3.3.1 初次见面

3.3.1.1 拉近彼此的距离

人与人交往要遵循一些准则。任何人在这个世界上都是独一无二的,任何人都没有权利也不可能消除这种差异。因为不同,所以需要沟通,只有沟通,才有可能成为朋友。人与人的交往贵在求同存异,正如古人所云:"君子和而不同。"意思是承认差别以求和谐,这应该成为我们交友的基本原则。喜欢别人,又被别人喜欢的人,是世界上的成功者。而成功的人大多是善于交际的人。一个人的能力有限,靠一己之力取得成功极为困难,每一个成功者的背后都有另外的成功者,俗话说的"一个好汉三个帮"就是这个道理。因此,掌握一些和陌生人打交道的技巧,对提高我们的交际能力是十分必要的。要想给初次见面的人留下一个好印象,说好第一句话至关重要。

说好第一句话最重要的是要达到拉近距离、消除彼此间的陌生感的目的,给人一种亲切、友善、随和的感觉。赤壁之战中,鲁肃见诸葛亮的第一句话就是:"我,子瑜友也。"子瑜,就是诸葛亮的哥哥诸葛瑾,他是鲁肃的忘年之交。短短一句话就拉近了鲁肃跟诸葛亮之间的关系。到现在,这种通过攀认和初次见面的人建立联系并迅速拉近距离的方式,仍然是现代人经常运用的一种极为有效的交际方式。世界说大很大,说小也很小,任何两个人,只要细心留意,都能找到这样那样的联系,或亲或友,甚至有的地方"十人九亲"的情况也是有的。

如果实在攀不上亲戚、认不上老乡,就不妨多客气些,用一些问候式的、敬慕式的谈话方式和陌生人沟通,这样容易给对方留下一个彬彬有礼的印象,为进一步沟通打下良好基础。对长者可以说"老人家好",对年纪相仿者多称呼"师傅"、"大哥"、"大姐",或根据对方职业说"李医生好"、"张老师好"等。其中,不要忘记说上几句恭维对方的话,比如"小伙真精神"、"你长得真有福相"、"你的穿着很有品位"等。

3.3.1.2 找到合适的话题

同陌生人接触,我们总会感到一些拘束,总担心没有共同语言,而使自己处于尴尬境地。其实,这种心态是缺乏自信的表现。只要你树立信心,主动、热情地与对方搭话,努力寻找彼此的共同点,总会找到一个合适的话题,使交谈变得融洽自如。

好话题,是与陌生人建立沟通的媒介,是深入了解对方的基础,是加深友谊的开端。怎样找到一个合适的话题呢？我们不妨先从天气、籍贯、兴趣、时讯等方面入手，因为这样的话题不会太敏感，比较容易让对方接受和配合。例如：

"你老家哪儿？"

"西安。"

"哦，那可是历史古都啊……"

接下来，你可以和对方聊一些名胜古迹方面的内容，再引到西安如今的变化上来。也可以从天气谈起：

"今天天儿可真不错，在我们那儿这样的天气可不多见。"

"你哪儿人？"

"我重庆的，我们那儿雾大，天总阴沉沉的，你哪儿人……"

还可以从新闻时讯方面寻找话题：

"听说国家最近又有新政策出台，准备给公务员调薪，你听说了吗？"

"哦，看过一些报道，你是公务员吗？"

"是啊，我干税务，你呢……"

顺势类推，我们可以扯出新话题。当彼此了解了一些情况后，可以找一个大家都感兴趣的话题进行深入交流，说不定在谈完之后会产生一种"相见恨晚"的感觉，能遇上一个志同道合的人，是一件令人愉快的事。所以，当一个陌生人在你面前并不可怕，可怕的是你不能与他交谈。

3.3.1.3 说好最后一句告别语

天下没有不散的筵席，有见面就会有离别。即使不能一见如故，临别时一句好的告别语也能给人留下深刻的印象甚至是永久的记忆，会使对方感到意犹未尽，以期待下次重逢。

【案例 3-25】

"希望你生意越做越红火，将来把店开到我老家去，到时我一定登门祝贺，再见。"

"今天有幸结识您，很高兴，愿以后常来常往。"

"听您一席话，让我受益匪浅，今后有机会我还会找你赐教。"

"谢谢你的盛情款待，真不错。"

"如果以后什么时候路过我们这里，欢迎来我家做客，后会有期。"

"怎么样，还满意吗？欢迎您今后常来给我们指导。"

美好的祝愿能激发人的干劲和创业精神；真诚的期待能使人受到感染；赞扬的语言能使对方获得充分的肯定；感谢的话能让人感到温暖；邀

请式的结束语会使人感受到尊重,为以后的交往打下基础;征询式的结束语会让人感到亲切。

3.3.2 接交异性

3.3.2.1 了解两性差异

在社交活动中,我们不可避免地要接触异性。无论哪个年代,男女总是有别的。要有效地与异性交往,就必须了解男女之间的差异。有心理专家对几千例个案进行分析,得出了一组男女差异的表现特征,这些表征对指导我们交往异性是很有帮助的。

男性偏重理性,考虑事情喜欢从全局出发;女性偏重感性,做事容易走极端。男性智商越高胆子越大;女性智商越高心眼越小。男性越成熟越有魅力;女性越年轻价值越大。男性有施虐倾向,绝望时杀别人而后自杀;女性有自虐倾向,绝望时直接自杀。男性常以强者自居,外强中干;女性经常扮演弱者,以弱制胜。男性以独处缓解紧张;女性以倾诉消除焦虑。男性由性生情,因快乐而喜欢;女性由情生爱,因喜欢而付出。男性喜新厌旧,对感情有包容性;女性用情专一,对感情有自私性。男性用责任维系婚姻;女性靠感情维系婚姻。男性不愿异性当上司;女性不愿同性当上司。男性习惯思考怎样去改变别人;女性更多的想怎样让别人接受自己。男性喜欢挑战别人;女性喜欢接受挑战。成功的男性在女性面前很有优越感;成功的女性在男性面前怀有谦逊之意。男性利益高于一切;女性感觉最重要。

了解两性间的差异,有助于我们在同异性交往时正确选择话题和运用交流方式,充分发挥"异性相吸"的作用,达到增进交流的目的。

3.3.2.2 保持一定的审美距离

与异性交往最重要的一条是要保持一定的距离。虽然我们现在不能再用"男女授受不亲"之类的话来约束异性间的正常交往,但在初次交往的异性面前,保持自己的良好形象是很重要的。如果言行举止过于随便,必定会使对方产生反感,从而产生戒心,以致影响到彼此的正常交往。

俗话说"距离产生美",其实这种距离不仅指身体接触上的空间距离,更重要的是要保持心理上的距离。我们在同异性交往过程中,只要保持正常的健康的心态,像春秋时代的柳下惠那样"坐怀不乱",心里坦荡荡,即使和异性有身体上的接触,也不会损坏自己的形象。

【案例 3-26】

日本有一位高僧,某天,下着雨,和他的徒弟因事外出,途中遇见一位漂亮的姑娘,无助地站在一段泥泞路前发呆,原来这位姑娘因怕弄脏身穿的衣服而无法跨过这段泥路。高僧见状,征得了姑娘的同意后,将她抱了过去,然后继续上路。一路上,他的徒弟困惑不解。到夜晚投宿时,他终于按捺不住,问师傅:"师傅,您教导弟子出家人不能近女色,否则,会危及自身的修行。我不明白,您白天为什么要那样做?"高僧答道:"哦,那个女子吗?我早把他放下了,你还抱着吗?"

高僧在处理助人济世的实际问题时,采取了一种十分随缘而自然的应对策略,表现出极高的修行。他既没有因照搬戒律而避嫌远之,也没有因自己做过善事而沾沾自喜,事情过后,一切回归自然,他依然是一个没有心理负担、磊落光明的自由人。

异性间的交往不能太庸俗化,成熟男女间的交往不全是谈情说爱。对于已婚人士来说,对配偶之外的某个异性有好感是很正常的,但交往时一定要把握好度,避免出现以下几种情况:

1. 失衡比较,拿自己配偶的短处比人家的长处;
2. 盲目崇拜,把对方当成偶像加以崇拜,过于理想化;
3. 错误定位,超出友谊范围,情感战胜理智。

3.3.2.3 对异性不要吝啬赞美

和异性交往,一定要注意礼节。说话态度要自然大方,眼神要专注诚恳,话题不要太敏感,如女性的年龄、婚姻、体重等;肢体语言要得体,不要做过分亲密、忸怩的动作,也不要交头接耳或突然发出令人莫名其妙的尖笑,给人留下浅薄轻浮的印象。异性交往讲究礼节,是对对方的一种尊重,也体现着个人的修养,但这并不是要我们刻意去保持男女间的距离,让交谈变得生硬刻板。

【案例3-27】

有位中年先生去银行办理一笔款项业务,营业员小姐表情严肃,态度有些生硬。这位先生并没有气恼,依然面带微笑。当营业员低头填写表单时,先生发现她留有一头长发,乌黑亮泽,这位中年先生由衷地说:"小姐,你长了一头好头发,真让我们这样年纪的人羡慕。"小姐闻声抬起头,脸腾地一下涨红了。待业务办完后,业务员略带歉意地说:"谢谢你,我刚才态度不好。"中年先生轻轻一笑。

东方男性比较含蓄、内向,缺少绅士风度,不太会欣赏和赞美女性。其实,这是一个缺点。要知道,男性适时地给女性一些由衷的、实事求是的赞美和鼓励,能给对方带来很多自信和快乐。不光是女性需要,只要是人都渴望被称赞和欣赏。因为赞美和欣赏是一种动力,它能激发人的活力,使其表现得更为出色。

3.3.3 结交朋友
3.3.3.1 富有弹性的交友原则

"水至清则无鱼,人至明则无徒。"《汉书·东方朔传》做人不可太清高,尤其是在交友方面。"以恶为仇,以厌为敌"的交友原则是不可取的。因为每个人都有这样那样的缺点,"自我完美主义"最容易盯住和放大别人的缺点,久而久之,自己就会变得越来越挑剔,路越走越窄,最终把自己变成众矢之的。

要想交到更多的朋友,就应该使用"弹性"原则,多着眼于别人的优点和长处,你看不顺眼的人并不一定就是小人。事实上,许多看似不可交往的人,都有可能成为对你有所帮助的人,甚至成为你的朋友。要摒弃"不是朋友,就是敌人"的狭隘的交友观念,要以一颗平常心来交友,让一切随缘。

其实,和小人交往并没有降低你的人格。小人,你可以瞧不起他,但不可以拒绝他。任何事物都是相对的,没有绝对的小人。只要他们不是罪大恶极、不可救药的人,就应该和他们交往,去团结他们、帮助他们、感化他们。相反,如果人家一有错误,就把人家往死里送,往坑里推,这才暴露出你人格的低下,心胸的狭窄。

以上原则可以让你交到更多的朋友,并能让你有更好的人缘。这些朋友还只是一般关系的朋友,对于"知己"、"挚友"类的朋友,还应该要求更高一些,不过,那都是"可遇而不可求"的,毕竟"知己难觅"啊。但有个简单道理要明白,泛泛之交的朋友多了,拥有知己的机会也就多了。

3.3.3.2 好朋友间少讲客套话

对于初次见面的人,讲些客套话,是出于礼貌。而假如你的好朋友跟你讲话总是客客气气,你会有种很不舒服的感觉,好像彼此有距离似的。好朋友之间讲多了客套话,势必影响友谊的加深和巩固。在平常,如果你的一位朋友对你讲话突然客套起来,你一定要想到,他可能有求于你,你不妨这样说:"你是怎么了?咱俩是老朋友了,有什么话直说就是了。"

在某些场合,要对朋友说客气话时,一定要真诚,要表现出你的恭敬或感激。朋友间讲客气话要适可而止,多了就会流于迂腐,给人一种例行公事的感觉。千篇一律的客气话,最令人生厌,甚至还会破坏友谊。

3.4 其他几种常用的说话技巧

3.4.1 适当寒暄

卡耐基说:"寒暄是交谈的媒介和润滑剂,它能在交谈之间搭起一座友谊的桥梁。因为寒暄能产生认同心理,满足人们的亲和要求。"很多人总是错误地认为,寒暄只不过是双方碰面时打个招呼而已。其实,寒暄是人际交往中一种重要的礼节。正确的寒暄是必须在短短的一句话里,明显地表露出你对他人的一种关怀。有效寒暄可以帮助你迅速与人建立良好的人际关系,为交谈沟通打下基础,甚至可以大大提高办事的成功率。

适当的寒暄可以消除对方戒备心理和紧张情绪,有助于营造轻松愉快的谈话氛围。它就像一把打开话匣子的钥匙,帮助你和他人顺利地展开交流。

【案例 3-28】

1980 年,8 月 22 日,意大利著名女记者法拉奇来到中国对邓小平同志进行了一次出色的专访,恰当的寒暄拉开了采访的序幕:

"邓小平先生,首先我谨代表我们意大利人民祝福您,祝您生日快乐!"

"我的生日?我的生日不是明天吗?"

"不错的,邓小平先生,今天确实是您的生日。我是从读您的传记中知道的。"

"噢,既然你这样说,就算是吧!我从来不知道什么时候是我的生日。就算明天是我生日,我也 76 岁了。76 啊,早就是衰退的年龄了!这也值得祝贺?"

"邓小平先生,我父亲也是 76 岁了,如果我对他说那是一个衰退的年龄,他肯定会给我一巴掌呢!"

邓小平听后,哈哈大笑。采访气氛就这样在寒暄中变得融洽而轻松,接着法拉奇才将谈话引入正题,并且所有的提问都得到了满意的答复。

3.4.2 不吝美言

美言就是赞美别人的话语。适当地赞扬,可以满足别人的自尊心和成就感,可以获得别人的善意与合作,是感化他人的一种有效的方法。但是,过分的赞扬往往会变成阿谀逢迎,给人一种虚伪的感觉。怎样才能把握好赞美的尺度呢？

　　首先，赞美要自然真诚，语言表达要准确，不能偏离和夸大事实。如你遇到一位相貌平平的女士，开口就夸："你真是美极了。"对方非但不会高兴，反而会觉得你很虚伪做作，甚至会认为你在讽刺她。但如果你从她的服饰、谈吐、举止等方面做一些具体的、适当的赞美，对方一定会十分高兴地接受。

　　其次，赞美要恰到好处。蒋介石非常喜欢别人称他校长，因为他曾任黄埔军校的校长，这是他一生中引以为荣的事情。在此期间，他不仅得到孙中山的厚爱并委以重任，而且也为国民党军队培养了一批优秀军官。黄埔学生军在东征、北伐等战争中取得了辉煌战绩。蒋介石对这一时期的发达津津乐道，常常在别人面前提起。黄埔军校出身的军官都知道蒋介石这一心理，所以称他校长，以表示对他的敬仰之情，蒋介石也乐此不疲，如果有黄埔学生称他委座、军座，他倒不一定很高兴。

　　再次，赞美要"雪中送炭"，关注小人物，建立好人缘。成功成名的人，早已听惯了形形色色的赞美之辞，最需要赞美的却是那些被埋没或身处逆境的人。这些人平时很难听到一声赞美自己的话，一旦被人肯定或赞美，自信心将会受到莫大鼓舞，甚至会对称赞他的人心存感激。所以，真正有意义的、有建设性的赞美，不是给人锦上添花，而是雪中送炭。如果看到你的同事在午休时间还在工作，你不妨说："我发现你很会利用时间，连三五分钟都不浪费，和你比我就做不到这一点。"称赞对方这种很细微的举动，最能博得对方的好感。

3.4.3　批评有方

　　卡耐基教人不要乱批评他人，这是人立身处世的信条。乱批评当然不可取，但有时又不能不批评。比如家长、老师要批评孩子，上级批评下属，甚至好朋友间也免不了要批评几句。批评是为了给对方指出错误，并帮助其改正，而不是为了宣泄情绪将对方一棒子打死。批评是救人的药，而不是杀人的刀。

【案例 3-29】

　　美国总统约翰逊有一位女秘书，人长得很漂亮，就是工作粗心，常出点差错。总统平时少言寡语，一天早晨看到女秘书走进办公室时，却出人意料地夸奖起来：

　　"今天你穿的这件衣服真漂亮，正适合你这样年轻漂亮的小姐。"这几句话让女秘书受宠若惊。

总统接着说:"但也不要骄傲,我相信你的公文处理能力也能和你一样漂亮的。"

果然从那天起,女秘书在公文处理上很少出错了。

总统的一位朋友知道这件事后,就问:"这个法子你是怎么想出来的?"

总统得意地说:"这很简单,你看过理发师给人刮胡子吗?他先要给人涂肥皂水,为什么呀,就是为了刮起来使人不痛。"

这种"给苦药里加点糖"式的批评效果极好。讲究批评的方式方法,不仅利于对方接受批评和改正错误,而且还能增进彼此的感情,让合作更加融洽。直率甚至发怒式的批评是一种比较低劣、粗暴的方式,效果一般不会很好,因为它极容易伤害人的自尊心。人无完人,人犯错也是很正常的。犯错是因为一时糊涂,把事办坏了,而有的人在批评他人时,动辄就说你这人怎么怎么样,不是对事,而是对人,这样容易让人感觉是一种带有成见的批评。还有一点要特别注意,就是尽量避免当众指责他人的过错,给对方留面子就是给自己留面子。

【案例 3-30】

1926 年,鲁迅在厦门大学任教时,一次路过一家颇为讲究的理发店,信步走了进去。由于鲁迅很少理发,经常穿一件旧长袍。理发师见他衣着很不讲究,就冷冰冰招呼他坐下,然后胡乱地剪了一通,不到十分钟就剪完了。

鲁迅并没说什么,随手抓了一把钱就给他了。理发师一数,竟多出好几倍。

过了一个月,鲁迅又来到这家理发店,鲁迅还是那身打扮,却受到上次那位理发师的热情招待,又是献茶又是递烟。他以为鲁迅一定会给他更多报酬,谁料这次鲁迅按价付钱,分文没多给。

理发师硬着头皮问:"先生,您对我的服务不满意吗?怎么这次您给我的钱没上次多?"

鲁迅略带讥讽地说:"道理很简单!你上次给我乱剪,我就乱给;这次你认真给我剪,我当然就认真给了!"

批评的话最好不要超过三句,点到为止。会批评的人,总是三言两语,并且一定给对方留下余地,而有的人就不这样了,总是得理不饶人,喋喋不休,非把对方批得体无完肤不可,结果是适得其反。有的人总喜欢逼迫被批评者承认错误并做出某种承诺才算完事,就属于这方面的一种比较常见的表现。

【案例 3-31】

历史上的南唐时期,有一年税收苛严,百姓不堪重赋。很多大臣劝谏烈祖减轻税赋,都没有结果。当时京师又逢大旱,民不聊生。一天,烈祖问:"外地都下雨了,为什么唯独京城不下?"大臣申渐诙谐地说:"因为雨怕收税,所以不敢入京城。"烈祖立刻明白了其中暗含之意,大笑一阵后,即颁发圣旨,减轻税收,让百姓休养生息。

【案例 3-32】

从前有个富人,非常吝啬,待人刻薄。有一天吃饭的时候,来了客人,他把客人留在客厅里,自己偷偷躲到里面吃饭去了。客人很生气,大声说道:"这厅堂里的梁柱怎么都被蛀虫咬坏了?"主人听见了,急忙走出来,问道:"虫子在哪里?"客人笑了笑,答道:"它在里面吃,外面怎么知道?"

这种用委婉的暗示和双关语的批评方法也很高明。

3.4.4　婉言拒绝

生活中每个人都会遇到一些自己本身不愿去做而碍于情面又不好推托的事情,尤其是一些熟人的邀请。如果直接说"不",很容易伤感情,导致陷入尴尬局面,但如果"舍命陪君子",又会浪费很多时间,让自己陷入无休无止的应酬。怎样去拒绝好呢？卡耐基教给我们几种说"不"的妙招,不妨学习一下:

用沉默表示"不"。当别人问你是否喜欢某某明星时,你心里不喜欢,可以不表态,微微一笑,对方就会明白。再如我们常接到一些请帖,你不想去参加,可以不予回复,这本身就是一种拒绝。

用拖延表示"不"。如果有朋友约你:"今天晚上一起打牌,好吗?"你可以回答:"明天再说吧,到时候我约你!"有人打着熟人介绍的幌子上门推销产品,因为实在感觉用处不大,可以说:"你的产品真的不错,不过马上要去机场,等过几天我回来再谈吧。"

用推托表示"不"。你和妻子一起逛街,妻子看好了一件漂亮的外套,如果你嫌价格太贵,可以说:"糟糕,忘带钱包了。"有位旅客要求服务员给换房间,服务员可以说:"对不起,这得值班经理决定,可他现在不在。"

用回避表示"不"。朋友请你去看了一部影片,走出影院朋友问:"你觉得这部武打片过瘾吗?"你觉得不够精彩,可以说:"我更喜欢看抒情点的片子。"朋友和你约好去某地玩,他打算骑摩托车带你去,你从安全角度考虑不太合适,加上路程并不很远,你可以说:"最近交警查车查得严,我们还是走着去吧,我们又不赶时间。"

用反诘表示"不"。你和朋友讨论经济问题,对方问你:"你是否认为物价增长过快?"你可以回答:"那么你是认为增长太慢了?"

【案例3-33】

美国总统富兰克林·罗斯福在就任总统之前,曾担任海军部要职。一次,他的一位好朋友向他打听美国海军在加勒比海一个小岛上建立潜艇基地的计划。

罗斯福神秘地向四周看了看,压低声音问道:

"你能够保密吗?"

"当然能。"

"那么,"罗斯福微笑着说:

"我也能。"

实际交往中,除了前面几种巧妙的拒绝或说"不"的方式外,有时候使用像下面例子中的一些风趣、幽默的语言,也会使你的拒绝不失体面而又富有感染力。

钱钟书先生的《围城》出版后,在国内外引起了轰动。有不少读者要求与他见一见,都被他谢绝了。一天,有一位英国女士打来电话,说她很喜欢《围城》,很想见见钱先生。钱钟书婉言谢绝,但对方十分执著,实在没办法,钱钟书只好以其特有的幽默语言对她说:"假如你吃了一个鸡蛋觉得不错,你认为有必要去认识那只下蛋的母鸡吗?"

【案例3-34】

有一位打字员小姐,收到一位男同事的求爱信,她没有交往的意思,就拒绝了对方。可对方一如既往,继续写信。于是,有一天,这位小姐就把她重新打了一遍的信连同原信一起寄了回去,并附了一张条子:

"我全都替你打完了。"

这是一个普通人的例子,这位打字员小姐巧妙地利用了自己所从事的职业的特点,间接地拒绝了一位追求者,从此,那个小伙子就再也没给她寄信了。

3.4.5 说服规劝

说服人不是一件容易的事。大多数人都喜欢以自我为中心,要使自己的想法变成他人的行动,方法、耐心和热情都是必不可少的因素。要想说服对方,首先要了解对方,并且要站在对方的立场上看问题。只有先满足他人的心愿,你的心愿才能得到满足。可以这样设想一下,你是愿意和一个赞同你的人合作呢?还是愿意和一个否定你的人合作?道理很简单,说服人不能只强调个人的观点,更不能为了证明自己的观点而去否定别人,要设身处地地替对方想想,多考虑对方接受的可能性,要比证明自己观点的可行性强得多。

【案例3-35】

卡耐基有一个很有名的例子:每季度卡耐基都要在纽约某家大旅馆租用大礼堂20天。有一个季度,他开始授课时,忽然接到通知,要求加三倍的租金。这让卡耐基先生措手不及,因为入场券已经印好,开课在即。卡耐基找到经理交涉。

"我接到你们的通知时,的确有些震惊。不过,这不怪你。假如我处在你的位置,或许我也会写出同样的通知。你的职责就是多盈利,否则你的位子就难保。假如你坚持要增加租金,那么让我们来合计一下,看这样对你们是有利还是不利。"他接着说:

"先讲有利的一面:把大礼堂租给讲课的,时间长、租金低,显然不如租给举办舞会的、晚会的,这类活动时间短,而且一次能付出很高的租金,这样比起来,租给我是吃了大亏。现在我们来研究一下不利的方面:首先你增加了租金实际是降低了收入,我因付不起你所要的租金而不得不另寻他所。还有一个对你们不利的事实:我的训练班的学员大约有1000人,都是些有文化、受过良好教育的中上层管理人才,他们都来到你的旅馆里听课,这比你花上5000元做广告邀请的参观者都多。所以你要是把我撵跑了的话,损失的可不止这些。请仔细考虑后再答复我。"

结果,最后还是经理让步了。我们可以设想一下,假如卡耐基在接到加租的通知后,气势汹汹地来到经理办公室,提高嗓门叫到:"你这是什么意思!你早干什么了!我把入场券都发出去了,开课已准备就绪,这时你要加三倍租金,你这不是在讹人吗?我不付!"如果你是那位经理的话,会怎样?结局可想而知!

成功地说服他人,无论采取什么方式,都离不开诱导。诱导的过程就是说服的过程,这个环节非常重要。《战国策》中就记载了许多经典的规劝事例,有我们比较熟悉的邹忌与徐公比美说服齐王悬赏纳谏的故事、墨子用仁义说服公输般放弃替楚国造云梯攻宋的故事等。孟子有一次在规劝齐宣王要励精治国时,有这样一段对话:

"大王,假如你有一个朋友把妻儿托付给别人照顾,自己却跑到楚国去了。等他回来时,他的妻儿都在挨饿受冻,对这样的朋友该怎么办呢?"

"和他绝交!"

"假如管刑罚的官员不能管理他的部下,又该怎么办呢?"

"撤掉他!"

"假如一个国家政治搞得不好,不知该治谁的罪?"

齐宣王自觉惭愧,只好"顾左右而言他"了。假若孟子一开始就提出第三个问题,很有可能会引起齐宣王的愤怒,使说服无法进行下去。孟子采取的是由小至大,由远及近,由轻到重,循序渐进触及论题本质的方法,使齐宣王无言以对,从而达到劝谏的目的。

3.4.6 摆脱尴尬

尴尬是我们在现实生活中最不愿遇到又无法避免的一种局面,它的出现是短暂而又突然的,往往让我们猝不及防。这样的场合,你首先要做的就是保持冷静,然后随机应变,用自己的智慧巧妙地去应对尴尬。下面几个例子或许对我们会有启发。

【案例 3-36】

建国初,我国经济落后,国力衰弱。新中国的诞生,当时在国际上遭到了一些资本主义强国的敌视。有一次,周恩来总理在北京举行记者招待会,会上他介绍了我国经济建设的成就,随后回答记者的提问。一位西方记者不怀好意地说:"请问,中国人民银行存有多少现金?"这句话实质是在挖苦我们国家的贫穷。这时,周恩来以幽默的口吻回答说:"中国人民银行的存款总共有18.88元。"因为当时人民币只有10元、5元、2元、1元、5角、2角、1角、5分、2分和1分的面值。

【案例 3-37】

有一次,在联合国召开的一次重要会议上,西方某国的一位外交官想要调侃一下某非洲国家的大使,于是装作很有礼貌地问道:"大使先生,贵国的人口死亡率想必不低吧?"平时这位外交官依仗本国势力,总是做出一副高高在上的样子,并以刻意贬损他国。正当他窃喜之时,那位非洲大使冷冷地说道:"和你们国家一样,每人只死一次。"

上面两个摆脱谈话中的尴尬提问用到的是:偷换概念,避实就虚。周总理的机智回答调换的是人民币的金额和人民币的面值两个概念,表现了周总理的幽默。而那位非洲大使则把人口死亡率偷换成个体的死亡次数,非常机敏。

【案例 3-38】

有位数学教师来到教室给学生上课,一走上讲台,学生们便哄堂大笑起来。这位教师感到莫名其妙。这时,下面有位女同学指了指他的上衣。教师低头一看,原来自己在匆忙中将外衣的纽扣扣错了。几个调皮的学生幸灾乐祸,在等着看老师如何下台。教师神情自若,笑着说:"大家看我系错了纽扣,一定很可笑吧? 其实,这跟你们平时因为粗心做错了题是一个道理。下面,我就念一下昨天在作业中出错的同学的名字。"一下子,全班鸦雀无声。

上面案例用到的是"巧妙类比,据理反讥"的方法以摆脱尴尬。那位数学老师扣错纽扣本来是很尴尬的,而他将此错误联系到学生作业中的彼错误,巧妙地使自己摆脱了尴尬局面,又达到了教育学生的目的。

【案例 3-39】

20 世纪 50 年代初,美国总统杜鲁门会见十分傲慢的麦克阿瑟将军。会见中,麦克阿瑟拿出烟斗,装上烟丝,把烟斗叼在嘴里,取出火柴。当他准备划燃火柴时,停了一会,对杜鲁门说:"我抽烟,你不会介意吧?"显然这不是真心征求意见,在他已经做好准备的情况下,对方如果阻止会显得十分粗鲁和霸道。麦克阿瑟这种傲慢的言行让杜鲁门有些难堪。然而,总统看了将军一眼,自嘲道:"抽吧,将军,别人喷在我脸上的烟雾,要比喷在任何一个美国人脸上的烟雾都多。"

这个案例要说的是:自我嘲讽,以弱胜强。自嘲就是拿自己的缺点"开涮",像秃顶葛优说的"热闹的马路不长草,聪明的脑袋不长毛",潘长江身材矮小,却自豪地说:"浓缩的都是精华。"其实,嘲笑自己的缺点是豁达、乐观的人生态度的体现,是一种好的修养。

再看一个借题发挥、自打圆场的例子。

【案例 3-40】

有一位"妻管严",喜欢在同事面前摆出一副大男子主义架子。一天,身为办公室负责人的他在同事面前叫道:"在这里我是头!"同事故意问他:"那在家里呢?""我当然也是头了!"不想,这话没多久就传到他妻子的耳朵里了。有一天下班回家,他妻子脸色一沉,质问道:"听说你在单位吹乎,你现在在家是头了? 那你把我放哪儿啊?""哦,对! 你是脖子。""为什么?""因为头想移动的话,得听脖子的啊!"

还有以牙还牙、换位思考的例子。

【案例 3-41】

一次党代会上,赫鲁晓夫正在批判斯大林的肃反扩大化的错误时,一张条子从听众席上递了上来。赫鲁晓夫打开一看,上面赫然写着:"那时候你在哪里?"意思是说:你作为斯大林最器重的人,既然早就认识到了斯大林的错误,为什么当时不提出来呢?面对这个尖锐的问题,赫鲁晓夫很难马上做出回答,但又不能不回答,下面的人正在等着他念出来呢!沉思了片刻,赫鲁晓夫对着扩音器念了一遍纸条的内容。然后厉声喊到:"谁写的这张条子,请你从座位上站起来,走上台!"没有人站起来。"谁写的这张条子,请你从座位上站起来,走上台!"赫鲁晓夫又重复了一遍,声音更大。全场是死一般的沉寂。赫鲁晓夫没有发怒,他平静地坐下,和缓地说:"好吧,我告诉你,我当时就处在你的那个位置。"赫鲁晓夫机智地使自己摆脱了困境。

偷换概念、巧妙类比、自我嘲讽、借题发挥、以牙还牙,这些招数只要你平时多加学习和锻炼,就能帮助你在遭遇尴尬境地时,从容应对,巧妙脱身,同时还有助于树立个人的睿智形象,让对方反而落个自讨没趣的下场。

思考题:

1. 说话的基本原则是什么?
2. 从表达方式的角度谈谈"说话"有哪些要求?
3. 怎样理解"因人施语"?
4. 什么是口语和书面语?举例说明这两种语体的不同应用情境。
5. 求职面试中的谈话应注意哪些问题以及要特别回避哪些问题?
6. 做一个能给人留下深刻印象的自我介绍。
7. 在单位与领导和同事谈话各应注意哪些问题?如何让对方接受你的工作建议?
8. 星期天休班在家,中午本来约好几个朋友来家里玩,你的领导突然打电话来要你回单位做事,这时,你该怎样回应你领导的电话?
9. 当众演讲有哪几个比较重要的环节需要特别设计?
10. 与人分手告别通常有哪些方式?
11. 假如你有一位老同学最近官运亨通,偶然一次机会,你无意知晓某人通过行贿方式拉他下了水,承揽了一个大工程,此时,你该如何规劝你的这位老同学?
    12. 有哪些好方法能让你巧妙地摆脱尴尬?

参考书目:
胡　旋(1999):卡耐基成功之道全书,沈阳出版社
陈翰武(2006):语言沟通艺术,武汉大学出版社
王军云(2005):这样说话最讨人喜欢,中国华侨出版社
柯　维(2006):好口才好交际好办事,台海出版社
陈书凯(2006):好口才好人生,中国纺织出版社
卜松林,夏欣欣(2005):趣味社交,上海古籍出版社

第四章 说服的艺术

所谓说服,是以劝说的方式使别人听从自己的意见。它通过论证、反驳、说辩、规劝等多种手段,晓之以理,动之以情,最终使对方放弃原有立场、观点、打算,心悦诚服地接受己方观点。

说服的艺术作为一门古老的技艺和智慧影响深远。早在中国的春秋战国时期和古希腊的城邦时代,说服艺术就曾显示出塑造文明与历史的伟力。诸子百家的争鸣中充满了各种各样的说辩智慧,孟子、庄子、韩非子、鬼谷子都堪称说服艺术的大家。从唐雎出使秦国不辱使命,到晏子出使楚国力挫灵王;从苏秦游说六国合纵抗秦,到魏徵进谏太宗止封禅;从李斯的《谏逐客书》、贾谊的《过秦论》,到诸葛亮的《隆中对》与《出师表》,说服的力量几乎左右了整个中国历史的发展方向。同时期古希腊的苏格拉底、柏拉图和亚里士多德也是智慧与口才并举的大家。在西方,公元前5世纪到公元2世纪的古典时代,对演讲和口才的研究以及为掌握其技巧而进行的训练一直被认为是一项庄严而神圣的活动。雄辩术在上流社会占有举足轻重的地位,19世纪西方的中学和神学院都向学生传授神圣的雄辩术,律师们都备有一种专门教授口头表达艺术的"演说教材"。

说服艺术在当今社会日益重要,它甚至已成为一种生存技能。在这个社会分工愈来愈细的时代,单枪匹马的个人英雄逐渐销声匿迹,人们越来越需要团结协作,互相依靠。说服并不只是政治家、律师、教师、推销员、管理者等从事专门行业的人士必须掌握的技巧,它已成为备受各行业青睐的一种语言艺术。掌握了说服的本领,让对方在思想上和自己取得一致,是事业成功的第一步。说服能力是一种高级语言能力的体现,说服能力强的人往往能在竞争中取得优势地位,获得更多的成功机会。实践证明,说服能力强的人更有可能成为行业的领军人物或事业的组织者、领导者,因为他们能够说服更多的人一起拼搏奋斗。在日常生活中,更是时时处处离不开说服的技巧:从买东西讲价钱到谈恋爱交朋友,从商品广告到教科书,到处都有说服的用武之地。

应当认识到,说服不是"战胜",而是"争取"。说服的对象不是论敌或争辩的对象,而是可以争取过来的朋友。说服最终的结果是一种"同意"。

使对方放弃自己原有的认识和观点走到你的阵营中来。说服与辩论不同,不仅要在"理"上折服对方,也要在"情"上打动对方,让对方心悦诚服。假如只凭借"理"上占据优势,而在"势"上咄咄逼人、不留情面,或徒逞口舌之快,或炫耀才学辞藻,甚至使用"恐吓战术",居高临下,盛气凌人,不仅不会让对方口服心服,甚至连听下去的耐心都不会有了。古希腊人认为,说服的艺术具有三项功能:教育人、感动人、取悦人。因而,在说服的态度上,应致力于消除对方的情绪障碍和认识障碍,使用切磋、探讨、规劝的口吻,及时调节情绪的火候,力争在融洽的气氛中使对方信服。切不可意气用事,以尖酸刻薄的话语刺激对方,而应当以礼相待,以理服人,以情动人。

苏洵在《谏论》中认为,婉言说服与直言规劝相比,所花的风险代价小而实际效果大:"谏而从者百一,说而从者十九,谏而死者皆是,说而死者未尝闻。然而抵触忌讳,说或甚于谏。"于是他提出"不必乎讽,而必乎术也"。说服是一种艺术,是需要技巧的。他把说服的技巧分为五种:"说之术可为谏法者五,理谕之、势禁之、利诱之、激怒之、隐讽之之谓也"。委婉巧妙的方式,往往能起到事半功倍的规劝效果。但无论哪一种说服技巧,都需建立在对说服对象自身有利的情况下。讲道理也好,摆形势也好,分享利益也好,激将法也好,含蓄建议也好,都要使对方感到接受你的意见对自身是有好处的。获得对方的信赖,使对方在智慧上仰赖你,在情感上依靠你,才能取得成效。因此,说服不是一种征服,而是一种"双赢"。

4.1 说服的策略

打仗要讲究战略战术,说服也要讲究技巧与艺术,说服别人时更需要遵循一些规律和原则。说服的对象是人,人有人之常情,也有其各自的特点。了解人性是说服成功的第一步。例如,人的注意力通常只能集中一段时间,人都喜欢听夸奖的话而不喜欢听批评的话,人对自己感兴趣的东西会表示关注等等,这些都是人性使然;又比如,父母疼爱子女,人们对弱者有怜悯之心,这些都是人情使然。只有充分了解人性,才能根据说服对象的实际情况对症下药,使对方欣然接受你的观点。俗话说"看山跑马",说的就是这个道理。

4.1.1 短而有力

【案例 4-1】

巴黎上诉法院庭长看到著名律师爱德加·富尔面前的一大摞案卷,不安地问:"律师,你要讲多长时间?"爱德加·富尔说:"或许十分钟,或许五个小时。"庭长愣住了,爱德加·富尔解释说:"我要用十分钟讲完五个小时才能讲完的话。"结果,他把长篇大论压缩成十分钟的辩护,非常成功。

上例中的律师深知人性的特点,即不能长时间保持注意力集中。因此,再精彩的辩护也不宜长篇大论,否则一定会过犹不及。在既不能遗漏重点,又不能浪费时间的前提下,经过精心准备,律师将辩辞浓缩在听众注意力最为集中的时段内。他将汗牛充栋的案卷压缩为十分钟的辩辞,用最简洁的语言、最清晰的逻辑、最强有力的证据言简意赅地阐述了他的观点,因而取得了成功。

说服也有一定的语量与语速要求。语量过小,人们难以接受;语量过大,人们又会不耐烦。语速过快或过慢都容易使听者产生不想听下去的心理。那么,在说服时,多少语量与语速合适呢?

语量上,科学研究表明,人全神贯注听别人说话最多只能保持一小时,这也是为什么大多数课堂时间都限制在一小时之内的原因。而前面 15 分钟是注意力最为集中的时段,不用依靠意志力控制就能聆听懂并领会。因此,说服要尽量简短、直截,时间控制得越短越好。许多实践告诉我们,时间越长,演讲的效果可能会越差;而在短的时间里则可能完成一篇出色的演讲。千万要把重要的信息归纳浓缩为简明概要、条分缕析、逻辑性强的语言段落,在短时间内将它们清晰地呈现给听者。浪费听者的时间,会使听者失去耐心并削弱听者对讲话人的信任。

语速上,有关研究表明,一般人在接收难易程度不同的信息时,平均每个人的说话速度每分钟大约为 125—180 个字,但是,每分钟却可以听见并且理解 600—900 个字,这主要依说话人提供信息的复杂程度而定。这也说明,聆听者的大脑只运用了 1/5—1/4,而预留了每分钟大约 425—720 个字的时间供思考使用。一般人究竟怎样使用这些思考时间呢?如果遇到说话慢吞吞的说话者,大部分聆听者都会觉得无聊或者感到很乏味而失去耐心,从而在聆听时分心。因而说服的语速应保持在中速,不能太慢。

4.1.2 激发兴趣
【案例 4-2】

战国时期,齐国有个叫无盐的妇女。她大概是当时天下最丑的女人了:脑袋长得像石臼,眼睛深陷,鼻孔朝天,大喉头,黑皮肤,头发稀疏,驼背粗脖,已经三十岁了,还嫁不出去。别看她相貌极丑,却关心天下兴衰。她看到齐宣王整天饮酒作乐,很想规劝一番。有一天,无盐身着短衣,来到王宫门前,对看门的说:"喂,请给禀报一声,就说我是齐国嫁不出去的丑女人,听说国君圣贤,愿给国君当嫔妃。"齐宣王听了这样的禀报,觉得来客不凡,果然召见了无盐,并为她设宴接风。左右大臣看见无盐这副丑相,无不掩口大笑。齐宣王说:"我宫中的嫔妃已齐备了,你想到我宫中,请问你有什么特殊的本事吗?"

无盐直率地回答:"没有,只是会点隐语之术。"只见无盐举目咧齿,手挥四下,拍着膝盖,高声喊道:"危险啊!危险啊!",反复说了四遍。齐宣王赶紧追问隐语之术,无盐解释说,举目是替大王观察烽火的变化,咧齿是替大王惩罚不听劝谏的人,挥手是替大王赶走阿谀进谗之徒,拍膝是要拆除专供大王游乐的渐台。

"那么你的四句'危险'呢?"齐宣王又问。无盐从容不迫地回答:"今大王统治齐国,西有强秦之患,南有强楚之仇,外面有三国之难,朝廷上又有很多奸臣,而大王您又只爱阿谀奉承之徒。您百年之后,国家社稷就会不稳。这是第一个危险。您大兴土木,高筑渐台,聚集大量金玉珠宝,搞得百姓困穷,怨声载道,这是第二个危险。贤明者躲藏在山林,阿谀奉承者在左右包围着您,奸邪的人立于朝堂,想规劝您的人见不到您,这是第三个危险。您每天夜以继日地酒宴玩乐,只图眼前享受,外不修诸侯之礼,内不关心国家治理,这是第四个危险。所以我说'危险啊!危险啊!'"

齐宣王感到眼前这位丑女实在不凡,讲的都是关于治国安邦的大道理,指斥朝政得失,句句切中要害。他想到无盐讲的四个"危险",不寒而栗,长叹一声说:"无盐的批评太深刻了,我确实处于危险的境地。"于是,宣王立即按照无盐的劝谏,停渐台,罢女乐,退谄谀,选兵马,招直言。并纳无盐为后。齐国从此大治,成为实力最强的"千乘之国"。

草根妇女无盐人微言轻,外表又如此丑陋,她何以能让一国之君用心听自己说话呢?一个无名小辈,要规劝大人物,第一招就要使对方能全神贯注地把自己要说的话全部听完。无盐劝说齐宣王,先用四句"危险",也就是先棒喝一声,引起齐宣王的注意和警惕;"拴"住宣王后,再条分缕析地阐述"危险"的事实根据。可见,吸引住别人倾听,是说服成功的第一步。

【案例 4-3】

　　据《说苑》记载,晋灵公为人骄奢无比,决定建造一个九层的高台,并且宣布有敢于对这件事情进谏的,杀无赦。大夫孙息听说这件事后,就去求见晋灵公。晋灵公问他道:"您有什么才能呢?"孙息回答道:"臣能够垒棋子,把十二个棋子垒在一起,然后还能够在上面加九个鸡蛋。"晋灵公满脸疑惑,说道:"我鄙陋少学,从来就没有见过这样的事情,你为寡人演示一下看看。"孙息深深吸了一口气,安定了一下自己的情绪,脸上也现出了凝重严肃的专注表情。他先放了一个棋子在下面,然后慢慢地一个一个地向上加,等到把十二个棋子垒到一起的时候,就开始在上面放鸡蛋。这时候左右的人都屏住了呼吸,目不转睛地看着孙息向上加鸡蛋,仿佛轻轻的呼吸也会把上面的鸡蛋吹下来一样。鸡蛋一个一个地往上加,但是孙息的动作越来越缓慢,越来越轻盈。晋灵公紧张得趴在地上,好像已经没有了呼吸。当孙息全部把十二个棋子九个鸡蛋垒在一起的时候,晋灵公禁不住感叹道:"危哉!"孙息接着说:"您建造九层的高台,三年都不能建造完成,它的危险比这件事大多了!三年中征用全国的民工,使男人不能耕地,女人不能织布,老百姓没有收成,国家也会因此而穷困,外敌便会趁机打进来,大王您不也就完了,国家就灭亡了吗?您说这不比棋子上摆鸡蛋更危险吗?"

　　晋灵公一听这话,吓出一身冷汗,立即下令停工。

　　如果孙息直接去劝阻荒淫的晋灵公,恐怕还没说两句就被拉出去问斩了,于是他采取了一种声东击西、曲线救国的说服方式,针对灵公平日贪图玩乐享受的个性,先用一场杂技表演吸引晋灵公的注意力,把他的兴趣调动起来,用"危如累卵"的形象,让灵公自己感受到形势的危险,喊出"危哉";之后再进入正题,用隐喻的方式加以点拨,使灵公接受了一场形式上舒服而内容上尖刻的批评。孙息无疑是聪明的,他用这种方式巧妙地向晋灵公进谏,形象而委婉,避免了与晋灵公的正面冲突。

　　这两个历史故事说明,在说服时,应先对自己的谈话对象有所了解。《孙子兵法》说:"知己知彼,百战不殆。"老子《道德经》也说:"知人者智,自知者明。"要说服别人,就需要"知人"。上面两个例子中,无盐和孙息都用了一些"噱头"吸引谈话对象的注意力,先调动兴趣,再循循诱导。可见,在说服中,应先从谈话对象的兴趣、切身利益出发,为进一步展露自己的观点做好铺垫。

4.1.3 良药"甘"口

【案例 4-4】

战国时一心想称霸的齐宣王向孟子请教一个问题:"怎样才能统一天下?像我这样的人能不能呢?"

"能",孟子说:"我听说,有一次新钟铸成,准备杀头牛祭钟,您因为看见好好一头牛,无罪而被杀,感到不忍,结果没杀那头牛。是有这么回事吧?"

齐宣王别提有多高兴了,他想不到孟老夫子也听说了这件善举,赶紧回答说:"是有这么一回事。"孟子说:"大王,这就是恻隐之心啊!凭您这恻隐之心,就可以行王道,统一天下。"齐宣王益发高兴起来,他眼前充满了希望和光明,急于听孟子下面的话。

孟子接着说:"问题是你肯不肯干了。假使有一个人告诉你,他两只手的力气可以举起一百钧,可是要他去捡一根羽毛,他却没有办法。他的眼力可以看清秋天鸟儿身上刚长出来的茸毛末梢,可是却看不见一整车的木柴。像这样的话,你相信吗?"

宣王答道。"我当然不相信。"

孟子继续说:"这就对了。如今您能用善心对待牛,却不能用这种善心爱护老百姓,这也同样叫人不能相信。这就和不肯举一根羽毛和看不见一车木柴一个样。如今老百姓所以不能安居乐业,正是您根本不去关心的缘故,而不是能不能的问题。所以我说,您能行王道,能统一天下,问题是您'不为也,非不能也'!"

孟子批评宣王假仁假义,对子民甚至不如对牛更怜惜;这批评实际上很重,可宣王却乐于接受。试想,如果孟子一上来就批评宣王不爱护老百姓,恐怕宣王早就下逐客令了。孟子知道:这场说服的目的并不是要分出道理的高下胜负,而是要引导和鼓励宣王爱护百姓。因此,孟子抓住齐宣王不忍杀牛的慈善之心,先奉承一通,肯定齐宣王有统一天下的条件。这奉承使宣王自鸣得意,为接受批评创造了气氛。接着引出严厉的批评,但又将这批评的"锋芒"包裹起来:帮宣王"推卸"了责任,减轻了错误;先以牛与人民对比,从而提出"是不为也,非不能也",使宣王认识到自己的不足,鼓励他改正错误。

一般人很难听得进别人的批评,因此就要像喂小孩吃药一样,让他先吃点糖,或者把药混在糖里面,再灌下去。俗话说:"伸手不打笑脸人",将锋利的意见包裹在让人乐意接受的情绪之中,预先为对方准备一个好下的台阶,便为别人的心悦诚服铺好了道路。虽说良药苦口,但若是良药"甘"口,岂不更好?说话艺术恰恰体现在这里。使别人听从你的意见,没有必要争得面红耳赤,口干舌燥,这样往往达不到目的,反而可能会引起他们的反感和对抗。因此,为使对方欣然接受己见,可先从调动对方情绪入手,而后顺情晓理,让对方在兴致正浓时接受理喻。这样既可以不伤害他的自尊心,又可以达到说服他的目的。

4.1.4 于他有利

【案例 4-5】

晋文公联合秦穆公围攻郑国,这是因为郑文公曾对晋文公无礼,而且还依附楚国。这时晋军驻扎函陵,秦军驻扎氾水之南。佚之狐向郑文公说:"国家危险了,如果派烛之武去见秦君,秦国军队一定会撤退。"郑文公听了他的意见。烛之武推辞说:"臣在壮年的时候,尚且不如别人,现在老了,做不了什么事了。"郑文公说:"我没有及早重用您,现在危急时才来求您,这是我的过错。然而郑国灭亡了,对您也不利啊!"烛之武答应了。

当夜把烛之武用绳子从城墙上坠下去。见到秦穆公后,烛之武说:"秦、晋两国围攻郑国,郑国已经知道就要灭亡了!如果郑国灭亡对您有好处,那就值得烦劳您的左右。越过其他国家而在远方设置边邑,您知道这是很困难的。哪能用灭郑来加强邻国呢?邻国实力雄厚,就等于您的力量薄弱啊。如果不灭郑国而使它成为您东方道路上的主人,贵国使臣来往经过,供应他们的食宿给养,这对您也没有坏处。再说您也曾经施恩于晋惠公,他答应给您焦、瑕两地,可是他早晨刚刚渡河回国,晚上就在那里筑城防御,这是您知道的。那个晋国,哪里有满足的时候?它既以郑国作为东边的疆界,又要扩张它西边的疆界,如果不损害秦国,它到哪里去夺取土地呢?损害秦国而有利于晋国,希望您还是多多考虑这件事。"秦伯很高兴,与郑国订立了盟约,委派杞子、逢孙、杨孙戍守郑国,自己率军回国了。

这是《战国策》中著名的"烛之武退秦师"的故事。这个故事里包含着两次说服:一是郑文公说服烛之武,二是烛之武说服秦穆公。这两次说服的成功,都有一个潜在的前提,就是于对方有利。郑文公对烛之武所用的策略是:先坦诚自我检讨,再摆出利害关系——"郑国若灭,于你不利"。

烛之武与秦伯应当说是一种彻头彻尾的敌对关系(秦伐郑),利益上是根本冲突的,郑国的利益秦国是不会考虑的。烛之武很清楚这一点,所以,他在说服秦伯的时候,避而不谈郑国的利益,而是从秦国的利益出发,站在秦国的立场上分析郑亡对于秦国的利害:他提醒秦穆公注意和警惕晋国的野心与对秦国形成的日渐强大的威胁,进而从心理上瓦解秦晋同盟。对于秦穆公来说,"秦晋之好"再甜蜜,也不可能以损害秦国的利益为代价。烛之武抓住了秦穆公这个心理底线做文章,摆利害,讲形势,同时不失时机地向秦国示好,使秦伯认识到郑亡确实对秦有百害而无一利,最终实现了让秦退兵的目的。

说服首先讲究的是"知人",烛之武对秦晋两国的关系和矛盾了如指掌,故而能一针见血地讲到秦伯心坎上。其次是要站在对方的立场考虑问题,为对方考虑利害得失。依据对对方心理特点和客观条件的了解,在说服过程中要正确选用和不断调整说服的策略和方法,为对方的心服口服创造条件。人都是有私心的,人首要为自己、为自己的家庭、为自己的小集团考虑。任凭你讲的道理再对,如果对对方没有什么好处,对方是不会理你的。

4.1.5 动之以情

【案例 4-6】

赵太后刚刚执政,秦国就急忙进攻赵国。赵太后向齐国求救。齐国说:"一定要用长安君来做人质,援兵才能派出。"赵太后不肯答应,大臣们极力劝谏。太后公开对左右近臣说:"有谁敢再说让长安君去做人质,我一定唾他一脸!"

左师触龙去见太后。太后气冲冲地等着他。触龙做出快步走的姿势,慢慢地挪动着脚步,到了太后面前谢罪说:"老臣脚有毛病,竟不能快跑,很久没来看您了。又总担心太后的贵体有什么不舒适,所以想来看望您。"太后说:"我全靠坐辇走动。"触龙问:"您每天的饮食该不会减少吧?"太后说:"吃点稀粥罢了。"触龙说:"我近来很不想吃东西,自己却勉强走走,每天走上三四里,就慢慢地稍微增加点食欲,身上也比较舒适了。"太后说:"我做不到。"太后的怒色稍微消解了些。

左师说:"我的儿子舒祺,年龄最小,不成材;而我又老了,私下疼爱他,希望能让他替补上黑衣卫士的空额,来保卫王宫。我冒着死罪禀告太后。"太后说:"可以。年龄多大了?"触龙说:"十五岁了。虽然还小,希望趁我还没入土就托付给您。"太后说："你们男人也疼爱小儿子吗？"触龙说："比妇女还厉害。"太后笑着说："妇女更厉害。"触龙回答说："我私下认为，您疼爱燕后就超过了疼爱长安君。"太后说："您错了！没有疼爱长安君那样厉害。"左师公说："父母疼爱子女，就得为他们长远考虑。您送燕后出嫁的时候，摸住她的脚后跟为她哭泣，这是惦念并伤心她嫁到远方，够可怜的了。她出嫁以后，您也并不是不想念她，可您祭祀时，一定为她祝告说：'千万不要被赶回来啊。'难道这不是为她作长远打算，希望她生育子孙，一代一代地做国君吗？"太后说："是这样。"

左师公说："从这一辈往上推到三代以前，一直到赵国建立的时候，赵王被封侯的子孙的后继人还有在的吗？"赵太后说："没有了。"触龙说："不光是赵国，其他诸侯国君的被封侯的子孙，他们的后人还有在的吗？"赵太后说："我没听说过。"左师公说："他们当中祸患来得早的就降临到自己头上，祸患来得晚的就降临到子孙头上。难道国君的子孙就一定不好吗？这是因为他们地位高而没有功勋，俸禄丰厚而没有劳绩，占有的珍宝却太多了啊！现在您把长安君的地位提得很高，又封给他肥沃的土地，给他很多珍宝，而不趁现在这个时机让他为国立功，一旦您百年之后，长安君凭什么在赵国站住脚呢？我觉得您为长安君打算得太短了，因此我认为您疼爱他不如疼爱燕后。"太后说："好吧，任凭您指派他吧。"

于是就替长安君准备了一百辆车子，送他到齐国去做人质。齐国的救兵才出动。

触龙说服了一位位高权重的母亲将儿子送去别国做了人质。这种事，即使是一般老百姓，也是很难接受的，更不用说是万人之上的一国之君了。是什么说服了母爱？是什么战胜了自私？

在谈话的开始，触龙对自己此行的目的避而不谈，而是谈一些表面上看来与之不相干的事情，纯粹是拉家常。但事实上，他在选择话题时煞费苦心。谈论这些话题，其目的都是为了引出自己真正要谈论的内容，为后面的话题服务。从日常生活小事谈起，由日常生活小事中的小道理，引出治国安邦的大道理。这种劝谏艺术，以小见大，深入浅出，容易让人接受。

其次，触龙是站在充分理解父母之爱的基础上来进行这场说服的。他以一个父亲为儿子打算的事由引出了赵太后为儿子"计长远"的话题。以情度情，不说漂亮话，不说大道理，因此能够打动太后。只有尊重他人才会赢得别人的尊重，触龙对于赵太后，每一言每一行无不表现了对对方的尊敬。这种尊敬赢得了对方的好感，从而也为自己的说服工作打好了感情基础。其次,他努力营造了一种和谐的谈话气氛。触龙刚见太后时,"太后盛气而揖之",在这种情况下,如果触龙开口便谈让长安君去做人质的事,很可能陷于太后唾其面的尴尬境地,因为,人在生气的时候,是最不理智,不但难于听取他人的意见,而且很可能把对方当作发泄的对象。老到、精明的触龙认识到了这一点,所以,见到太后之后,他避而不谈长安君之事,而是询问太后的饮食起居,唠起了家常,和谐的谈话氛围形成了,自己陈述意见的条件也就成熟了。

说服固然重在说理,但在说理的同时,不可忽视情感的力量。只要人性永恒,"晓之以理,动之以情"就是千古不变的说服原则。

4.1.6 了解听者

【案例 4-7】

他把一直放在他桌子上的一张粉红色的厚厚的便条纸扔了过来。"这是最近一班邮差送来的,"他说,"你大声地念念看。"

这张便条没有日期,也没有签名和地址。

〔便条里写道:〕"某君将于今晚七时三刻趋访,渠有至为重要之事拟与阁下相商。阁下最近为欧洲一王室出力效劳表明,委托阁下承办难于言喻之大事,足可信赖。此种传述,广播四方,我等知之甚稔。届时望勿外出。来客如戴面具,请勿介意是幸。"

"这的确是件很神秘的事,"我说,"你想这是什么意思?"

"我还没有可以作为论据的事实。在我们得到这些事实之前就加以推测,那是最大的错误。有人不知不觉地以事实牵强附会地来适应理论,而不是以理论来适应事实。但是现在只有这么一张便条,你看能不能从中推断出些什么来?"

我仔细地检查笔迹和这张写着字的纸。

"写这张条子的人大概相当有钱,"我说着,尽力模仿我伙伴的推理方法。"这种纸半个克朗买不到一叠。纸质特别结实和挺括。"

"特别——正是这两个字,"福尔摩斯说,"这根本不是一张英国造的纸。你举起来向亮处照照看。"

我这样做了。看到纸质纹理中有一个大"E"和一个小"g"、一个"P"以及一个"G"和一个小"t"交织在一起。

"你了解这是什么意思?"福尔摩斯问道。

"无疑,是制造者的名字,更确切地说,是他名字的交织字母。"

"完全不对,'G'和小't'代表的是'Gesellschaft',也就是德文'公司'

这个词。像我们'Co.'这么一个惯用的缩写词一样。当然,'P'代表的是'Papier'——'纸'。现在该轮到'Eg'了。让我们翻一下《大陆地名词典》。"他从书架上拿下一本很厚的棕色书皮的书。"Eglow,Eglonitz,——有了,Egria。那是在说德语的国家里——也就是在波希米亚,离卡尔斯巴德不远。'以瓦伦斯坦卒于此地而闻名,同时也以其玻璃工厂和造纸厂林立而著称。'哈,哈,老兄,你了解这是什么意思?"他的眼睛闪闪发光,得意地喷出一大口蓝色的香烟的烟雾。

"这种纸是在波希米亚制造的。"

"完全正确。写这张纸条的是德国人。你是否注意到'此种传述,广播四方,我等知之甚稔'这种句子的特殊结构?法国人或俄国人是不会这样写的。只有德国人才这样乱用动词。因此,现在有待查明的是这位用波希米亚纸写字、宁愿戴面具以掩盖他的庐山真面目的德国人到底想干些什么。——瞧,要是我没有搞错的话,他来了,他将打破我们的一切疑团。"

就在他说话的时候,响起了一阵清脆的马蹄声和马车轮子摩擦路边镶边石的轧轧声,接着有人猛烈地拉着门铃。福尔摩斯吹了一下口哨。

"听声响是两骑马,"他说。"不错,"他接着说,眼睛朝窗外瞧了一眼,"一辆可爱的小马车和一对漂亮的马,每匹值一百五十畿尼。华生,要是没有什么别的话,这个案子可有的是钱。"

"我想我该走了,福尔摩斯。"

"哪儿的话,医生,你就待在这里。要是没有我自己的包斯威尔,我将不知所措。这个案子看来很有趣,错过它那就太遗憾了。"

"可是你的委托人……"

"甭管他。我可能需要你的帮助,他也许同样如此。他来啦。你就坐在那张扶手椅子里,医生,好好地端详着我们吧。"

我们听到一阵缓慢而沉重的脚步声。先是在楼梯上,然后在过道上,到了门口骤然停止。接着是声音响亮和神气活现的叩门声。

"请进来!"福尔摩斯说。

一个人走了进来,他的身材不下于六英尺六英寸,胸部宽阔,四肢有力。他的衣着华丽。但那富丽堂皇的装束,在英国这地方显得有点近乎庸俗。他的袖子和双排纽扣的上衣前襟的开叉处都镶着宽阔的羔皮镶边,肩上披的深蓝色大氅用腥红色的丝绸做衬里,领口别着一只用单颗火焰形的绿宝石镶嵌的饰针。加上脚上穿着一双高到小腿肚的皮靴,靴口上镶着深棕色毛皮,这就使得人们对于他整个外表粗野奢华的印象,更加

第四章　说服的艺术

深刻。他手里拿着一顶大檐帽,脸的上半部戴着一只黑色的盖过颧骨的遮护面具。显然他刚刚整理过面具,因为进屋时,他的手还停留在面具上。由脸的下半部看,他嘴唇厚而下垂,下巴又长又直,显示出一种近乎顽固的果断,像是个性格坚强的人。

"你收到我写的条子了吗?"他问道,声音深沉、沙哑,带着浓重的德国口音。"我告诉过你,我要来拜访你。"他轮流地瞧着我们两个人,好像拿不准跟谁说话似的。

"请坐,"福尔摩斯说,"这位是我的朋友和同事——华生医生。他经常大力帮助我办案子。请问,我应该怎么称呼您?"

"你可以称呼我冯·克拉姆伯爵。我是波希米亚贵族。我想这位先生——你的朋友,是位值得尊敬和十分审慎的人,我也可以把极为重要的事托付给他。否则,我宁愿跟你单独谈。"

我站起身来要走,可是福尔摩斯抓住我的手腕,把我推回到原来的扶手椅里。"要谈两个一起谈,要就不谈。"他对来客说:"在这位先生跟前,凡是您可以跟我谈的您尽管谈好了。"

伯爵耸了耸他那宽阔的肩膀说道:"那么我首先得约定你们二位在两年内绝对保密,两年后这事就无关重要了。目前说它重要得也许可以影响整个欧洲历史的进程都不过分。"

"我保证遵约。"福尔摩斯答道。

"我也是。"

"这面具你们不在意吧,"我们这位陌生的不速之客继续说:"派我来的贵人不愿意让你们知道他派来的代理人是谁,因此我可以立刻承认我刚才所说的并不是我自己真正的称号。"

"这我知道。"福尔摩斯冷冰冰地答道。

"情况十分微妙。我们必须采取一切预防措施,尽力防止使事情发展成一个大丑闻,以免使一个欧洲王族遭到严重损害。坦率地说,这件事会使伟大的奥姆斯坦家族——波希米亚世袭国王——受到牵连。"

"这我也知道。"福尔摩斯喃喃地说道,随即坐到扶手椅里,阖上了眼睛。

在来客的心目中,他过去无疑是被刻画为欧洲分析问题最透彻的推理者和精力最充沛的侦探。这时我们的来客不禁对这个人倦怠的、懒洋洋的体态用一种明显的惊讶目光扫了一眼。福尔摩斯慢条斯理地重新张开双眼,不耐烦地瞧着他那身躯魁伟的委托人。

"要是陛下肯屈尊将案情阐明,"他说,"那我就会更好地为您效劳。"

这人从椅子里猛地站了起来,激动得无以自制地在屋子里踱来踱去。接着,他以一种绝望的姿态把脸上的面具扯掉扔到地下。

"你说对了,"他喊道,"我就是国王,我为什么要隐瞒呢?"

"嗯,真的吗?"福尔摩斯喃喃地说,"陛下还没开口,我就知道我是要跟卡斯尔-费尔施泰因大公、波希米亚的世袭国王、威廉·戈特赖希·西吉斯蒙德·冯·奥姆施泰因交谈。"

"但是你能理解。"我们古怪的来客又重新坐下来,用手摸了一下他那又高又白的前额说道,"你能理解我是不惯于亲自办这种事的。可是这件事是如此地微妙,以至于如果我把它告诉一个侦探,就不得不使自己任其摆布。我是为了向你征询意见才微服出行,从布拉格来此的。"

"那就请谈吧。"福尔摩斯说道,随即又把眼睛闭上了。(《福尔摩斯探案集·波希米亚丑闻》陈羽伦译)

这是《福尔摩斯探案集》中的一段。一个欧洲小国的国王因涉及一桩丑闻而求助于福尔摩斯,但他并不愿意让福尔摩斯知道他的身份。而作为侦探,福尔摩斯必须了解这个案子所有的细节,决不能错过任何线索。因此,国王的配合就显得十分重要。面对一个因身份高贵而端着架子的国王,必须把他"拉下马"来,才能毫无保留地得到所有的线索。为了掀开国王的面具,打消国王的疑虑,福尔摩斯故意在言谈态度上给对方施加压力。首先,在国王来临之前,凭借他的字条进行调查研究,对他的身份有了初步的判断;其次,在国王来临之后,面对国王努力掩饰自己身份的行为,福尔摩斯故意做出简慢的姿态:"冷冰冰"地说话、以"倦怠的、懒洋洋的体态","慢条斯理地张开双眼,不耐烦地瞧着",使对方感到惊讶,心里充满了委屈:"我是堂堂国王,怎么能屈尊受辱到如此地步?"在这场心理战中,对方已逼近了崩溃的边缘。等到福尔摩斯挑明他的"陛下"身份时,他终于放弃了隐瞒任何事情的企图。这是一场精彩的说服,福尔摩斯既是一个智慧的侦探,又是一位高明的演员,他善于了解他的谈话对象,对症下药,在言谈、态度上下功夫,最终使对方屈服、就范。

体态也是一种身体语言,福尔摩斯用自己"倦怠的、懒洋洋的体态"来表达自己满不在乎、等闲视之的态度;来客的动作、表情、语言则暴露了他急躁焦虑的心情。在说服的过程中要注意观察对方的反应。通过对方无意中显露出的态度及姿态,了解他的心理及性格,有时能捕捉到比言语更真实,更微妙的思想。心理学表明,外界事物对人大脑的刺激,往往会使人体内部某些相应组织的机能在一个短时间内出现异常现象。例如对方抱着胳膊,表示在思考问题;抱头表明一筹莫展;低头走路,步履沉重,说明他灰心气馁;昂首挺胸,高声交谈,是自信的流露;女性一言不发,搓揉手帕,说明她心里有话;真正自信而有实力的人,反而会探身谦虚听取别人讲话;抖动双腿常常是内心不安、苦思对策的举动;若是轻微颤动,就可能是心情悠闲的表现;用手指弹桌子或拨弄笔杆,表明他觉得你的发言欠全面或枯燥无味。

除了读懂身体语言之外,还可以从对方语言的特点了解对方。心理学家观察得出:性格刚强自信的人,很少使用"那个"、"嗯"、"这个"之类的口头禅。反之,小心谨慎、神经质的人常用这类词汇。日本语言心理学家三村侑弘认为谈吐中常说出"果然"的人,自以为是,强调个人主张。经常使用"其实"的人,希望别人注意自己,他们任性、倔强、自负。经常使用"最后怎么怎么"一类词汇的人,大多是潜在欲求未能满足。

在说服中,要注意通过观察对方的语言态度来了解其性格特征和内心活动,有的放矢,才能达到事半功倍的说服效果。例如:知识高深的人,不屑听浅显、通俗的话,说服者应充分显示出博学多才的一面,多作抽象推理,致力于各种问题之间的内在联系;文化低浅的人,听不懂高深的理论,应多举浅显事例;刚愎自用的人,不易循循诱导时,可以用激将法;爱好夸大的人,表里如一的话不易使他接受,不妨请君入彀;性格沉默的人,要多挑起他发言,不然你将在五里雾中;脾气急躁的人,讨厌连绵不休的长篇说理,用语须简要直截;思想顽固的人,对他硬攻,容易造成僵局,形成顶牛之势,应看准他的兴趣点进行转化。

4.2 说服的方式

4.2.1 积极的说服

积极的说服是一种主动出击的说服方式,把谈话的主动权、控制权牢牢掌握在自己手中,有意识地将对方引向自己期望的方向。这是一种最常见的说服方式。

4.2.1.1 苏格拉底:"助产士——真理就在你手中,只是你自己没有发现而已。"

【案例 4-8】

苏格拉底说道:"尤苏戴莫斯,也许你是希望得到一种治国齐家的本领,既有资格当领导,又能使别人和自己都得好处?"

尤苏戴莫斯回答道:"苏格拉底,我非常希望得到这样的本领。"

苏格拉底说道,"你所希望得到的,的确是最美妙的本领和最伟大的技能,这是属于帝王的,一般人称之为帝王之才气。""不过,"苏格拉底接下去说道,"你考虑过没有,一个非正义的人能掌握这种才能吗?"

"我考虑过了,"尤苏戴莫斯回答,"一个人如果是非正义的,连一个良好的公民也做不了。"

"那末,你是不是已经有了这种才能呢?"苏格拉底问。

"苏格拉底,"尤苏戴莫斯回答道,"我想我的正义并不亚于任何人"。

"一个正义的人,是不是也像工匠一样,会有所作为呢?"苏格拉底问。

"当然有"。尤苏戴莫斯回答。

"那末,正像一个工匠能够显示出他的作为一样,正义的人也能列举出他们的作为来吗?"

"难道你以为我不能举出正义的作为来吗?——我当然能够——,而且我也能举出非正义的作为来,因为我们每天都可以看到并听到不少这一类的事情。"

苏格拉底问道,"虚伪是人们中间常有的事,是不是?"

"当然是。"尤苏戴莫斯回答。

"那么,我们把它放在哪一边呢?"苏格拉底问。

"显然应该放在非正义的一边。"

"人们彼此之间也有欺骗,是不是?"苏格拉底问。

"肯定有。"尤苏戴莫斯回答。

"这应该放在哪一边呢?"

"当然是非正义的一边。"

"是不是也有做坏事的?"

"也有。"尤苏戴莫斯回答。

"那末,奴役人怎么样呢?

"也有。"

"尤苏戴莫斯,这些事都不能放在正义的一边了?"

"如果把它们放在正义的一边那可就是怪事了。"

"如果一个被推选当将领的人奴役一个非正义的敌国人民,我们是不是也能说他是非正义呢?"

"当然不能。"

"那末我们得说他的行为是正义的了?"

"当然。"

"如果他在作战期间欺骗敌人,怎么样呢?"

"这也是正义的。"尤苏戴莫斯回答。

"如果他偷窃,抢劫他们的财物,他所做的不也是正义的吗?"

"当然是,不过,起头我还以为你所问的都是关于我们的朋友哩。"尤苏戴莫斯回答。

"那么,所有我们放在非正义一边的事,也都可以放在正义的一边了?"苏格拉底问。

"好像是这样。"

"既然我们已经这样放了,我们就应该再给它划个界线:这一类的事做在敌人身上是正义的,但做在朋友身上,却是非正义的。对待朋友必须绝对忠诚坦白,你同意吗?"苏格拉底问。

"完全同意。"尤苏戴莫斯回答。

苏格拉底接下去又问道:"如果一个将领看到他的军队士气消沉,就欺骗他们说,援军快要来了,因此,就制止了士气的消沉,我们应该把这种欺骗放在两边的哪一边呢?"

"我看应该放在正义的一边。"尤苏戴莫斯回答。

"又如一个儿子需要服药,却不肯服,父亲就骗他,把药当饭给他吃,而由于用了这欺骗的方法竟使儿子恢复了健康,这种欺骗的行为又应该放在哪一边呢?"

"我看这也应该放在同一边。"尤苏戴莫斯回答。

"又如,一个人因为朋友意气沮丧,怕他自杀,把他的剑或其他这一类的东西偷去或拿去,这种行为应该放在哪一边呢?"

"当然,这也应该放在同一边。"尤苏戴莫斯回答。

苏格拉底又问道:"你是说,就连对于朋友也不是在无论什么情况下都应该坦率行事的?"

"的确不是。"尤苏戴莫斯回答:"如果你准许的话,我宁愿收回我已经说过的。"

苏格拉底并不急于批评纠正对方的观点,而是由浅入深给予暗示,提出问题引导对方思考。当对方做出各种回答后,他又不断提出反例,对对方的全称判断进行反问和质疑,使原本看上去可以确信的真理变得模糊不定,从而动摇了对方的原有认识。最后对方自然而然得出苏格拉底所希望他接受的结论。而这时,苏格拉底会谦逊地将结论归功于对方——这是你原本就有的观点,只是你自己没有觉察罢了。

苏格拉底形象地称自己为"助产士",帮助学生"分娩"出思想的"婴儿"。这种"助产士"说服法,是苏格拉底一生中所惯用的辩论技巧。他的辩证法与助产士的共同点在于:他从不直接说教,只是提出问题,而自己却不回答这些问题,通过向别人提问题而最终把对方引向一个与自己原来的立场矛盾的点上,诱导对方发现自己认识中存在的矛盾与缺陷,从而帮助人们自己发现真理,不断修正自己的认识。

4.2.1.2 孟子:请君入彀——轻易就把你困在网中央

【案例 4-9】

孟子谒见齐宣王,问:"您曾经告诉庄暴,说您爱好音乐,有这么回事吗?"

齐宣王有些不好意思,只得据实而说:"我并不是爱好古代音乐,只是爱好一般流行的音乐罢了。"孟子说:"只要您非常爱好音乐,那齐国便会很不错。无论现在流行的音乐还是古代的音乐都是一样的。"

齐宣王说:"这个道理可以说给我听听吗?"孟子说:"一个人单独地欣赏音乐快乐,跟别人一起欣赏音乐也快乐,究竟哪一种更快乐呢?"

齐宣王说:"当然跟别人一起欣赏更快乐。"

孟子说:"跟少数人欣赏音乐固然快乐,跟多数人欣赏音乐也快乐,究竟哪一种更快乐呢?"齐宣王说:"当然是跟多数人一起欣赏音乐更快乐。"孟子立即接着说:"那么,就让我对您谈谈欣赏音乐和娱乐的道理吧。假使国王在这儿奏乐,老百姓听到鸣钟击鼓、吹箫奏笛的声音,都感到头痛,愁眉苦脸地议论纷纷:'我们的国王这样爱好音乐,为什么我们苦到这般地步呢?'……这没有别的原因,就是因为国王只图自己快乐而不同百姓一同快乐的缘故。假使国王在这儿奏乐,老百姓听到鸣钟击鼓、吹箫奏笛的声音,百姓都眉开眼笑地互相告诉:'我们的国王大概很健康吧,要不,怎么能够奏乐呢?'……这没有别的原因,只是因为国王同百姓一同快乐罢了。如果国王能同百姓一同快乐,就可以使天下归服了。"

孟子很善于设"局",在说服中埋伏许多圈套,在他的说服中,常常让对方身不由己地陷入他构织的语言罗网中。这种说服技巧就是孟子最有特色的"请君入彀"法。

面对孟子,齐宣王已经有了几分戒备。出现的话题又是音乐,更使他心虚。齐宣王惭愧的神色被孟子看在眼里:他意识到自己爱好的不是古代的雅乐,而是当前社会上流行的音乐,将受到指责。可是孟子听了以后并没有批评他,相反还肯定地说:"只要您非常爱好音乐,那齐国便会很不错了。无论现在流行的音乐还是古代的音乐都是一样的。"此时完全解除了齐宣王对孟子的戒备心理。不仅消除了戒备心理,而且还引起了听孟子讲道理的兴趣。此时齐宣王内心警戒线的栅栏,已经降到最低限度,不待孟子跨越,他主动缩短了两人之间的心理距离。孟子出了一个选择题:"独乐乐,与人乐乐,孰乐?"让齐宣王作答,实际上已经开始为宣讲他的施仁义、王天下的主张铺平道路了。其实答案早已包藏在孟子的问话里,就等齐宣王跳入罗网。齐宣王接受了心理暗示,不觉脱口答出"不若与人。"跟别人一起欣赏音乐更快乐的"质"已经定了下来,孟子在"量"上又出了一道选择题,扩大战果:"与少乐乐,与众乐乐,孰乐?"有了齐宣王的两个肯定性答案做依据,孟子巧妙地由音乐过渡到政治,最后启发出"与民同乐"的道理。

无论是苏格拉底还是孟子,他们的说服都是建立在对方的配合基础之上的。启发和诱导的技巧在整个说服过程中的地位非常重要。他们积极调动对方思考的积极性,让对方在自己的引导下得出期望得到的结论。这种说服方式充分调动了对方的主动性和积极性,谈话对象接受说服的过程其实也是自我说服的过程。

4.2.1.3 晏子:指桑骂槐

【案例 4-10】

景公喜欢用老鹰捉兔子,派烛邹负责喂养老鹰。结果,烛邹把老鹰弄丢了。景公大怒,要派狱吏杀掉烛邹。晏子闻讯,进言景公说:"陛下,烛邹有三大罪状,待我向他宣布后再杀他。"景公说:"好!"于是晏子便把烛邹叫到面前,当着景公数落他:"烛邹,你为国君喂养老鹰而让它丢掉,罪之一也;使我们的国君竟然为一只鸟的缘故而杀人,罪之二也;使天下的诸侯,以为我们的国君重视鸟而轻视人才,罪之三也。"说完,便请杀掉烛邹。景公说:"别杀了,我已经受到教育了。"

明指甲事而暗说乙事,便于将激烈严厉之辞寓于含蓄委婉之中。虽明说甲,未指乙,却能使乙自悟自省,自觉接受指教。晏子本来是要批评景公"重鸟轻人",但是他却以谴责烛邹的姿态出现,采用指东说西的手法,批在烛邹身上,刺在君王心里。"为鸟杀人"和"重鸟轻人",关系国君在国内外的声誉,这批评是够尖锐的。景公之所以能欣然接受,是由于这批评含蓄而委婉,无损于君王的尊严和体面,使他能下得来台。

4.2.1.4　翟璜:忠言顺耳

【案例 4-11】

战国时期,魏文侯派将乐羊攻伐中山,取得了胜利。魏文侯把中山分封给自己的儿子。这时,魏文侯问群臣:"我是怎样的君主?"群臣几乎异口同声地说:"您是仁义的君主。"魏文侯听了,心中喜滋滋的。

这时,突然有人发表不同的看法:"您得到了中山,不把它分封给您的弟弟,而把它分封给您的儿子,怎能算是仁君呢?"发言的是大臣任座,他竟敢否定魏文侯是仁君,魏文侯发怒了。看见国君发怒,任座急忙走了出去。

魏文侯看到场面这么僵,接着又问大臣翟璜:"你也说说,我到底是怎样的君主?"翟璜不假思索地说:"您是仁君。"魏文侯的脸上又浮现出笑容,笑得和开头一样舒心,"那你说说,为什么说我是个仁君呢?"翟璜不慌不忙地说道:"我听说'君王仁义,下臣就耿直'。刚才任座的话说得那么直率,他敢当着您的面批评您,这不正说明您是仁义的君主吗?"

魏文侯又笑了,这次笑得比前面更加开怀。因为翟璜不光赞扬他是仁君,而且讲出了道理。这道理从根本上大有益于魏国。于是他立即命令翟璜去把任座请回来,他亲自走下殿堂去迎接,并把任座当作座上宾。

表扬与批评是对立的、相反的,但又是可以转化的。严厉尖锐的批评,可以通过表扬、称赞的方式出现,"忠言"可以做到"不逆耳","良药"未必都"苦口"。同样是批评魏文侯不该把中山分封给自己的儿子,任座在众人面前直斥国君不仁,国君听来"逆耳",大发雷霆;而翟璜用"忠言顺耳"的方式,首先赞扬魏文侯是个仁君,根据则是"君仁则臣直",用任座的耿直来证明国君的仁义。既赞扬了国君,又肯定了任座。乍听起来,其中没有一点对国君批评的意思,但实际上包含着对国君的严肃批评,达到了使国君改正错误的目的。

晏子的"指桑骂槐"和翟璜的"忠言顺耳"都是明褒暗贬的典型,把批评巧妙地包藏于表扬之中,实在不愧为说服的高手。在日常生活中,下级对上级、小辈对长辈进言劝谏时,应多借鉴这两位人臣的说服技巧。对于位高权重者,不宜直接批评,应把握好礼貌与分寸。

4.2.1.5　诸葛亮:巧妙激将

【案例 4-12】

曹操即将进兵东吴。在鄱阳湖训练水师的东吴大都督周瑜,闻讯星夜赶回柴桑郡商议军机。

第四章 说服的艺术

周瑜一到,文武官员一拨一拨来探,有说应降的,有说该战的,周瑜都表示赞同。晚上,鲁肃带刘备的特使诸葛亮来见。见礼毕,鲁肃先问周瑜:"今曹操南侵,是战是降,主公孙权就听将军的了,你的意思怎么办?"周瑜说:"曹操借天子之名,且又势大,不可轻敌。战则必败,降则易安。我已拿定主意,明日见了主公,便请派人纳降。"鲁肃大吃一惊说:"这话错了。江东基业已经历三世,怎么能轻易弃给他人。孙策将军临终遗言,外事托付将军。今正要靠将军保全国家。而今,将军怎能听从那些懦夫的语言?"周瑜说:"江东六郡,生灵无限,如果因战争而遭兵戎之祸,必然归怨于我,所以决计请降。"鲁肃说:"不对!以将军之英雄,东吴之险固,曹操未必能够得志。"二人互相争辩,诸葛亮只是袖手冷笑,根本不介入。

周瑜看到诸葛亮这个态度,便问:"先生何故哂笑不止?"诸葛亮说:"我不笑别人,只笑鲁子敬不识时务。"鲁肃急了:"先生怎么反倒笑我不识时务?"诸葛亮说:"周公瑾主张投降曹操,甚是合理。"周瑜说:"孔明是识时务的人,必定和我有同心。"鲁肃说:"孔明,你怎么也这么说?"诸葛亮说:"曹操极善用兵,天下无人能当。过去只有吕布、袁绍、袁术、刘表敢与他为敌,现在这几人都已被曹操消灭,天下已经无人啦!只有个刘豫州不识时务,强与曹操争衡,弄得现在孤身在江夏,存亡未保。周将军决计投降,可以保住妻子,可以保全富贵。至于江山易主,国家安危,由它去吧,有什么可惜的!"鲁肃从刘备处把诸葛亮请到江东,正是要他协助定下东吴对曹操迎战的大计,现在听诸葛亮这么一说,不觉勃然大怒说:"你要教我主屈膝受辱于国贼吗?"

诸葛亮倒十分平静,而且显得胸有成竹,又露出几分神秘地说:"其实我有个好计,既不用牵羊担酒,把土地和大印都交出去;也不用亲自渡江。只要派个使者,用一叶扁舟把两个人送到江北就行。曹操一得这两个人,百万大军便会卸甲卷旗,退回中原。"周瑜感到很惊奇,连忙问:"用两个什么人,能够使曹兵退走?"诸葛亮并不直接回答,还是强调说:"江东去掉这两个人,好比大树落片叶子,粮仓少了颗谷子。而曹操得到,必定大喜而去。"周瑜越听越感兴趣,迫不及待地问:"到底是用哪两个人,你快说呀!"诸葛亮这才缓缓说道:"还是我在隆中没出茅庐之前,就听说曹操在漳河新造了一座铜雀台,非常壮丽,广选天下美女放置于此。曹操本是个好色之徒,他听说江东乔公有两个女儿,大女儿叫大乔,二女儿叫小乔,都有沉鱼落雁之容、闭月羞花之貌。曹操曾经发誓说:'我平生一愿是扫平四海,成就帝业;一愿是得到江东二乔,安置在铜雀台,让她们伴我欢度晚年,一生就死而无恨了。'现在他虽率领百万大军,虎视江南,其实根本为的是这两个女子。周将军何不去找乔公,花上千两黄金把她们买来,派人送给曹操。曹操得此二女,称心如意,必然班师。这是古时范蠡向吴王夫差献西施的妙计,应该赶快施行。"周瑜听了,有些半信半疑,又不露声色地问道:"曹操想得这两个女子,有什么东西能证明?"诸葛亮说:"曹操的小儿子曹植,才思敏捷,下笔成文。曹操曾命他作过一首《铜雀台赋》,赋的中心意思,单表曹操平生两愿,一是做天子,二是誓娶二乔。"周瑜说:"这篇赋你能记下来吗?"诸葛亮说:"我爱它文辞华美,多次吟诵,暗记在心了。"周瑜说:"请你吟出来我听听。"诸葛亮即刻背诵道:

"从明后以嬉游兮,登曾台以娱情。见太府之广开兮,观圣德之所营。建高门之嵯峨兮,浮双关乎太清。立中天之华观兮,连飞阁乎西城。临漳河之长流兮,望园果之滋荣。立双台于左右兮,有玉龙与金凤。揽'二乔'于东南兮,吾朝夕之与共。……"

诸葛亮未吟完,周瑜早气得暴跳起来,他离开座位手指北方骂道:"这老贼真是欺我太甚!"诸葛亮连忙起来拦住说:"过去匈奴屡犯汉朝疆界,汉天子答应派公主去和亲。现在你怎么倒舍不得两个民间女子?"周瑜说:"先生有所不知,这大乔是孙策将军的主妇,而小乔则是我的妻子呀!"诸葛亮赶忙做出诚惶诚恐的样子说:"这个我实在不知道,失口乱说,死罪,死罪!"周瑜咬牙切齿道:"我与那老贼势不两立!"诸葛亮又敲边鼓说:"事须三思,免得后悔。"周瑜说:"我承蒙孙策将军临终托付,岂有屈身投降的道理?先前所说的,不过是想试探二位的态度。其实我自离开鄱阳湖,便有北伐之心,就是刀斧加头,也不改其志。望孔明助我一臂之力,共破曹操!"诸葛亮慷慨答应:"若蒙不弃,愿效犬马之劳,早晚听凭驱使。"周瑜说:"明天见了主公,便商议起兵。"事既谈妥,鲁肃便同诸葛亮告辞。

诸葛亮这次激将,目标是年轻英武、足智多谋的周瑜,难度是相当大的。这场对话,完全是一场智力的角逐。周瑜同鲁肃的争辩,诸葛亮对鲁肃的揶揄,都是在演戏,他们通过鲁肃互相探底。只有鲁肃是老实人,实话实说,显出一种憨直。但鲁肃的作用是非常重要的,没有鲁肃,这场戏就少了许多精彩。应该说,开始时周瑜是掌握着主动的,他故意宣扬投降论调,是想诱使诸葛亮屈身求助于他,趁机削弱蜀国在吴蜀联盟中的筹码。诸葛亮及时地识破了这一点,偏不自投罗网,反而说:"公瑾主意欲降操,甚是合理。"这不免让周瑜的打算第一次落空。但周瑜仍在耐心等鱼儿上钩,故意夸诸葛亮"识时务"。诸葛亮随即丢下两枚尖利的钉子:"操极善用兵,天下莫敢当"、"舍妻子保富贵,所谓识时务者",句句刺在周瑜心坎上。结果是周瑜未怒,没有心机的鲁肃先怒。受辱者自有人在,只是引而不发;鲁肃的一句老实话,倒加强了孔明激怒周瑜的作用。

周瑜开始还能强忍刺痛,佯装不觉。但是随着话题的深入,诸葛亮把鲁肃排挤出了谈话的圈子,紧紧钓住了周瑜,在不知不觉中把他引入了预设的圈套。曹操下江南是为了掳取二乔,构成了诸葛亮激周瑜的核心武器。这个武器利用了中国传统伦理道德观念,可以说是威力无比,足智多谋的周瑜也无力逃脱,被一击而中。但是这个武器却是个道地的假货,完全是诸葛亮处心积虑伪造的。他先探知了孙策、周瑜的妻子是二乔,然后篡改曹植赋中的句子,把"览二桥",改成"揽二乔",再歪曲成是按曹操之命写的。被激怒的周瑜已完全失去了分析判断能力,彻底倒向了诸葛亮所希望的方向。

激将法对自视甚高者特别有效,更何况孔明这场戏演得滴水不露。心理学研究表明,智商高、竞争能力强的人更喜欢挑战性大的任务。巧妙利用人们的逆反心理,能起到出人意料的好效果。

4.2.1.6 张咏:让书告诉你

【案例 4-13】

宋朝寇准和张咏,既是同僚,又是很要好的朋友。他们之间无话不谈,称的上古人所说的"益者三友"。

宋真宗年间,张咏在成都做官,听说寇准当了宰相,就对属下说:寇准是个难得的奇才,只可惜学问差了点。作为寇准多年的好友,寇准做了宰相,他应该从心里感到高兴,但身为宰相所作所为关系到国家的兴衰,所以张咏此时想得更远,他觉得应该找个机会劝寇准多读些书。

不久,寇准去陕西办事,张咏也从成都卸任到这里,老朋友相见谈话十分投机,不觉天色已晚,寇准送了一程又一程。分手时,寇准诚恳的问道:"你还有什么要指教我的吗?"虽然张咏早有准备,但还是想了想,慢慢地说:"《霍光传》不可不读。"

回去后,寇准拿出《汉书·霍光传》仔细读起来,当他读到霍光"不学无术"时,恍然大悟,笑着自语道:"这就是张咏要和我说的话。"他知道,霍光在汉朝当过大司马、大将军,由于不读书,不明事理,最终才导致家族的败灭。由此明白了老朋友的真实用意,心中充满了对好友的感激。

寇准和张咏虽是至交,但如今寇公地位变了,直接批评他"不学无术"很不适宜。他很可能接受不了,传出去会有损寇公形象;但是批评太轻了又可能引不起寇公思想上的触动。于是,张咏以《霍光传》代替千言万语,既不得罪人,又让对方有深刻的醒悟。这种说服是事后说服,且让书本替自己说话,可谓羚羊挂角,不着痕迹,含蓄而高妙。借物言事是一种含蓄而微妙的说服方式,一本书、一件物品,甚至一首歌、一场电影都可以使对方受到教益。

4.2.1.7 易卜生:"背对背"说服你

【案例 4-14】

渥尔芙夫人是位著名演员,有一次易卜生要她扮演《海达·高布乐》剧中的女仆贝蒂,她却认为贝蒂是个小角色,让自己来扮演是大材小用,也有损于一个大演员的尊严。于是,她通过一位女演员婉转地向易卜生提出:这个角色可以让剧团的另一位演员扮演,那是个名声不如她、不很著名的演员。

虽然渥尔芙夫人没有向易卜生直接说出自己的想法,易卜生还是一下就明白了她的心理:"这是大演员不愿意扮演小角色啊!"他想,作为一个艺术家,不但应该具有高度的艺术修养,更应该具有良好的思想素质,怎么能因为名声大了,就不愿意扮演甚至看不起小角色呢?更何况,很多人并不真正懂得小角色的作用。

怎样才能使渥尔芙夫人接受角色并提高她的认识呢?对这样一位大演员来说,简单的批评不一定能收到预期的效果。经过仔细考虑,易卜生提笔给那位女演员写了一封信,请她向渥尔芙夫人转达自己的意见。信中写道:"在这个剧团里,除了她没有任何人可以照我的要求扮演贝蒂。剧中的泰斯曼、他的老姑母和忠实的女仆贝蒂共同构成了一幅完整统一的图画。演出此剧时,他们中间存在着的和谐一定要表达出来。如果渥尔芙夫人肯扮演这个角色,这是做得到的。"他接着说:"由于渥尔芙夫人具有良好的判断力,我真的不相信她会认为扮演一个女仆就降低了她作为一个艺术家的尊严,因为她不仅是个女演员,而且还是个艺术家。我的意思是说她并不以'扮演'什么'角色'为骄傲,她看重的是从虚构的角色中创造出真正的人。"最后,易卜生还列举了几个全欧洲都享有盛名的大演员扮演只有几句台词的次要角色的例子,以说明大演员演小角色并不会降低自己的身份。

渥尔芙夫人从那位女演员那里得到转交的信和传话,既感动又羞愧。感动的是作为"现代戏剧之父"的易卜生竟那样相信自己,给了自己那么高的评价;羞愧的是自己有负于他的信任和希望,错误地认为扮演贝蒂这个小角色有损于自己的尊严。从易卜生那里,她懂得了小角色的重要性,认识到扮演小角色和扮演主角一样,都是艰苦的艺术创造。她愉快地接受了这一角色,并且演得非常成功。

面对渥尔芙夫人的错误想法,易卜生并没有去面对面地做工作,而是通过别人委婉地表达了自己对她的信任和希望,阐明了自己对这一问题的看法,从而使对方在感动中受到了教育。这个案例中有一个很关键的第三方,就是那个转达意见的女演员。易卜生为什么不直接面对渥尔芙夫人、口头说服她,而是选择由人传话、书面说服的方式呢?首先,起初渥尔芙夫人不是直接地而是以借人传话来委婉地表达自己的意思的,既然她没有直接挑明,易卜生也不便直接挑明。倘若直接找渥尔芙夫人谈话,她那隐而未说的想法就必然浮出水面,势必逼得两个人开诚布公地面对和讨论。而易卜生故意隔着第三方这层"窗户纸",装作毫不知情的样子,既可以毫无拘束地赞扬对方(若当面赞扬对方,可能会显得虚假),也为对方改正错误留下余地。用书面的形式,既可以使自己的话在传递过程中不走样,又可以使对方感觉到自己的郑重和诚意。

从这个案例我们还认识到,当对方并没有直接暴露自己的思想时,不宜直接去批评;应视说服对象的特点而行,如果对方是个自尊心、进取心很强的人,不妨委婉说理,既可免伤自尊心,又可以激励其更快地进步。

4.2.2 消极的说服

说服别人时是不是一定要掌握住谈话的主动权呢?事实上,仔细观察人们的日常谈话,就会发现,有些时候,把谈话的主动权交给对方,自己只需顺水推舟,也可取得以逸待劳的说服效果。当然,这种情况一般出现在被说服者心中其实已有类似想法,可又犹豫不决、难以取舍决断时。把决定权交给对方,让对方自动选择你所期待的答案,不失为一种不露声色的说服技巧。

4.2.2.1 附和与引导

让我们来看看这两段谈话:

【案例 4-15】

谈话一:

主妇 A:最近我和丈夫闹别扭了。

主妇 B:这种事情嘛家家都会有的。

主妇 A:也许是吧!

主妇 B:当然是的。婚后五年,哪家都一样。

主妇 A:你们家也是吗?

主妇 B:是啊。
主妇 A:那我就放心了。
主妇 B:别太放在心上了。
主妇 A:那太好了,这下我可以放心一点了。
主妇 B:那我们不如到百货公司去购物。一起去吧?
主妇 A:好的,走吧。

谈话二:
主妇 A:最近我和丈夫闹别扭了。
主妇 B:是吗?
主妇 A:我总觉得有点奇怪。
主妇 B:很担心吧?
主妇 A:也许是因为他太忙了吧,但是他一句话也不说,我一和他说话,他就心不在焉的。
主妇 B:是很奇怪啊!
主妇 A:也许是有第三者了吧。
主妇 B:你这样觉得吗?
主妇 A:未必不会这样。
主妇 B:真的啊?
主妇 A:最近他经常在外面过夜,可是也不和我解释。
主妇 B:这的确令人担心啊。

这两段谈话由主妇 A 引申出"与丈夫闹别扭"的话题,可是由于主妇 B 附和语的不同,谈话却向不同的方向发展,因而产生了截然相反的两种后果。谈话一中的附和,打消了主妇 A 的疑虑,客观上起到了开释的说服作用。而谈话二中的附和,看上去并没有什么作为,几乎就是主妇 A 话语的重复和反问,却加深了主妇 A 的怀疑。可见,附和看上去是一种消极的谈话方式,但如果附和者有目的地配合对方,也能收到说服的效果。将谈话的主动权交给对方,并不意味着放弃了说服的努力,在耐心的附和中,说服也在不动声色地悄悄进行着。

这种以退为进的说服方式有时甚至比积极主动的说服方式更有效果。生活中,如果你一味想使谈话深入,可能适得其反,令对方警觉和反感。暴露出明显的说服倾向,反而会令对方怀疑你的企图而不信赖你,这样谈话就无法进行下去了。而恰到好处的附和,却可以使对方情绪放松下来,主动对你交出内心的底牌;在附和中适当地引导,也可以使对方不知不觉地接受你的观点——其实,这也是对方潜意识中一直存在的想法。

例如,一个大男子主义者结婚以后却变得什么都听妻子的了,这主要归功于他妻子的说服技巧。每当发生了一件事情,其妻一定会对他说:"这问题真不知该如何好",接着又说:"我认为这件事若能……的话,肯定更好,只是我不敢做主,还是由你来做最后决定好了。"被妻子捧得高高的丈夫自然以为决定权完全在自己,却不知道其实已经受妻子前面意见的影响而先入为主了,他的决定往往也就是他妻子意见的重复而已。看上去,妻子把选择权交给了丈夫,而实际上却不露痕迹地影响了他的决定。

4.2.2.2 提问与聆听

【案例 4-16】

弗雷德·赫尔曼(Fred Herman)是一位著名的推销培训师,后来曾经作为嘉宾应邀出席"迈克·道格拉斯秀"(Mike Douglas Show)。主持人道格拉斯在介绍赫尔曼出场时说:"让我们欢迎全球最出色的推销员来到我们的节目。"赫尔曼完全不知道下面要讨论的问题是什么,也不知道他们究竟有什么计划。接着,道格拉斯又问他:"弗雷德,听说你被誉为全球最好的推销员,那么,你就向我推销一些东西吧!"话音刚落,弗雷德回答说:"迈克,你希望我卖什么东西给你呢?"道格拉斯在左顾右盼之后回答说:"哦,就买这个烟灰缸吧。"道格拉斯话音刚落,赫尔曼接着就提出了另一个看起来似乎很天真的问题:"你为什么要买它呢?"道格拉斯再一次对这个内容感到吃惊,然后,看着烟灰缸回答说:"哦,是的,它看上去很新,外形也美观,而且其色彩鲜艳。除此之外,最近,我们刚刚搬到这个新摄影棚,暂时还不想处理掉。"于是,赫尔曼接着说:"迈克,你愿意花多少钱买下这个烟灰缸呢?"道格拉斯听后似乎显得有点迷惑不解,他说:"我最近还没有买过烟灰缸,不过,看到这个这么漂亮,体积又这么大,我想我会花18美元或者20美元买下来。"赫尔曼听到这句话后,立刻接过话题说:"那么,迈克,我就以18美元的价格把这个烟灰缸卖给你。"这样,交易就结束了。

在上例中,弗雷德一开始将现场的控制权交给了他的"顾客"。弗雷德的这一举动使道格拉斯大吃一惊。有些人在听到上述的话后,可能会滔滔不绝地说一大堆,比如,开始说一些推销的行话.而弗雷德却紧接着就开始提问而非对自己的问题进行解释。他没有直接对产品的价值进行判断,而是利用提问,适时引导,让道格拉斯自己说出购买理由。结果,顾客在他的提问引导下,不知不觉地自己找出了产品的价值所在和购买理由,弗雷德不愧是推销高手。他有着高超而娴熟的言语控制能力,话语不多但简捷有力,绝无废话,每一个问句都隐藏着明确的目的。

是否有顾客对自己能够同推销员轻松地谈天说地,并且轻易地就答应购买推销员推销的产品而感到惊奇呢?推销员的态度一般都比较平和,而且对问题的考虑比较周全,对谈论的问题很感兴趣,思维敏捷。因而顾客会觉得推销员对自己很有帮助,他们虽然帮助自己,但是绝不催促自己。在整个推销访问过程中,顾客也许会清楚地留下这样一种印象:自己唱主角,控制整个会谈局面,因为你一直在不停地说,并且一直在引导谈话,而推销员却一直在聆听自己说话,并且一直在按照你的思路进行。事实上,在整个推销访问过程中,一直是推销员在引导谈话的方向与主题,而顾客则是在按照推销员的指示行事,顾客也许从来就没有想到这一点。这是因为,推销员事先巧妙地提出了一些与顾客自身利益相关的问题,然后再仔细聆听顾客谈话,以引导顾客顺理成章地(但直接地)达成交易。这对于顾客来说似乎是自然而然的事情。顾客对此也许从来就没有想过要拒绝、再考虑考虑或提出异议。原因很简单:因为推销员并没有对自己(顾客)施加压力,这完全是自己自愿的事情。顾客也不会感到自己必须购买某些东西,而是自己想买这种产品。不仅如此,顾客还会感到这完全是自己自主做出的选择。令人感到吃惊的是,推销员恰当地提问与仔细聆听,是怎样使顾客自然而然地感到自己完全控制了谈话的局面,而推销员却不动声色地用一种神不知鬼不觉而又都能接受的方式,在整个推销访问期间实际上始终在引导与控制推销访问,使顾客成为一位买主而又不会感到自己被别人"出卖"了呢?即使顾客被推销员出卖了,他们通常也不会承认这一切都是由推销员精心策划的。

推销商品的过程正是巧妙说服顾客的过程。推销员在拜访顾客时,主要目标就是同顾客建立良好的人际关系与信任感,评估顾客是否有权决定购买与是否购买,并且引起顾客对自己的产品或公司的兴趣。为了实现自己推销的目标,推销员必须能够控制讨论问题的细节,以及交谈发展的总体方向。有些推销员也许会说起话来滔滔不绝,甚至会一个人说个没完,以此来控制顾客,不给顾客说话的机会——实质上是控制顾客参与推销讨论过程。但是,成功而巧妙的推销并不意味着推销员应该努力去操纵讨论过程,也不意味着要随时提醒顾客应该谈些什么话题,或者突然控制交谈期间发生的情况。既然控制推销访问并引导话题是推销员的责任,那么,他就必须利用双方互动的方式来达到控制与引导推销交谈的目的。推销员通过先提出相关问题,再认真聆听顾客说话的方式,鼓励并吸引顾客参与推销讨论过程,激励顾客按照某种有助于推销员满足自身目标的方式完全参与到推销交谈与决策过程中来。

4.2.2.3 选择与习惯

4.2.2.3.1 是 A,还是 B?

【案例 4-17】

湘军首领曾国藩率军与太平天国军队作战初期,连连遭到惨败。如何把军事上屡遭惨败的战况向皇上禀报呢?曾国藩冥思苦想,绞尽脑汁,无计可施。在万般无奈的情况下,只得在奏章上写下"臣屡战屡败"的字眼。

曾国藩的军师读了奏章之后,连连摇头说:"不可,不可!"他觉得如此上报,就有杀头的危险。曾国藩向他请教挽救的办法。军师微微一笑,提笔将"屡战屡败"改为"屡败屡战"。曾国藩看后,不禁拍案叫绝。曾国藩因此不仅没有受到朝廷降罪,反而以此为转机,获得了朝廷更多的支持,从此开始打起了胜仗。

"屡战屡败"与"屡败屡战"都是事实,词序的颠倒并没有改变事实,但是强调的对象大不一样。人们的语言习惯常常带有一定的心理定势,遇到两者并列的情况,往往会对后者印象更深。若将"屡败"放在后面,令人感觉不断失败;而将"屡战"放在后面,则令人忽略了"屡败"的事实,而对"屡战"这种愈挫愈勇的精神有更鲜明的印象。在不改变事实的前提下,语序的调整能将一个本来负面的印象扭转为正面的印象,足见语言艺术的魅力。

我们在日常生活中也时常会遇上二者选择其一的情况,若是你想让对方选择自己所期待的问话时,最好是将它放在后边。例如在商店中,当你碰到一位同事买东西正要回去时,你便问他说:

"是要我帮你送回去呢?还是你自己带回去呢?"

大多数的人听了都会说:"还是我自己来好了。"

这样不但达到了你对他的关怀之意,同时也替自己省了许多时间和精力。

如果你想对一位不速之客下逐客令时,不妨对他说:

"今天是要喝一杯呢?还是下次再来?"

客人听你这么一问,大多会说:

"下次再来好了。"

4.2.2.3.1 "我们"、"咱们"、"如果我是你……"

【案例 4-18】

我们决不放弃我们的正当要求,我们寸步不让。捷克人、波兰人、挪威人,荷兰人,比利时人都已经把他们的事业和我们的事业联系在一起。他们都将复兴其家园。

魏刚将军所说的"法兰西之战"已经结束。我预计不列颠之战即将开始,基督教文明的存亡系于此战;我们英国人的生死系于此战;我们的制度和我们的帝国能否维系久远全系于此战。敌人的全部凶焰和暴力很快就会临到我们头上。希特勒知道,他必须在这个岛上击溃我们,否则他便将在这场战争中失败。如果我们能够抵御住他,整个欧洲便可得到自由。全世界人民便可迈上阳光灿烂的康庄大道。但是,如果我们失败,全世界包括美国、包括我们所熟悉和深爱着的一切,就将坠入一个新的黑暗时代的深渊。把科学用于邪恶的目的,将使这个黑暗时代更险恶也更漫长,因此,让我们勇敢地承担起我们的责任,我们要如此勇敢地承担责任,以便英帝国及其联邦在 1000 年之后若仍存在,人们还会说:"这是他们最辉煌的时刻。"

这是丘吉尔在对德宣战时发表的著名演说《最光辉的时刻》,它的激情不仅感染了所有英国人,也打动了其他受德军铁蹄蹂躏的国家和人民,鼓动起国民的斗志,形成了同仇敌忾、众志成城的反法西斯同盟。

为何他的演说具有如此的煽动力、能与听众紧密结合在一起呢?其秘诀便在于所使用的言词和所持的态度不是为了他个人,而是为了大众,使听者能够产生共同意识。并且为了达到这一目的,演说中更是频频使用"我们"、"整个欧洲""全世界人民"等字眼,以表示这些都与你我众人息息相关。所以只需简单的几句,即可使众人能有"命运相连"的感觉。

对于不易说服的人,最好的办法就是要让对方认为你与他是站在同一立场上。用"如果我是你……"的方式包装自己的建议,会令对方心理上感到放松,感觉把他放在了中心位置,而你的意见只是为他而提供的参考而已。这种话还可以将自己的主观意图较好地隐藏起来,让对方更容易接受。

4.3 说服的逻辑

2000 多年前,亚里士多德便指出:"富有逻辑性的演说是最有力的说服工具,华丽的词藻和优雅的风格都是次要的。"说服的核心是逻辑推理,没有正确的逻辑推理,再巧舌如簧都是难以说服人的。

说服中常常包含立论和反驳。立论是以充足的论据正面证明作者自己论点正确的论证方式;而反驳是以有力的论据反驳别人错误论点的论证方式。在论证和反驳中都必然会运用到逻辑推理,下面我们简单介绍一些常用的推理论证方法。

4.3.1 论证的方法

4.3.1.1 归纳法

【案例4-19】

沃尔沃汽车报纸广告文案

放心——沃尔沃汽车已来到中国

满载生机勃勃的荣誉,携带近70年的安全设计史,今天VOLVO汽车已来到中国,以其珍惜生命、热爱生活、勇于挑战的豪气,准备驶进您的生活。这是一部令您放心的车,入乡随俗,特别针对中国道路行驶需要而制造。它不仅安全可靠、性能卓越,更巧妙地将安全性能与汽车动力完美结合,助您在人生路上安心驰骋。VOLVO汽车的外观大方,车厢内部更是宽敞典雅,令人备感安全舒适。无论在什么场合,它都备受瞩目。安稳轻松地为您增添风采。每一部驶入中国大地的VOLVO汽车,都将享有瑞典VOLVO汽车公司所建立的完善维修网络为您提供原厂零配件与高质量的售后服务。现在,您尽可以放心了!

这则广告文案运用了归纳推理来说明"沃尔沃汽车让人放心"这个论题。其中,列举了"满载生机勃勃的荣誉,携带近70年的安全设计史"、"特别针对中国道路行驶需要而制造"、"更巧妙地将安全性能与汽车动力完美结合"、"享有瑞典VOLVO汽车公司所建立的完善维修网络为您提供原厂零配件与高质量的售后服务"等一系列让顾客"放心"的理由,从四个安全方面的保障推导出"沃尔沃汽车让人放心"的结论。

归纳是从个别事实推出一般原理、从已知事实推出未知事理的论证方法。这是人类最原始、最朴素的一种推理方式。它源自对表象的观察、分析和总结,最后得出某种抽象的结论。一些规律的推出和总结借助于不完全归纳。如农谚"早霞不出门,晚霞行千里",就是对气象的一种朴素观察得出的结论。

归纳法又分为完全归纳与不完全归纳。所谓完全归纳,是指穷尽对象的所有子类,得出某种必然性结论。如高斯小时候解老师的习题:1+2+3+4+……100=？他发现这道题可分解成50个等称的等值数列:1+100=101,2+99=101,3+98=101……从而很快得出这道题的解:101×50=5050,这就是运用了完全归纳法。完全归纳法是一种科学归纳,它得出的结论是必然的。

不完全归纳法也叫简单枚举或例证法,通过找出例子的共性,得出某种一般性的规律。事实上,大多数情况下人们使用的是不完全归纳法。这一方面是由于某些客观原因不可能穷尽对象的所有子类,如前面所说的农谚"早霞不出门,晚霞行千里",人们永远不可能穷尽所有的天气现象;另一方面,要得出可靠的结论也未必非要穷尽所有子类。借助于其他推理方式,如某些因果关系的辅助,不完全归纳也能得出可靠结论。

举例证明固然具有简单直截的说服力,但要警惕的是,其结论往往具有一定的或然性,在论证时要留下余地,用辩证的方法看问题,以免以偏概全。

4.3.1.2 演绎法

【案例4-20】

上海大众桑塔纳2000轿车报纸广告文案:

并非所有的人都能真正懂得它所代表的意义

面对火箭升空,人们更多的是陶醉于它那扶摇直上的雄姿、雷霆万钧的气势,只有少数人从火箭每一米的上升高度,来测量人类创造力的无限,感受科技进步的美妙。24小时之内,作为中德科技多年合作的辉煌结晶的另一种创造力与进步的代表,它就要出现在你的面前了。也许你已经焦急地等待了好几天,那么现在你真的可以暂时放下手边的事,平心静气,拭目以待——一个振奋人心的时刻,它的到来已经进入倒记时了。

卓然出众,彰显尊荣。

这则广告则运用与归纳推理方向相反的推理方式——演绎。内含的推理轨迹是:中德携手创造的高科技是"卓然出众"的。上海大众桑塔纳2000轿车正是这一合作的产物。所以,上海大众桑塔纳2000轿车"卓然出众,彰显尊荣"。

演绎法是从一般原理推出个别事理,从已知原理推出未知事实的推理方法。所谓一般原理,往往包括一些公理、定理、规律、统计结果、谚语、名言警句等众所周知的具有权威性的话语,因而演绎法又被称为引证法。

演绎法经常以三段论的形式出现,包括大前提、小前提和结论。一般性原理为大前提,一般性原理与个别事实之间的联系为小前提,所推出的事实为结论。例如:"所有的人都是凡人(大前提),苏格拉底是人(小前提),因此苏格拉底也是凡人(结论)。"事实上,在实际的演绎论证中,往往是省略小前提的。例如:"古人云,'有志者事竟成',我们一定会成功的。"这就是一个省略小前提的演绎推理,由于小前提"我们是有志者"隐含在双方都不言自明的语境中,因而可直接得出结论。

由于一般与个别之间是一种包含关系,演绎推理得出的结论往往是必然的。引用的一般原理越真,其结论越可信。

演绎法和归纳法是两种不同的逻辑推理方法,如果你想迅速地找到重点,最好用归纳论证而不用演绎论证。归纳论证比演绎论证更有创造性和说服力,因为归纳论证是建立在事实基础上的;但证据越松散,其结论便越不可信和越具有人为的痕迹。我们必须用自己的判断来决定这种证据是否是强有力地支持了论点。另一方面,演绎论证是保守而可信的,结论正确与否在很大程度上与我们所确信的事物相关联。

如果听众急于想知道一般结论,而后再听证据,就用归纳论证法。假若是出席商务活动,时间很短且基本的事实已达成共识,演绎论证法则更合适。

4.3.1.3 比较法

比较法是以某种已知事理推出某种未知事理的方法,是以一种个别推出另一种个别。在说服中,也可以借助与其他事理相比较的方法得出结论。

【案例4-21】

战国时期,在现在的河南省北部有一个小国叫宋。宋国大夫戴不胜比较开明,很关心国事,很想让宋国国君多理朝政,就是不知道该怎样劝说宋王才好。戴不胜知道孟子很有见识,很佩服孟子,也很想向孟子请教。有一次孟子到宋国旅行,戴不胜大夫很恭敬地接待了孟子,向孟子请教说:"您是很有学问的人。请您告诉我,怎样才能劝说一个国家的国君把自己的全部精力用来管理自己的国家,多为国家办些好事呢?"

孟子想了一会儿,微笑着不紧不慢地说道:"这话看怎么说。比如说,有位楚国大夫很想让自己的儿子学说齐国话,您看是请齐国人教他好呢,还是请楚国人教他好呢?"戴不胜笑着回答说:"那当然是请齐国人教他好啊!"孟子笑了一下,接着说:"即使请来一个齐国人教他,并且很耐心地教他说齐国话,然而他周围的人觉得很稀奇,整天来干扰他,吵吵闹闹难得安静,这种情形下,哪怕用鞭子来抽打他,逼迫他学齐国话,他仍然是学不会的。如果把他带引到齐国去,并且住在齐国都城最有名、最繁华的街巷里,住下来学讲齐国话。几年以后,他的齐国话学会了,讲得很好了,到那时再要他说楚国话,假若也用鞭子抽打他,要他说楚国话,怕也是很困难的了。"

听了孟子一席话以后,戴不胜终于明白过来:在宋国,国王周围的大夫少有好人,在太多的坏大夫的谗言欺骗下,也难怪宋国国君会变得无道啊!

孟子在这里用的是类比推理。没有好的语言环境不可能学好语言,同理,没有好的臣子辅佐不可能有好的国君。将性质相同的事理做类比的推理,叫类比法。一个道理是已知的,一个道理是未知的,只要找准两者之间的必然联系——性质相同,就能推出另一个道理。

运用类比,特别要注意事物的性质必须相同,否则不可能得出可靠结论。古代有这样一则故事:卖油郎和卖皇历的是好友,每到年关两人都面临被债主逼债的尴尬场面,可每次卖油郎总能在妻子的帮助下度过难关,而卖皇历的却连过年的饺子都吃不上。卖皇历的就埋怨自己的妻子说:"你瞧人家卖油郎的老婆多贤惠!他老婆每天趁他去卖油的时候,偷偷从油桶里舀出一勺来存着,到了年关没钱的时候,居然能拿出一桶油来!不仅还了债,还有年饭吃!"他的妻子说:"这有什么难的?"到了年关,卖皇历的又面临债主上门,他的妻子从屋里抱出一堆皇历说:"拿去卖了还债吧!"卖皇历的这个年关当然过得更惨,他的妻子根本没有考虑到油与皇历的性质是否相同,就做了简单的类比推理,结果得出了错误的结论。

【案例 4-22】
S&W 罐头平面广告文案

一、我们添加的唯一的东西就是盐

(画面为一条大鲑鱼,身上套着 S&W 罐头标签)我们公司的鲑鱼没有必要添加油料以增其汁味。因为它们都是特别肥大的鲑鱼。这些健康的鲑鱼,每年溯游到菩提山之北的长长河川。如果我们在蓝碧河选不出理想的鲑鱼怎么办呢?我们会耐心地等到明年。为什么?因为如果不是完美的,不会被 S&W 装入罐头。

二、这些番茄仅供饮用

(画面为一只大的饮料杯中装着几只番茄)

我们把炖菜用的番茄和饮用番茄区分开来。不少优秀的罐头业者,从收获的番茄里,选出较好的做菜用番茄,剩下的才拿去制番茄汁。这是很实际的做法。我们的做法就不太讲究实际。我们把加州番茄当作制汁用番茄来种植,一直等番茄长到柔软甜美,汁液饱满。这是旷日持久、耗费金钱的做法,但这也是 S&W 的方针。我们认为,这是把完美的制汁用番茄制成完美的番茄汁的唯一做法。它若非完美,就不会被 S&W 装入罐头。

三、我们把大鱼放生

(画面为一位渔夫惋惜地看着一条被吊起来即将放生的大鱼)

小金枪鱼,简直就像小羊、小豆子、嫩玉米粒一样柔嫩。因此,S&W绝不用大金枪鱼制作罐头。您把 S&W 的罐头打开,一定会发现里面是多汁的小金枪鱼。那如果捕到的都是大鱼呢?很简单,S&W 就不把它装罐。为什么?因为,如果是不完美的,就不会被 S&W 装入罐头。

把性质相反的事物或事理作对比推导出结论,叫做对比法。这个广告文案系列处用"完美"与"不完美"做对比,强调这个品牌的罐头选装的都是"完美"的原料,而"不完美"的原料是不会出现在罐头中的。这种说服摆出了非此即彼、是非对照的架势,从而使顾客对产品的品质产生强烈而深刻的印象。

4.3.1.4 喻证法

【案例 4-23】

北冥有鱼,其名为鲲。鲲之大,不知其几千里也。化而为鸟,其名为鹏。鹏之背,不知其几千里也。怒而飞,其翼若垂天之云。是鸟也,海运则将徙于南冥……故九万里则风斯在下矣,而后乃今培风;背负青天而莫之夭阏者,而后乃今将图南。

蜩与学鸠笑之曰:"我决起而飞,抢榆枋,时则不至而控于地而已矣,奚以之九万里而南为?"适莽苍者,三餐而反,腹犹果然;适百里者,宿舂粮;适千里者,三月聚粮。之二虫又何知! 小知不及大知,小年不及大年。

这是庄子在《逍遥游》中的说理。"小知不及大知,小年不及大年"的道理是高深而抽象的,因而设比喻来论证就显得既生动形象、妙趣横生又深入浅出、易为人所接受。比喻推理的本体是一个待证明的抽象事理,而喻体则是生动形象的具体事件,前者是理由,后者是推断。

4.3.1.5 因果互证法

【案例 4-24】

大众汽车平面广告文案
1.02 美元每磅

一辆崭新的大众轿车值 1595 美元。

并不是像你听说的那么便宜。如果磅数相等,一辆大众轿车的价格可能超过你能说出的任何牌子的汽车。实际上,当你观察大众轿车的内部时,你就不会对这样的价格感到意外了。

并没有多少汽车像大众这样在自己的内部装很多东西。光是手工就很明显,大众的引擎是手工装配起来的,一个零件接一个零件。每一台引擎都要测试两次,一次在它还是一台引擎时,另一次在它成为整车的一部分后。一辆大众要涂四遍油漆,每次油漆之间都要用手持砂纸将表面磨光。甚至车顶材料也是手工填装的。你不会在任何地方发现一个裂口、一道凹陷或一团胶水糊。因为如果必要,大众会为一个小小的细节而拒绝让整部车出厂。

因此当你以磅计算大众轿车时,就会知道它为什么如此之贵。这是值得考虑的事情。尤其假如你因为它的价格还不够高而还没买它时。

将事物形成的原因进行分析,从而推出结论或者将形成结果的原因剖析出来的方法称为因果互证法。这篇广告文案把说服的重点放在解释为什么大众汽车价格昂贵上。说明其贵在做工的精致和材料的品质,因而是物有所值的。一旦解释清楚价格贵得合理,也就能说服顾客接受其昂贵的价格。

4.3.2 反驳的方法

在说服中,除了正面推理论证以外,有时还需要运用反驳,在"破"中寻求"立"。反驳对方观点既可以直接反驳,也可以间接反驳。

直接反驳可以从三个方面着手:反驳论点、反驳论据和反驳论证。可以针对对方论点的错误进行反驳;也可以抓住对方论据的不准确、不真实或与论点没有实际联系等马脚进行反驳;还可以从对方论证过程中的逻辑错误,如违反同一律、观点与材料之间的矛盾等入手来进行反驳。

与直接反驳比起来,间接反驳是一种更为智慧也更为有力的反驳方法。间接反驳主要有两种:归谬法和反证法。

4.3.2.1 归谬法
【案例 4-25】
　　有一次,赫胥黎到他的朋友家做客。在朋友家看音乐演出时,他竟睡着了。他的朋友问他:"为什么不喜欢流行音乐呢?"他说:"流行的就是好的吗?"他的朋友说:"不好怎么会流行呢?"赫胥黎反问道:"那流行感冒是好的吗?"

　　按照对方的逻辑,将对方观点进行相应的引申,推导出一个荒谬的结论,从而驳倒对方。"以子之矛,攻子之盾",使其自相矛盾,正是归谬推理的效果。

4.3.1.2 反证法
【案例 4-26】
　　萧伯纳的剧本《武器与人》首次公演,观众纷纷要求萧伯纳上台接受祝贺。正当他走上舞台,准备向观众致意时,突然有一个人向他大声喊道:"萧伯纳,你的剧本糟透了,谁要看!收回去,停演吧!"观众们以为萧伯纳一定会气得发抖。然而萧伯纳没有生气,反而笑容满面地对那人鞠了一躬,彬彬有礼地说:"我的朋友,你说得好,我完全同意你的意见。"说着指了指剧场中的其他观众,"但遗憾的是,我们两个人反对那么多观众有什么用处呢?我们能禁止这剧本演出吗?"这两句话引起全场一阵笑声和掌声。

　　反证法是证明与对方相对立的观点正确,根据排中律,两者不可同真,从而证明了对方的错误。萧伯纳这一招可谓四两拨千斤,顺水推舟:先顺着对方,用"我们两个人"而不用"你一个人"或"你",将反对方推到绝大多数支持方的对立面上,巧妙地显示出其孤立和无理之处。萧伯纳的说服中其实暗藏着一个反证法的逻辑:假设你反对得有理,其他观众的欢迎难道就是错的吗?要么你对,要么大家错,两者不可以并存。显然,在这种场合,群众的意见是要大于个人看法的。

思考题:
1. 说服的艺术在今天的社会中有什么作用?
2. 怎样理解"说服不是'战胜'而是'争取'"?
3. 说服别人时要掌握哪几个原则?
4. 怎样了解你的谈话对象?
5. 积极的说服与消极的说服有哪些异同?

6. 常用的说服中包含了哪些逻辑？

练习题：
1. 观察报纸广告文案，看看它们运用了哪些推理方法。
2. 观察电视访谈节目中的主持人是如何向嘉宾提问的。
3. 每个学期都有一个外出游玩的班级活动，可是每一次都会遇到"众口难调"的尴尬。有的同学想出外远足，有的同学想一起去吃一顿，而有些同学则想去唱卡拉OK。假如你是班长，你怎样说服大家参加统一的班级活动？
4. 在下面这个图书评论中，作者的真实意思是什么？这是积极的说服还是消极的说服？这样的说服形式有什么好处？

村上春树《终于悲哀的外国语》（赖明珠译　时报出版社）

当我在香港的书店看到这本书时，心里真的有点激动啊！你以为我是因为村上春树而激动，当然不是啊！怎可能呢？都二十多年了，都把村上兄当成冰冻的德国酒了，有得喝当然透心凉啦！激动，因为这本早已在国内出版，由林少华翻译的散文结集，前年初看时，真有点恨之入骨又掉之可惜的无奈，心里想："这怎么可能是村上兄的散文，这明明是华叔文字的独特功夫啊！"所以，当我看到"赖明珠"三个字时，终于可以嘘一口气，全心再跟迟来的村上兄打个招呼了。

5. 以下是胡适先生的一篇演讲稿，阅读之后请回答：胡适的"容忍比自由更重要"的观点对理解"说服的艺术"有什么启发？这篇演讲稿的说服形式与内容上是否具有统一性？

容忍与自由

胡　适

十七八年前，我最后一次会见我的母校康耐尔大学的史学大师布尔先生（George Lincoln Burr）。我们谈到英国文学大师阿克顿（Lord Acton）一生准备要著作一部《自由之史》，没有完成他就死了。布尔先生那天谈话很多，有一句话我至今没有忘记。他说："我年纪越大，越感觉到容忍（tolerance）比自由更重要。"

布尔先生死了十多年了，他这句话我越想越觉得是一句不可磨灭的格言。我自己也有"年纪越大，越觉得容忍比自由更重要"的感想。有时我竟觉得容忍是一切自由的根本：没有容忍，就没有自由。

我十七岁的时候（1908年）曾在《竞业旬报》上发表几条《无鬼丛话》，

其中有一条是痛骂小说《西游记》和《封神榜》的,我说:

《王制》有之:"假于鬼神时日卜筮以疑众,杀。"吾独怪夫数千年来之排治权者,之以济世明道自期者,乃懵然不之注意,惑世诬民之学说得以大行,遂举我神州民族投诸极黑暗之世界!……

这是一个小孩子很不容忍的"卫道"态度。我在那时候已是一个无鬼论者、无神论者,所以发出那种摧除迷信的狂论,要实行《王制》的"假于鬼神时日卜筮以疑众,杀"的一条经典。

我在那时候当然没有梦想到说这话的小孩子在十五年后(1923年)会很热心地给《西游记》作两万字的考证!我在那时候当然更没有想到那个小孩子在二三十年后还时时留心搜求可以考证《封神榜》的作者的材料!我在那时候也完全没有想想《王制》那句话的历史意义。那一段《王制》的全文是这样的:

析言破律,乱名改作,执左道以乱政,杀。作淫声异服奇技奇器以疑众,杀。行伪而坚,言伪而辩,学非而博,顺非而泽以疑众,杀。假于鬼神时日卜筮以疑众,杀。此四诛者,不以听。

我在五十年前,完全没有懂得这一段话的"诛"正是中国专制政体之下禁止新思想、新学术、新信仰、新艺术的经典的根据。我在那时候抱着"破除迷信"的热心,所以拥护那"四诛"之中的第四诛:"假于鬼神时日卜筮以疑众,杀。"我当时完全没有梦到第四诛的"假于鬼神……以疑众"和第一诛的"执左道以乱政"的两条罪名都可以用来摧残宗教信仰的自由。我当时也完全没有注意到郑玄注里用了公输般作"奇技异器"的例子;更没有注意到孔颖达《正义》里举了"孔子为鲁司寇七日而诛少正卯"的例子来解释"行伪而坚,言伪而辩,学非而博,顺非而泽以疑众,杀"。故第二诛可以用来禁绝艺术创作的自由,也可以用来"杀"许多发明"奇技异器"的科学家。故第三诛可以用来摧残思想的自由,言论的自由,著作出版的自由。

我在五十年前引用《王制》第四诛,要"杀"《西游记》《封神榜》的作者。那时候我当然没有想到十年之后我在北京大学教书时就有一些同样"卫道"的正人君子也想引用《王制》的第三诛,要"杀"我和我的朋友们。当年我要"杀"人,后来人要"杀"我,动机是一样的:都只因为动了一点正义的火气,就都失掉容忍的度量了。

我自己叙述五十年前主张"假于鬼神时日卜筮以疑众,杀"的故事,为的是要说明我年纪越大,越觉得"容忍"比"自由"还更重要。

我到今天还是一个无神论者,我不信有一个有意志的神,我也不信灵魂不朽的说法。

我自己总觉得,这个国家,这个社会,这个世界,绝大多数人是信神的,居然能有这雅量,能容忍我的无神论,能容忍我这个不信神也不信灵魂不灭的人,能容忍我在国内和国外自由发表我的无神论的思想,从没有人因此用石头掷我,把我关在监狱里,或把我捆在柴堆上用火烧死。我在这个世界里居然享受了四十多年的容忍与自由。我觉得这个国家,这个社会,这个世界对我的容忍度量是可爱的,是可以感激的。

所以我自己总觉得我应该用容忍的态度来报答社会对我的容忍。所以我自己不信神,但我能诚心的谅解一切信神的人,也能诚心的容忍并且敬重一切信仰有神的宗教。

我要用容忍的态度来报答社会对我的容忍,因为我年纪越大,我越觉得容忍的重要意义。若社会没有这点容忍的气度,我决不能享受四十多年大胆怀疑的自由,公开主张无神论的自由。

在宗教自由史上,在思想自由史上,在政治自由史上,我们都可以看见容忍的态度是最难得,最稀有的态度。人类的习惯总是喜同而恶异的,总不喜欢和自己不同的信仰、思想、行为。这就是不容忍的根源。不容忍只是不能容忍和我自己不同的新思想和新信仰。一个宗教团体总相信自己的宗教信仰是对的,是不会错的,所以它总相信那些和自己不同的宗教信仰必定是错的,必定是异端,邪教。一个政治团体总相信自己的政治主张是对的,是不会错的,所以它总相信那些和自己不同的政治见解必定是错的,必定是敌人。

一切对异端的迫害,一切对"异己"的摧残,一切宗教自由的禁止,一切思想言论的被压迫,都由于这一点深信自己是不会错的心理。因为深信自己是不会错的,所以不能容忍任何和自己不同的思想信仰了。

试看欧洲的宗教革新运动的历史。马丁·路德(Martin Luther)和约翰·加尔文(John Calvin)等人起来革新宗教,本来是因为他们不满意于罗马旧教的种种不容忍,种种不自由。但是新教在中欧北欧胜利之后,新教的领袖们又都渐渐走上了不容忍的路上去,也不容许别人起来批评他们的新教条了。加尔文在日内瓦掌握了宗教大权,居然会把一个敢独立思想,敢批评加尔文的教条的学者塞维图斯(Servetus)定了"异端邪说"的罪名,把他用铁链锁在木桩上,堆起柴来,慢慢的活烧死。这是1553年10月23日的事。

这个殉道者塞维图斯的惨史,最值得人们的追念和反省。宗教革新运动原来的目标是要争取"基督教的人的自由"和"良心的自由"。何以加尔文和他的信徒们居然会把一位独立思想的新教徒用慢慢的火烧死呢？何以加尔文的门徒（后来继任加尔文为日内瓦的宗教独裁者）柏时（de Beze）竟会宣言"良心的自由是魔鬼的教条"呢？

基本的原因还是那一点深信我自己是"不会错的"的心理。像加尔文那样虔诚的宗教改革家，他自己深信他的良心确是代表上帝的命令，他的口和他的笔确是代表上帝的意志，那末他的意见还会错吗？他还有错误的可能吗？

在塞维图斯被烧死之后，加尔文曾受到不少人的批评。1554年，加尔文发表一篇文字为他自己辩护，他毫不迟疑的说："严厉惩治邪说者的权威是无可疑的，因为这就是上帝自己说话。……这工作是为上帝的光荣战斗"。

上帝自己说话，还会错吗？为上帝的光荣作战，还会错吗？这一点"我不会错"的心理，就是一切不容忍的根苗。深信我自己的信念没有错误的可能（infallible），我的意见就是"正义"，反对我的人当然都是"邪说"了。我的意见代表上帝的意旨，反对我的人的意见当然都是"魔鬼的教条"了。

这是宗教自由史给我们的教训：容忍是一切自由的根本；没有容忍"异己"的雅量，就不会承认"异己"的宗教信仰可以享受自由。但因为不容忍的态度是基于"我的信念不会错"的心理习惯，所以容忍"异己"是最难得，最不容易养成的雅量。

在政治思想上，在社会问题的讨论上，我们同样的感觉到不容忍是常见的，而容忍总是很稀有的。我试举一个死了的老朋友的故事作例子。四十多年前，我们在《新青年》杂志上开始提倡白话文学的运动，我曾从美国寄信给陈独秀，我说：

此事之是非，非一朝一夕所能定，亦非一二人所能定。甚愿国中人士能平心静气与吾辈同力研究此问题。讨论既熟，是非自明。各辈已张革命之旗，虽不容退缩，然亦决不敢以吾辈所主张为必是而不容他人之匡正也。

独秀在《新青年》上答我道：

鄙意容纳异议，自由讨论，固为学术发达之原则，独于改良中国文学当以白话为正宗之说，其是非甚明，必不容反对者有讨论之余地；必以吾辈所主张者为绝对之是，而不容他人之匡正也。

我当时看了就觉得这是很武断的态度。现在四十多年之后，我还忘不了陈独秀这一句话，我还觉得这种"必以吾辈所主张者为绝对之是"的态度是很不容忍的态度,是最容易引起别人的恶感,是最容易引起反对的。

我曾说过,我应该用容忍的态度来报答社会对我的容忍。我现在常常想,我们还得戒约自己:我们若想别人容忍谅解我们的见解,我们必须先养成能够容忍谅解别人的见解的度量。至少至少我们应该戒约自己决不可"以吾辈所主张者为绝对之是"。我们受过实验主义的训练的人,本来就不承认有"绝对之是",更不可以"以吾辈所主张者为绝对之是"。

参考书目:

〔法〕布勒丹、雷　维著,车　琳译(2000):说服——关于雄辩的对话,百花文艺出版社

柴宇球(1990):谋略库,蓝天出版社

〔日〕东山宏久(2004):聆听的技巧——听力高手第一定律,中国民族摄影艺术出版社

〔美〕R.A.施莱辛斯基,(2002):推销员的三条金律,经济管理出版社

第五章　言语交际中的逻辑

　　逻辑学是研究人的思维形式和规律的一门学问。人的思维需要有逻辑。逻辑思维与人类为伴,渗透在社会生活的方方面面,无处不在,无时不有。人们用言语进行交际,必须遵守思维的逻辑规律,运用共同的逻辑形式和方法。因此,学习基本的逻辑知识,不但可以规范思维与语言,提高思维能力和语言表达能力,还可以避免逻辑错误、提高识别谬误的能力,从而正确地表述思想、避免谬误。同时,学习逻辑学中关于词项、命题、推理、论证以及逻辑方法的理论,能为人们理解、学习、掌握和研究各门学科提供有力的支持。

　　本章将从用词、造句、段落、篇章、论证几个方面介绍不同的逻辑思维形式,列举言语交际中经常出现的逻辑错误,并讨论如何在言语交际中应用逻辑知识。

5.1　用词中的逻辑

　　词是语言符号的单位,是一种音义结合体,是语言中最小的、可以自由运用的单位。在言语交际中,不论说话还是写文章,都得从用词开始。用词的时候首先要明确词义。而词的意义与逻辑学中的概念紧密相连,因为概念的语言形式是语词(词或词组)。明确词义实际是让我们明确词汇意义,即明确概念。

　　概念是是反映客观事物及其属性的思维形式。概念依赖于语词,语词也依赖于概念,两者密切相关。概念是语词的思想内容,语词是概念的表达形式。概念具有全人类性,而语词则具有民族性,不同的民族用于表达同一概念的语词是不同的。概念是思维形式,而语词则是表示事物的符号。但是,语词和概念并不是一一对应的。在所有语言中,任何概念都要用语词来表达,但并非任何语词都表达概念。如汉语中的虚词,一般不表达概念。此外,有的概念可以用不同的语词来表达,有的语词在不同的语境下也可以表达不同的概念。

　　概念方面的逻辑错误主要有:概念误用、概念不明、概念混淆、概念赘余、误用集合、并列不当、外延过宽、限制不当、概括不当、定义错误、划分错误等。

5.1.1 概念误用
【案例 5-1】

驰名中外的中欧国际工商学院,攻读 EMBA 的温州老板前仆后继。

"仆"的本义是"倒下"。"前仆后继"的意思是前面的人倒下,后面的人继续跟上去,形容英勇奋斗,不怕牺牲。温州老板为了攻读 EMBA,需要牺牲生命,当然不符合情理。原因在于说话人不理解词义而错用了这个概念。

【案例 5-2】

北京的非典疫情近日正逐渐趋缓,非典发病数、疑似数与五月上旬的高峰期相比皆有大幅下降。不过,现在远未到可以弹冠相庆的时候。

"弹冠"指掸去帽子的灰尘,整洁其冠,比喻准备出来做官。后来用"弹冠相庆"指一个人当了官或升了官,其同伙也互相庆贺将有官可做。实际上带有讥讽和调侃的意味,因此多用于贬义,并非遇喜事就可用。

错误地理解概念的内涵和外延,在遣词造句时就会造成词语误用。概念的内涵就是概念所反映事物的特有属性,反映的是概念质的方面。概念的外延是具有概念所反映的特有属性的那些对象,即反映在概念中的类的分子总和,是概念量的方面。例如,"法律"这个类所包括的古今中外的各国宪法、民法、刑法等分子,就是"法律"这一概念的外延。概念的内涵反映了事物的本质属性,而词义表达了概念的内涵。要避免概念错用,就要在用词上准确理解词义,即准确地把握概念的内涵和外延。

5.1.2 概念不明
【案例 5-3】

今年以来,主要棉区遇到较长期的洪涝灾害,棉花枯黄萎病发生也较严重。

"以来"表示从过去某个时候算起到现在的一段时间,有确定的计时起点。这个起点以时间或发生在某个时候的事件来表示,如:开春以来、去年以来、建党以来、1949 年以来。计时终点是现在,即说话和行文的时候。平时常说"今年年初以来","年初"是计时起点。本例中,

"现在"包括在"今年"之中,计时起点不明确。因此,原句可改为:

今年,主要棉区遇到较长期的洪涝灾害,棉花枯黄萎病发生也较严重。

【案例 5 - 4】

在英国,一只狗进一次"美容院"的花费,相当于一个普通工人三四倍的工资。

"一个普通工人三四倍的工资"究竟是一个普通工人每小时工资的三四倍呢,还是每日、每周、每月甚至每年工资的三四倍呢?不指出比较基准尺度,建立在这个基础之上的倍数概念也就不可能是明确的。应当对"工资"加以明确的限制。

概念不明,是指在句中使用了不能明确表达概念内涵和外延的语词,从而造成模糊的、不确定的印象;表现在时间、地点、数量、对象、范围等方面。出现的主要原因是交际者对概念的内涵或外延没有准确的把握。避免此类错误,需要在明确概念的内涵和外延的基础上,给出一个确定的概念。

有时,在日常交际中,由于无需明确所指,人们也常常使用模糊概念。例如中国人常说的"差不多"、"大概"、"也许"、"某种程度"、"适当时候"、"到时候"等,不能算逻辑错误。

5.1.3 概念混淆

【案例 5 - 5】

"民以食为天",生存乃人类的第一要义,本无可厚非。

"无可厚非"意思是不可过分指责,表示虽然有缺点,但是还可以原谅。"厚"字,表示"过分"。误用"无可厚非",可能是一定程度上受到"无可非议"的影响。但"无可非议"表示言行合乎情理,并无过错,没有什么可以批评指摘的。"民以食为天"合乎事理,没有什么缺点要指责,因此,应该用"无可非议"。"无可厚非"与"无可非议"虽然意义相近,但不等同,至少在程度上有所不同。因此,本例将"无可非议"和"无可厚非"两个概念混淆了。

【案例 5 - 6】

代表们还可以登陆人民网、中国人大、浙江人大等网站。

"登陆"原指渡过海洋或江河登上陆地,特指作战部队登上敌方的陆地。现实生活中常用到其比喻义,如"台风登陆"已是天气预报的常用语。近年来出现的新义,是比喻外来的事物、人出现或进入某一范围,还可以用来比喻商品等打进某地市场。如:这种新型空调已经在上海市场登陆。"登录"原指登记。随着计算机的广泛应用,登录有两个新义用得比较频繁:一个是用户填写用户名和密码进入计算机操作系统;一个是用户通过链接网络地址,建立与计算机网络的连接,对互联网上的页面和资源进行访问。显而易见,这里的"登陆",应当是"登录"。这是由于这两个词同音而造成的混淆。

【案例 5-7】

她生在印尼,如今是法国籍……出生在国外的华侨是这样地热爱自己的祖国。

此句中"华侨"一词用错了。"华侨"是指旅居国外的中国人,而已经入了外国籍,就应称为"外籍华人"。"外籍华人"是指有中国血统的、取得外国国籍的人。本例混淆了"华侨"与"外籍华人"两个反映不同对象的概念。

【案例 5-8】

该书共分 10 类,包括 250 多种清真菜点。

图书可以分类,但"该书"却无法分类。因为"该书"在句中是特指某一本书的单独概念,不能用分类法进行划分,只能将"该书"归入某类,或对该书的内容进行分类。从上下文看,"10 类"显然是对书中"菜点"的分类,因此句中把"该书"与"该书的内容"两个不同的概念混淆了。

概念混淆又称语词概念歧义,是指把两个或两个以上具有不同的内涵和外延的概念混为一谈,包括词语同音混淆、近义混淆、将两个反映不同对象的概念混淆、将反映事物的概念与反映该事物具体内容的概念混淆等。为了避免此类错误,我们需要根据上下文,严格区分同音异义词和近义词的词义,选择适当的词语。

5.1.4 概念赘余

【案例 5-9】

北京大学离圆明园很近,大约有 2 公里左右。

"大约"和"左右"都表示不定量的概念。两个表示不定量概念的词语一起使用,造成重复,应该删去一个。

【案例 5-10】

这家理发店备有十几本杂志刊物,供顾客在等候理发时阅览。

本例中,"杂志"和"刊物"是一对等义词,表达的是同一个概念,不应该重复使用。

【案例 5-11】

黄道婆对纺织工具及技术的传播,使松江地区的织布产量和数量得到了很大提高。

"产量"和"数量"两个概念的外延有重复部分,"产量"中必有"数量"的内容;"织布"的数量必表现为"产量"。在该句中两个词都是用来指生产数量,因此"数量"一词是多余的。

概念赘余是句子中使用的概念在内涵或外延上有重复,包括同一语词重复、用不同语词表达的同一概念重复、概念外延相容的重复、概念内涵属性的重复、概念限制多余的重复等。

5.1.5 误用集合词

【案例 5-12】

"非典"成为我国目前最流行的一个新词汇……

"词汇"是指一种语言所使用的词和固定词组的总汇,如现代汉语词汇;也指词汇的一个特定的部分,如基本词汇、科技词汇;还可以指一个人或一部作品所使用的词语的总汇,如鲁迅的词汇、《红楼梦》的词汇等。不管词汇的范围怎样限定,可以有大有小,但总是指一定的词的总汇,一种特定的词的整体,一种词的集合,因此不能把一个具体的词称为词汇。

误用集合的问题与概念的分类有关。按照不同的标准,概念可分为不同的类。按照概念包括分子的量,可以将概念分为单独概念和普遍概念。单独概念就是反映只包括一个分子的类的概念。语词中的专有名词都表达单独概念,如:"北京"。普遍概念就是反映包括至少两个分子的概念,是指具有相同属性的事物形成的一个类,类中的分子必然具有该类的属性。语词中的普通名词、动词、形容词等都表达普遍概念,如:"电脑"、"美丽"。由于语词的多义性,一个语词既可表示单独概念,也可表示普遍概念,需根据语境判定。

按照反映的思维对象是否为集合体,概念可分为集合概念和非集合概念。集合概念指若干个体总合构成一个集合体,其中的个体不具有集合体的属性。例如,"丛书"和"舰队"是集合概念,而"书"和"舰艇"是非集合概念。一个词在不同的语境中,可以表示集合概念,也可以表达非集合概念。例如,"中国人是勤劳的"中,"中国人"是集合概念。而在"张三是中国人"中,"中国人"是非集合概念。弄不清楚这种区别,就容易在推理中犯错误。

根据反映的对象是否具有某种属性,可将概念分为肯定概念(正概念)和否定概念(负概念)。例如,"商品"和"成文法"是肯定概念,而"非商品"和"不成文法"是否定概念。

根据反映的思维对象是否为具体事物,可将概念分为实体概念和属性概念。实体概念是反映具体事物的类,如"骆驼"。属性概念就是反映的思维对象类为具体事物属性的概念。属性包括事物的性质和事物间的关系,所以属性概念进一步可分为性质概念和关系概念。性质概念是反映事物性质的概念,如"优良"。关系概念是反映事物间关系的概念。例如,"大于"、"剥削"。

误用集合是指该用非集合概念时却使用了集合概念,或相反。误用集合的原因常常是由于人们混淆了集合概念和普遍概念。辨别这类错误时,主要看表述是针对集合体的,还是针对每个分子的。大部分情况下,在集合概念前不能加表个体的数量词限制,而在普遍概念前可以加。

5.1.6 并列不当

【案例 5-13】

……均可享受电脑上网、传真、报刊杂志借阅、免费手机充电、自助文件打印等服务。

"报刊"是报纸和杂志的总称,"报刊"包括杂志在内。因此只说"报刊"就可以了。有时出于造句中音节、韵律、字数等方面的考虑,必须用四字词语,可以使用"报章杂志"。

【案例 5-14】

他们的另一个优势是安全保障。商家在这里经常遇到货物安全、黑社会和个别不良执法人员的敲诈。为此,"阿杰姆"与哈内务部合作,组建了自己的保安系统,为商家提供安全保障。

本例中,"货物安全"与"黑社会和个别不良执法人员"中间用顿号隔开,表明是并列关系,共同组成"敲诈"的行为主体。但是"货物安全"是一种状态,无法作行为主体。因此,将跨类的概念并列在一起是不妥当的。

表 5-1 概念间的外延关系(1)

关系	相容关系				不相容关系	
	全同关系	真包含于关系	真包含关系	交叉关系（部分重合）	矛盾关系	反对关系
图形	Ⓐ⁼Ⓑ	Ⓐ在Ⓑ内	Ⓑ在Ⓐ内	A⋂B	A|B 于C内	A|B 于C内（留空）
定义	凡A是B，并且凡B是A。A和B称为全同概念。	凡A是B，并且有B不是A。外延小的概念A为种概念，外延大的B概念为属概念。	凡B是A，并且有A不是B。外延小的概念B为种概念，外延大的A概念为属概念。	有的A是B，有的A不是B。有的B是A，有的B不是A。	如果A、B两个不相容概念被包含于同一属概念C中，并且A、B的外延之和等于其属概念C的外延，那么A、B概念间的外延关系就是矛盾关系。	如果A、B两个不相容概念被包含于同一属概念C中，并且A、B的外延之和小于其属概念C的外延，那么A、B间的关系就是反对关系。
例子	《狂人日记》的作者和鲁迅的关系。	牛是一种哺乳动物。反映了思维对象的子类与母类之间的关系。	亚洲人和中国人之间的关系。	企业家和知识分子之间的关系。	核国家与无核国家之间是矛盾关系。它们除了共同具有其属概念的内涵之外，又有彼此相排斥的特有内涵。	社会主义国家和资本主义国家除了都具有其属概念"国家"的内涵外，前者具有"无产阶级专政"的内涵，后者则具有"资产阶级专政"的内涵。
	包含于关系		非包含于关系			

概念间存在着多种复杂的关系。具体概念间的内容关系是各门具体科学的研究任务。概念外延间的关系包括相容关系和不相容关系。概念间的相容关系是指两个概念间的外延全部或部分重合的关系，又可分为全同关系、真包含于关系、真包含关系、交叉关系。不相容关系是指两个概念间的外延完全不同的关系，可分为矛盾关系和反对关系。具体分类情况见表5-1及表5-2。

表5-2 概念间的外延关系(2)

概念间的外延关系	相容关系	全同关系	包含于关系
		真包含于关系	
		真包含关系	非包含于关系
		交叉关系	
	不相容关系	矛盾关系	
		反对关系	

表中概念外延间的关系，还可以进一步做出以下概括：

其一，包含于关系。如果A概念的全部外延都是B概念的外延，那么A、B概念间的外延关系就是包含于关系。包括全同关系和真包含于关系。

其二，非包含于关系。如果A概念的外延至少有一部分不是B概念的外延，那么A、B概念间的外延关系就是非包含于关系，包括真包含关系、交叉关系、不相容关系(矛盾关系和反对关系)。

并列关系是指同一个属概念下面若干种概念之间的关系。并列不当是指将具有从属关系的概念并列使用，主要包括属种并列不当、交叉并列不当、整体和部分并列不当、跨类并列等。要避免并列不当的逻辑错误，需要我们对概念间的关系有正确的了解。

5.1.7 外延过宽

【案例5-15】

江西省费溪县境内冷水坑一带最近发现最大银矿床，远景储量超1万吨。

"最大银矿床"可以是不同范围中的"最大"，如"江西省最大的"、"中国最大的"、"世界最大的"等。显然,"最大银矿床"概念的外延过宽。如果不明确其所属范围,人们就无法确切理解其含义。

【案例 5-16】

12月27日至28日昆明下了一场五百年不遇的大雪。雪太大,许多汽车停驶,学校放假两天,菜场上买不到菜,集市的蔬菜涨到五角一斤。饭店的室内居然也滴水成冰,一些从北方来的客人都叫起冷来。

报道中"蔬菜"这个概念的外延太宽,应对其加以限制,说明哪一种蔬菜涨到五角一斤。因为不可能所有的蔬菜都同时涨到五角一斤。

【案例 5-17】

油棕,是一种热带植物,含油量可达百分之六十以上。

油棕是整棵植物的名称。像本例这种情况,一般认为后一分句表示领属关系的修饰语承前省略了,因此人们容易理解为:油棕这种植物的含油量可达百分之六十以上。事实上作者本意是说油棕的果实含油量可达百分之六十以上。因此,后一分句缺乏对"含油量"一词的限制。

外延过宽是由于使用的概念笼统,没有加以限制,因而不能准确表达意思。产生此类错误的原因是忽略了在一定的语境中对概念的必要限制。这种错误往往容易被忽略,原因在于外延过宽的概念包含着应当使用的准确概念。要避免此类错误,必须注意在行文中概念的外延是否与句义相符。

此外,还应该考虑到具体语境和习惯用语,不能认为一切使用外延较宽的概念都是逻辑错误。例如,"我喝了一口水",这里的"水"外延较宽,可以是自来水、茶水、糖水、河水等。在一般情况下,没必要一定说明喝了什么水。

5.1.8 限制不当

【案例 5-18】

伪造的假人民币流入市场,扰乱国家的货币流通。

此例中,假人民币当然是伪造的,因此,"伪造的"和"假"两个之中用一个就可以了。

【案例 5-19】

现在,学校已发展到在校留学生有3个教学班52人的历史最高规模。

"规模"是指(事业、机构、工程、运动等)所具有的格局、形式和范围。范围是指周围界限,可以用大小形容,因此可以说"规模宏大"、"规模尚小"。对有了一定大小的情形可说"粗具规模"或"初具规模"。注意"规模"并不是通常所说的"规格"。"规格"除了大小之外,还可以讲高低。而"规模"一词,可以说"这个规模比那个规模大",却不说"这个规模比那个规模高"。

概念的限制就是通过增加概念的内涵来缩小外延的方法。概念限制的一般公式是:

被限制概念(属概念)+某种内涵=限制概念(种概念)

概念的限制的基本特征是缩小一个概念的外延。在语言表达上,概念的限制往往表现为在一个语词前面增加限制词。例如在"逻辑"前面加上"数理"变成"数理逻辑"。限制概念时需要遵守的规则是:首先,必须由属概念推演到种概念,两个概念之间必须有属种包含关系。其次,限制必须符合实际思维的需要。

限制不当是指对一个被限制概念使用了不恰当的限制词而造成的逻辑错误。在语法上表现为附加成分与中心词不合,如定语或状语使用不当。逻辑上主要看限制词是否恰当地缩小了概念的外延。限制不当逻辑错误一般表现为多余限制、不相干限制、含混限制等。

5.1.9 概括不当

【案例 5-20】

植物的生长都要吸收土壤里的水分、氮、磷、钾等肥料。

句中的第一个顿号用错了,以致将"水分"也包括在"肥料"的外延之中。应去掉第一个顿号,改用一个"和"字,以使"水分"和"肥料"在同一级上并列。此例说明,使用标点符号同逻辑也有关系,应注意标点在句子中的逻辑意义。

【案例 5-21】

益美超市四层最近增添了新款手机、数码相机、液晶电视、可视电话、频谱饮水机、纳米杯等最新电器产品,吸引了许多顾客光临。

将列出的几种最新产品都概括为"最新电器产品"是不恰当的。其中的"手机"、"相机"、"饮水机"、"纳米杯"都不属于电器产品。如果概括为"最新高科技产品",较为恰当。

概念的概括就是通过减少概念的内涵以扩大外延的逻辑方法。在语

言表达上,概念的概括通常表现为去掉一个概念前面的限制词。例如:经济规律——规律。概括的一般公式是:

被概括概念(种概念)－某种内涵＝概括概念(属概念)

概念的概括也要遵守一定的规则。通常是从种概念推演到属概念。被概括概念和概括概念之间有属种关系,否则容易犯"概括不当"的逻辑错误。同时,概念的概括也要符合实际思维需要,不能犯"虚伪概括"的逻辑错误。

概括不当是指将一系列的种概念概括到一个包括这些种概念的属概念时,使用的属概念不能恰当地概括这些种概念。交际中要注意,没有属种关系的概念是无法进行概括的,具有同一关系的概念也无法进行概括。

5.1.10 定义错误:

【案例 5-22】

剩余价值不是工人全部劳动创造的商品价值。

该句子用否定句给"剩余价值"下定义,但使用否定句并不能揭示该概念的内涵,只能说明它不是什么,而不能说明它是什么,当然也就不能说明概念的本质特征。因此,正确的定义应该是:

"剩余价值"是指"由剩余劳动创造的那部分价值"。

下定义就是要解释一个概念所反映的思维对象的本质属性。定义是由被定义项、定义项和定义联项三个部分组成的。如:商品就是用来交换的劳动产品。"商品"为被定义项,"就是"是定义联项,而"用来交换的劳动产品"是定义项。

下定义的一般方法是"属加种差"法,即通过解释被定义项的邻近属概念和种差来下定义。其形式为:

被定义项＝种差＋邻近属概念 如:直径(被定义项)是通过圆心的(种差)弦(属概念)。

下定义的逻辑规则如下:

1. 定义项和被定义项之间必须是全同关系,否则会犯"定义过宽"或"定义过窄"的逻辑错误;

2. 定义项中如果直接或间接包含了被定义项,就会犯"同语反复"或"循环定义"的逻辑错误;

3. 给肯定概念下定义时不能用否定形式,否则就会犯"定义否定"的逻辑错误(给否定概念下定义,可以用否定形式);

4. 定义必须简洁、清楚、贴切,否则容易犯"定义含混"的错误;

5. 不能用比喻下定义,否则就会犯"以比喻作定义"的逻辑错误。

因此,要想给出一个正确的定义,不仅需要我们熟悉相关学科的具体知识,而且还要从逻辑上注意定义项与被定义项外延是否相同,定义项是否揭示了被定义项的内涵,以及是否遵守了下定义的规则。

5.1.11 划分错误:

【案例 5-23】

这个货架上放着许多商品,其中有玩具、儿童用品、电动火车、塑料制品、各种棋类等。

对商品的划分,应使其子项之间界限分明,而句中的"玩具"和"电动火车"是属种关系概念,"儿童用品"与"塑料制品"是交叉关系。此外,还有子项相容错误。

当普遍概念中包含有无限个分子时,就需要用划分明确其外延。划分就是把属概念包含的种概念揭示出来的逻辑方法,即把一个大类分为若干小类。划分由母项、子项和划分的根据三个要素组成。例如:人类社会包括原始社会、封建社会、资本主义社会和社会主义社会。人类社会为母项,原始社会、封建社会、资本主义社会和社会主义社会是子项,而划分的标准是人类社会生产方式的不同。划分标准是否表述出来,可以根据需要确定。划分的方法有一次划分、连续划分、二分法等。

划分错误是指在揭示一个属概念的外延时,没有准确恰当地列出它的种概念,违反划分规则而造成的逻辑错误。在对概念进行划分时,必须遵守划分的逻辑规则。首先,划分必须相应相称,各个子项的外延等于母项的外延之和,否则容易犯"划分不全"(子项不穷尽)或者"划分过宽"(多出子项)的逻辑错误;可以在需要列举的子项后面加上"等等"、"及其他",以避免划分不全。其次,划分的根据必须同一,不能犯"多标准划分"的逻辑错误。另外,划分的子项不得相容,否则容易犯"子项相容"的逻辑错误。最后,划分一般不应该越级,否则就犯了"越级划分"的逻辑错误。

分析有关概念方面的错误应注意:

"划分错误"与"概括不当"或"并列不当"有相似之处,但错误情况不同。划分是把一个母项分为若干子项,一般在句中有一个被划分母项在子项之前;概括是把一类事物中若干对象归纳到一个大类(属概念),这个属概念在句中一般放在后边;并列是把若干同系列的概念并排使用,在句中一般没有属概念。它们之间的共同点是都表现为若干概念的并列。"划分不当"与"概括不当"都可能包含"并列不当"。

如果是"混淆根据"的错误,一般来说,"划分错误"中,就会同时出现"子项相容"的错误;但也有只是混淆根据的错误("三角形"分为"不等边、二等边、等角的")。

"划分不全"与"多出子项"可以同时出现(如"文学形式"分为"诗歌、小说、戏剧、绘画")。

划分中使用列举法(举出若干有代表性的事物加上"等"字)不是划分错误。

5.2 句子中的逻辑

句子是在交际中语言运用的基本单位,由词或词组组成,能表达一个完整的意思。句子分为单句和复句。一般说来,思维形式中与句子对应的是命题和判断。

命题就是断定思维对象属性的思维形式。命题的一个特点是它对思维对象有所断定——不管肯定还是否定都是断定。它的另一特点是有真值。如果一个命题的断定与实际情况一致,那么它就是真命题,否则就是假命题。

判断是命题使用者认定为真的命题。因此,所有判断都是命题,但并非所有命题都是判断。例如,在没有证据时,"张三是罪犯"是命题,但有证据证实了之后,它就成为判断。因此,判断涉及判断者对实际情况的认识水平乃至价值观,而命题则不然。

命题与语句既有联系又有区别。它们的联系表现在:一方面,命题依赖于语句,只有通过语言文字构成的语句才能表达命题。另一方面,语句依赖于命题,因为语句必然表达了一定的命题。命题与语句也有区别。首先,命题都通过语句来表达,但并非所有语句都能直接表达命题。例如,一般疑问句、祈使句和感叹句不直接表达命题(但疑问句中的反问句,以一种特殊方式直接表达命题)。其次,同一命题可以用不同的语句来表达。例如,"所有困难都是能克服的"和"没有困难是不能克服的"表达了同一个意思。第三,同一语句也可以表达不同的命题。例如:"他走了"可以表示命题"他离开这里了",也可以表示"他去世了"。

命题有不同的种类,按照是否包含模态概念(可能、必然、必须、允许等)将命题分为广义模态命题和非模态命题。本章主要讨论非模态命题中的简单命题和复合命题。命题分类列表如下：

表 5-3 命题的分类

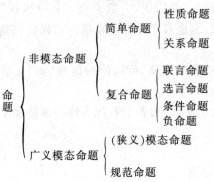

顾名思义，简单命题是自身不含有其他命题的命题；按照其断定的对象是性质还是关系，分为性质命题和关系命题，通常与单句对应。性质命题就是断定思维对象性质的简单命题。关系命题就是断定至少两个思维对象之间关系的简单命题。

复合命题是含有其他命题的命题，是由支命题和其他联结项组成的。支命题是复合命题中所包含的命题，而联结项是起联结支命题作用的部分，一般由关联词语来充当。根据联结项的不同，可以将复合命题分为联言命题、选言命题、条件命题（又称为假言命题）和负命题。

命题或判断中出现的逻辑错误常常是由于概念误用引起的，因此，概念与命题、词义与句子是密不可分的。有关这方面的逻辑错误，主要有命题歧义、主谓失合、量项不当、误用否定、联言不当、选言不当、假言不当等。

5.2.1 命题歧义

【案例 5-24】

张某向高某借款 14000 元。在张某还了部分借款 4000 元后，写下欠条："张某向高某借人民币 14000 元，今还欠款 4000 元。"事后，高某向张某索要尚未归还的欠款 10000 元。但张某却说："欠条上写明是还(hái)欠款 4000 元，不是 10000 元。"高某说，"不对！欠条上写的是还(huán)欠款 4000 元，你还应该还我 10000 元。"两人僵持不下，闹到法院。法院只好根据《合同法》规定，如果一方提供的用语可合理得出两种解释时，应选择不利于用语提供人的解释。张某是用语提供人，因此，确定还字读为

(huán),张某应再还高某 10000 元。

此例中,"还"字有歧义,而且两种不同的解释都是合理的。因此,为避免歧义,应将欠条写成"已还 4000 元,尚欠 10000 元"为妥。

【案例 5-25】

我们需要进口设备。

这个句子语法上并没有错误,但是"进口设备"这个词组在句中可以有两种不同的语法结构关系:动宾结构或定中结构。这个结构既可以表示"我们需要从国外进口某种设备",也可以表示"我们需要从国外进口的设备。"从而有两个不同的命题。可以将原句改为:

我们需要进口这种设备。　或　我们需要这种进口设备。

这样,通过对产生歧义的词组进行限定,消除了歧义。

【案例 5-26】

我们曾将这些信转给陶斯亮同志,因来信很多,不能一一复信,所以写了这篇文章,对广大读者,特别是给她写信的同志表示深深的感谢。

是谁写了这篇文章?是"我们"(指编辑部)还是陶斯亮同志?文中没有说清楚。从语法上讲,"写了这篇文章"这个句子缺主语;从逻辑上讲,这个命题缺主项,读者不得不自己去猜测。关键处缺主项会使一段话意思不明,因此应增加主项予以明确。

【案例 5-27】

坚决拥护新的中华人民共和国的宪法!

这是一条标语,它把限制词"新的"放错了位置,造成了句子的歧义。应把"新"移到"宪法"前边,改为:"坚决拥护中华人民共和国的新宪法!"因为"中华人民共和国"并无新、旧之别,只有"宪法"有新旧之别。

命题歧义是指在一个句子中包含着两个或两个以上意义不同的命题或判断,可以对这个句子作出不同的解释,从而使意义具有不确定性。在句子中使用多义词、省略句法成分、限制范围不明确可能造成歧义。有时,一个语法单位包含不同的句法结构解释或缺少主语成分时也会造成歧义。消除多义词歧义需要我们对上下文作出限定。如果句子的结构可以有不同的组合,就需要我们改变限定词,增加结构助词、数量限制词或指示代词,或者调整概念次序。对省略造成的歧义,应补出其省略部分。

5.2.2 主谓失合

【案例 5-28】

因为人口出生率减少,在一定时间以后,老人是会多一些,这是自然的事。

"人口出生率"只能说"提高"或"降低",不能说"增多"或"减少"。因此,此例改为"因为人口出生率的降低……"或"因为出生的人口减少……"较为妥当。

【案例 5-29】

包括北京市在内的许多城市旅游用房已有所缓和。

"旅游用房"和"缓和"不搭配,不能说"房子缓和",房子并不具有缓和这一属性,而是"旅游用房的紧张状况有所缓和"。

【案例 5-30】

我国的医保制度逐步完善,老百姓的疾病和健康基本上是有保障的。

"健康"可以是"有保障的","疾病"却不应该是"有保障的"。从逻辑上分析,就是主项概念"老百姓的疾病"与谓项概念"有保障的"在外延上没有相容关系,因而不能肯定该主项具有谓项的属性,即不能构成肯定命题。这是由于作者把"有保障的"概念的外延与"老百姓的疾病"错误地搭配起来,谓项"保障"对两个主项"疾病"和"健康",造成主谓失合。

上例的后一分句是一个性质命题。性质命题就是断定思维对象性质的简单命题,是由主项(S)、谓项(P)、量项、联项四个部分构成。一般说来,性质命题的主项与句子中的主语部分相当,谓项与句子中的谓语部分相当,联项由判断词"是"或"不是"来表示。但他们之间并不是完全的对应关系。量项一般是表示数量的定语。主项和谓项是变项,而量项和联项是常项。

量项可分为单称量项(某类中某一分子,或表现为一个单独概念,用"某个"、"……中的一个"表示)、全称量项(某类中全部分子,可用"一切"、"所有"、"凡"、"任何"表示,全称量项常可省略)和特称量项(某类中至少一个分子,如"有些"、"有的")。联项可分为肯定联项和否定联项。肯定联项"是"在交际中常常省略。而否定联项"不是"不能省略。

例如:所有迷信都不是科学。

主项是"迷信",谓项是"科学",量项是"所有",联项是"不是"。

根据联项和量项的结合,性质命题分为全称肯定命题(凡 S 是 P,简称 A 命题)、全称否定命题(凡 S 不是 P,简称 E 命题)、特称肯定命题(有 S 是 P,简称 I 命题)和特称否定命题(有 S 不是 P,简称 O 命题)、单称肯定命题(某 S 是 P,I 命题的特例)、单称否定命题(某 S 不是 P,O 命题的特例)。单称命题是特称命题的特例,而特称命题又称为存在命题。性质命题四种类型中主、谓项的外延关系以及命题的真值情况见表 5-4。注意特称量项"有的"、"有些"的逻辑意义是"至少有一个"。与日常生活中的"有的"、"有些"不同,日常生活中意思经常是指一部分。

表 5-4　性质命题(四种类型)中主、谓项外延关系与命题的真假情况

	全同关系 SP	真包含于关系 P S	真包含关系 S P	交叉关系 S P	全异关系 S P
全称肯定命题 A	所有的等边三角形都是等角三角形。 真	所有的梨都是水果。 真	所有的工人都是矿工。 假	所有的青年都是工人。 假	所有的鲸都是鱼。 假
全称否定命题 E	所有的等边三角形都不是等角三角形。 假	所有的梨都不是水果。 假	所有的工人都不是矿工。 假	所有的青年都不是工人。 假	所有的鲸都不是鱼。 真
特称肯定命题 I	有等边三角形是等角三角形。 真	有梨是水果。 真	有工人是矿工。 真	有青年是工人。 真	有鲸是鱼。 假
特称否定命题 O	有等边三角形不是等角三角形。 假	有梨不是水果。 假	有工人不是矿工。 真	有青年不是工人。 真	有鲸不是鱼。 真

表 5-4 列出了性质命题的真假规律。性质命题的真假规律就是根据性质命题在形式上断定的主项与谓项的外延关系与实际上概念之间的可能外延关系是否一致而决定的真假规律。由表 5-4 可以看出 A、E、I、O 分别在主、谓项具有何种关系时为真或为假。

此外,还可以看出,一个真的肯定判断(包括全称、特称),其主、谓项外延之间至少有一个分子是相容关系。如果主、谓项之间是全异关系,则不能构成真的肯定判断。一个真的否定判断(包括全称、特称),其主、谓项外延之间至少有一个分子是不相容关系,如果主、谓项之间是全同关系或真包含于关系,那么不能构成真的否定判断。

逻辑注重分析思维形式,即从概念的外延是否相合来判断命题的真假;而语法方面是从词义和句义即内涵来判断。命题主项和谓项的搭配必须是恰当的,是相应相称的,否则就容易犯主谓失合的错误。这种错误是指在一个肯定命题中的主项与谓项在外延上没有相容关系,或在一个否定命题中的主项与谓项在外延上没有不相容关系,包括以下情况:其一,主项根本不具有谓项所反映的性质。其二,一面对两面错误(主项是一面,谓项是两面或反之):指一个性质命题中,一个组成部分由相对的两个方面构成,而另一个组成部分却只反映了一个方面的属性,或者只对一个方面进行了断定。要避免此类错误,作判断时必须对主项概念和谓项概念的内涵和外延都有清楚的认识,才能造出合乎逻辑和语法的句子。

另外,要注意区分主谓失合的逻辑错误和语言交际中的省略现象。例如打电话时,说"我是联想公司"是个省略句,不能当作逻辑错误分析。同时,在特定的语言环境中,一面对两面的语言现象有时是允许的。这就是那些主谓项包含有"关键"、"问题"、"影响"、"关系"等语词。例如,

一个人能否成材,关键在于是否勤奋。

一个人能否成材,关键在于勤奋。

最后这个句子是把两面的内容用一面的形式表达了出来。

5.2.3 量项不当

【案例 5-31】

今年年初,几乎所有的部长、副部长都下到基层,和干部、群众一起过元旦、春节……其他部长、副部长除留在机关主持日常工作的外,也都深入第一线办公。

这段话选自有关石油部的一则新闻。可是石油部只有一位部长,在

部长前边加了"所有"或"其他",单称命题就变成了全称命题或特称命题了,这显然是把单称肯定命题误用作全称肯定命题的错误。此句可改成:

……石油部部长和大多数副部长都下到基层……其他副部长……

【案例 5-32】

从"开卷有益"这个角度看,所有的书籍都是值得青少年一看的。

"所有的书籍值得一看"是一个全称肯定命题。实际情况是并非所有的书籍都值得青少年一看,因此该句将特称肯定误作了全称肯定。应该改为"很多书都是值得青少年一看的"。

所谓量项不当,是指在命题中,对主项的数量限制不恰当而造成的逻辑错误,即表示全称、特称、单称的量词使用不恰当。一般包括如下几种情形:单称肯定误作全称肯定、特称肯定误作全称肯定、特称否定误作全称否定、全称肯定误作特称肯定。避免此类错误,就要对各种对象或事件的数量情况有准确的了解,并用恰当的量项来表示。表示全称的有"所有"、"一切"、"凡"、"全部"、"每一个"等。还有一些变化的句式,如"没有……不是……"表达全称肯定,"没有……是……"表达全称否定。表示特称的有"有"、"有的"、"有些",还有一些有相对限定意义的特称量词,如"少数"、"多数"、"绝大多数"、"几乎全部"等。使用这些词语时,要注意是否与实际情况相符,在同一思维过程中前后量项是否一致。

5.2.4 误用否定

【案例 5-33】

一种不可莫测的巨大力量,在震撼着大地,戏弄着大海。

"莫"为"不可","莫测"为"不可测",前面加上否定词,变成双重否定,表示肯定的意义,与作者原意相反。

【案例 5-34】

谁也不能否认《离骚》对后来我国的诗歌的发展没有影响。

此例本意是想突出《离骚》对后来我国诗歌的发展有影响,但是由于误用了三重否定,使该命题成为一个否定命题,悖离了说话人本意。因此,应该改为:

谁也不能否认《离骚》对后来我国的诗歌的发展具有影响。

【案例 5-35】

难道能否认我们的工作没有取得很大的成绩吗?

原意是强调我们的工作取得了很大的成绩,但由于用了双重否定,加上一个表示否定意义的反问,相当于三重否定,使肯定判断变成了否定判断。应改为:

难道能否认我们的工作取得了很大的成绩吗?

或:

难道能认为我们的工作没有取得很大的成绩吗?

【案例 5-36】

能否正确计算应纳税款,是依法纳税的前提。

这个命题的主项中包含"能否"(肯定和否定)两个方面,而谓项却只有"依法纳税的前提"一个方面,显然,主项中的否定方面与谓项无关,因此犯了误用否定中"一面对两面",或者说是"照应不周"的错误。

人们在使用性质命题的过程中,为了突出其肯定的意义或加重肯定语气,常运用多重否定的表达方式。即用双重否定来强调肯定,用三重否定来强调否定,用反问语气来强调肯定或否定等。但是应用不得当,可能会犯误用否定的逻辑错误。

误用否定指对概念或命题否定意义的误用。在命题中,误用否定会造成联项不当,即在表达肯定意义时,却表达了否定意义。当然在实际生活中,误用联项"是"或"不是"的情况很少发生,一般表现为误用双重或三重否定,或在与某些词语搭配时误用了否定词,或者照应不周,造成"一面对两面"的情况。避免此类错误,要注意否定词的使用是否使实际所表达的句义与原意相符,注意双重否定与三重否定的实际表达意义,同时还要注意否定语词与其他语词搭配是否恰当。

但是,我们也要注意日常生活中的一些习惯用法,如"好不容易"与"好容易","好热闹"与"好不热闹"表达的是一个意思,不能当作逻辑错误处理。

5.2.5 关系不合

【案例 5-37】

示范成功后,当地稻谷平均亩产增加了 20%⋯⋯

本句是一个关系命题。关系命题断定对象之间是否具有某种关系。关系至少存在于两个对象之间。检验一个命题是否关系命题,要是看其能否分解为不同子命题。不能分解的是关系命题。

如: a 和 b 是学生: a 是学生,b 是学生。(可以分解)

a 和 b 是同学： 　　a 是同学，b 是同学。（不能分解）
　第二句为关系命题。它断定与 B 之间有"同学"关系。关系命题由关系者项（分为关系前项和关系后项），关系项（是关系者项承载的某种关系，是谓项）和关系量项（关系者项被断定的范围）三部分构成。

　本例中的"增加"是一个表示关系的概念。当采用"……比……增加……"的表达形式时，"增加"是一种三项关系；当采用"由……增加到……"，"增加"是一种两项关系。原句缺少关系项，因此所表达的意思很不明确。应改为：
　　示范成功后，当地稻谷平均亩产比去年增加了 20%……

【案例 5-38】
　7 月 10 日意大利队和法国队将争夺 2006 年世界杯冠亚军。

　"和……争夺……"是表达关系判断的一种关系词。在比赛中，两个队是争夺有希望得到的最高名次，而不是低名次。在此句中，两个队争夺的是冠军，而非亚军。因此，这个关系判断中多出了一个关系项"亚军"，应该删去。

【案例 5-39】
　负责这项业务的工作人员互相做了认真的自我批评。

　"批评"这一关系词具有多种关系性质。它与"互相"结合，是在对称性关系上使用"批评"这个词；它与"自我"结合，是在自返关系上使用"批评"这个词。二者在使用时只能选择一个，而句中"互相做了认真的自我批评"，使对称性关系和自返性关系相混淆，造成句意不明。如果要表达对称关系，应改为"互相开展了批评"；如果要表达自返关系，应改为"各自进行了自我批评"。

【案例 5-40】
　愿望与现实中间有个不可缺少的条件，那就是付出血和汗。

　从结构上分析这是一个三项关系判断。关系词："（在）……与……中间有个……"关系项有三个："愿望"、"现实"、"条件"。但从整个句子的含意看，它所要表示的是这三者间的一种条件联系。而原来的关系"……与……中间有个……"，只表示三者的位置关系。例如："书柜和写字台中间有一把藤椅。"显然，这样的句式不能表示条件联系。原句应改为：
　　愿望变为现实有个不可缺少的条件，那就是付出血汗。"
它的逻辑结构其实是："只有付出血汗，才能使愿望变为现实。"可见，它不应该是一个关系命题,而是一个必要条件假言命题。

【案例 5-41】

为了写好这篇重要文章,我们认真阅读了有关历史资料,根据大量的确凿事实,深入批判这种反对篡改历史的错误言论。

"批判"为关系词,批判的内容为"错误言论"。但是加上"反对篡改历史",造成了语义背反,因此应改为:

……深入批判这种篡改历史的错误言论。

关系不当是指在关系命题中没有准确使用关系词、关系项或缺少关系项而造成的逻辑错误。此类错误包括缺少关系项、关系背反、误用关系项或关系词(包括主谓或动宾搭配不当)、多出关系项、混淆自返关系与对称关系性质、误用关系命题等。避免此类错误需要首先弄清各关系词之间的关系及其性质,避免遗漏或添加。同时,我们还要注意,一些省略用法和约定俗成的用法不应认为是关系不合。例如,"他的学习比我好"和"打扫卫生"、"恢复疲劳"、"病好了"等。

5.2.6 联言不当

【案例 5-42】

结论是什么,且不必管它,反正老韩头既然有这般经历,足见此人不是凡人,更不是等闲之辈。

这是一个联言命题。联言命题是断定多种情况都存在的命题,即断定支命题都真的命题。它是由联言支和联结项(连词)两部分构成的。其语言表达形式有两种情况。一是用并列复句、递进复句、转折复句来表达,联结项通常用"不但……而且……"、"不仅……还……"、"……而且……"、"既……又……"、"虽然……但是……"、"尽管……可是……"等。二是用由联合词组做主要句子成分的单句来表达。联言命题的逻辑性质是:若所有联言支都真,则联言命题就真;若联言支至少有一个假,则命题就假。

"不是凡人"和"不是等闲之辈"语义相同,只是用不同的语句来表达。因此将这两句话用表示递进关系的"更"来连接是不妥当的,因为构成联言命题的各个联言支应该是不同的真命题。

【案例 5-43】

我们不但要运用知识,而且要学习知识。

本例的表述不符合学习的一般规律。只有先"学习知识",才谈得上"运用知识",所以,"学习知识"应该在前,"运用知识"应该在后。

【案例 5-44】

对差学生虽然不能体罚,但也不能放任自流。

此例的前后两个分句之间不存在转折关系,因而使用转折关系的联结项"虽然……但……"是错误的。应改为:

对差学生既不能体罚,也不能放任自流。

联言不当是指在联言命题中包含一个假命题,或由于联结项不当造成的逻辑错误。主要有以下几种情况:

1. 支命题中包含了一个假命题;
2. 两个支命题重复,不能构成联言命题;
3. 支命题的顺序不当;
4. 使用的联结词不当;
5. 联言命题的支命题互相矛盾;
6. 联言支包含了错误的关系命题;
7. 联言命题与关系命题混淆;
8. 两个互相否定的主项共一个谓项,包含了一个假命题。

要避免这些错误,首先应把压缩和省略的联言支还原,找到联言命题中的联言支,确定命题的真假。其次,还要判断联言支的先后顺序是否对命题原意有影响。最后,还要注意联言支之间内在的逻辑关系,搞清是并列、递进还是转折关系,恰当使用联结项。

5.2.7 选言不当

【案例 5-45】

再过几年,我们这些高中毕业生,或者都当工人,或者都当农民。

这是一个选言命题。选言命题就是断定支命题至少有一真的命题。选言命题的支命题称为选言支,联结项成为选言联结项。根据联结项的不同,可分为相容选言命题和不相容选言命题。相容选言命题断定事物若干种情况可以同时存在,即选言支可以同真。常用的联结项有"或者……或者……"、"或许……或许……"、"也许……也许……"、"可能……可能……"等。只要一个选言支为真,则整个选言命题为真;选言支都假时,选言命题才假。不相容选言命题断定若干种情况只有一种存在,即只有一个真选言支。常用联结词为"要么……要么……"、"或……

或……"、"……二者必居其一"、"不是……就是……"等。不相容选言命题如果选言支只有一个真,则命题为真;当选言支都真或都假时,该命题为假。

按照这个句子的表达,全部高中毕业生的就业只有两种可能性,要么都当工人,要么都当农民。显然两种可能性都不符合实际情况,因此整个命题为假。因为选言命题的支命题都假时,该命题必为假。

【案例 5-46】

他在这里的生活很舒适。闲暇时,或者外出散散步,或者看点消遣性的文学作品,或者看点书。

这个复合命题的第二个支命题"看点消遣性的文学作品"和第三个支命题"看点书"是从属关系,后者包容了前者,造成了第二个支命题多余,因此应删去。

【案例 5-47】

刚种上三个月的小白杨为什么死了呢?我想,不是因为缺乏水分,就是因为管理不善。

这个命题的两个支命题本来是相容的,即小白杨的死亡,可能既是因为缺乏水分,又是因为管理不善造成的。但句子使用了表达不相容关系的联结项"不是……就是……"。因此,应改为表示相容关系的联结项"或者……或者……"。

【案例 5-48】

或出成果,或出人才,是科研机关的根本任务。

相容的选言命题与联言命题的逻辑性质是有所不同的。联言命题只有在联言支全部真的情况下才是真的,而相容的选言命题只要有一个选言支是真的,它就是真的。这样一来,就很容易把本来是联言支的当作相容的选言支来处理,造成选言命题的误用。本例中,前两个支命题"出成果是科学研究机关的基本任务"和"出人才是科学研究机关的基本任务"被当作相容的支命题使用了,似乎对科研机关来说,"出成果"、"出人才"这两项基本任务是无需共同完成的。事实上,对于任何一个科研机关来说,这两项任务都是必须共同完成的。因此,应把上述选言命题表述为如下的联言命题:

既出成果,又出人才,是科学研究机关的基本任务。

选言不当是指在选言命题中使用选言支不当或误用联结项造成的逻

辑错误,包括遗漏选言支、选言支从属、误用选言联结项、混淆相容选言命题和联言命题。避免此类错误要全面了解情况,还必须注意以下几个方面:

选言支必须穷尽,必须列举各种可能性,不能有遗漏,否则就会不恰当。

不能把没有选择关系的命题硬凑在一起作为选言支。

必须弄清各选言支之间是相容的还是不相容的,选择适当的联结项。

5.2.8 假言不当

【案例 5-49】

一个人如果有个人主义思想,就会成为个人主义野心家。

条件命题又称为假言命题,就是断定某事物存在是另一事物存在的条件的复合命题。条件命题是由前件、后件和联结项组成的。前件就是表示条件的支命题,后件就是表示依赖条件而成立的支命题,联结项表示前件和后件之间的条件关系。根据联结项表示的条件关系的不同,条件命题有充分条件命题、必要条件命题和充分必要条件命题。

充分条件是指有此条件必定能产生某一结果,无此条件却未必不能产生某一结果这样一种条件关系,即墨子所说的"有之必然,无之未必不然"。表示充分条件的假言联结项"如果"、"只要"、"倘若"等常常跟"那么"、"就"、"则"搭配使用。必要条件是指无此条件必定不能产生某一结果,而有此条件却未必能产生某一结果这样一种条件关系,即墨子所说的:"无之必不然,有之未必然。"。表示必要条件的假言联结项"只有"、"不"、"没有"等常常跟"才"、"不"、"就没有"搭配使用。充分必要条件是指有此条件必定能产生某一结果,无此条件必定不能产生某一结果的一种条件关系。常用的联结项是"如果……则……,并且只有……才……"、"当且仅当……,才(就)……";"如果而且只有……才(就)……"等。

本例中,前件"一个人有个人主义思想"的情况,不是后件"成为个人主义野心家"的充分条件,前后件无必然的充分条件联系。即前件真,后件未必真,犯了"强加充分条件"的错误。

【案例 5-50】

只有缺乏水分,植物才会死亡。

在此例中,"缺乏水分"是"植物死亡"的充分条件,不是必要条件。应该用表示充分条件的假言联结项"如果……那么……",而不应该用表示必要条件假言命题的联结项"只有……才……"。

【案例 5-51】

他这个人很热心,只有你需要,他就会帮你的忙。

该假言命题中的前件"你需要"是后件"他会帮你的忙"的充分条件,只有把前件的"只有"改为"只要",才能与后件的"就"相搭配。

【案例 7-52】

只有理解得正确,就能说得清楚,不走样,不含糊、不夹杂。

此句中的前件是后件的必要条件,应该表达为一个必要条件的假言判断,而作者却搞错了前后件之间的关系,联结项误用了"就"字,以致所表达的逻辑联项不能搭配。句中的"就"应改为"才"。

假言不当是指在一个假言命题中前件与后件没有条件关系,或不能正确使用联结项,混淆不同条件的关系造成的逻辑错误。主要包括混淆条件、强加条件、后件失当、关系命题错误造成前后件假言不当等。其中,混淆条件有两种情况,一是把充分条件当作必要条件,二是把必要条件误为充分条件。强加条件是指事物之间根本不存在条件关系而滥用假言命题去表达。此外,假言命题的联结项往往是成套搭配使用的,如果违反它们的固定搭配习惯,就会将两种不同关系的假言命题联结项互相混用。要避免假言不当的错误,需要我们掌握假言命题的几种条件关系及其逻辑规则,并掌握条件复句和假设复句的关联词语用法。

5.3 句群和段落中的逻辑

有了句子,就可以组成句群和段落这些较高级的语言形式,而组织这些句子需要遵守逻辑推理的规则。

推理是从至少一个命题推出另一个新命题的思维形式。推理一般由三部分构成:前提、结论和推理联项。前提是作为推理根据的命题,结论是从前提推出来的新命题,推理联项是表明前提与结论之间具有逻辑推断关系的部分。

推理的语言形式一般表现为因果复句、句群或语段。推理在语言表达中的一般联结词是"因为……所以……"、"由于……因此……"等,但具体行文中可省略。推理的基本要求是:前提真实、形式正确。在推理时,除了前提要与客观情况相符合外,还要遵守各种推理规则。

推理与复句和句群之间有联系也有区别。首先,推理的形成、存在和表达都必须通过复句或句群的语言形式。即,复句和句群在特定的语境下,要表达复杂系统的思想,就应包含推理形式的应用。但是,复句和句群并不总是表达推理,只有它们表达的命题之间有推断关系时才表达推理。其次,推理有完整的形式结构,而复句和句群可以省略。言语交际中,常常省略某一部分,使表达鲜明生动,但这不是推理的省略。第三,推理形式规范简洁,而复句和句群有时很复杂,需要结合语境分析。

推理的种类很多,传统分类为:演绎推理(一般推出个别)、归纳推理(个别推出一般)、类比推理(个别推出个别)。演绎推理是一种必然性推理,又可分为简单命题推理和复合命题推理。简单命题推理包括性质命题推理、关系命题推理以及三段论。复合命题推理包括联言推理、选言推理、假言推理、负命题推理等。

推理方面的逻辑错误主要有:前提虚假、直接误推、直言误推、假言误推、选言误推、关系误推、轻率概括、机械类比等。

5.3.1 前提虚假

【案例 5-53】

明代冯梦龙撰《古今谭概》中,有一则笑话:昔有越人善泅,生子方晬(周岁),其母浮于水上,人怪问之,则曰:"其父善泅,子必能之。"

这段话是一个充分条件假言推理。将前提还原之后,我们得到如下推理:

凡父亲善泅的,儿子也一定善泅;

其父善泅;

故"子必能之"。

其中,"凡父亲善泅的,儿子也一定善泅"是一个大前提,"其父善泅"是小前提。这个推理的小前提是真实的,且推理过程中也没有违反推理的规则,但是推出的结论却令人发噱。原因是作为推理基础的大前提是错误的,父亲善泅并不是儿子善泅的充分条件。

前提虚假是指在推理中使用了或隐含着一个虚假的前提所造成的推理错误。虚假的前提常常被省略或隐含在行文中。一般包括几种情况:一、直接推理中的前提虚假;二、三段论推理形式中隐含虚假前提;三、假言推理中常常省略虚假前提;四、日常对话中隐含虚假前提。分析此类错误时,一般需要将前提还原,辨别其是真是假。

5.3.2 直接误推

【案例 5-54】

并不是所有科学家都懂数种外语,所以,只能说有些科学家是懂数种外语的。

本例是一个运用"逻辑方阵"进行的直接推理。直接推理就是由一个性质命题的前提直接推出另一个性质命题的结论的推理。而所谓"逻辑方阵",是指在同一素材(主项与主项相同、谓项与谓项相同)的 A、E、I、O 四种性质命题之间的真假互推规律,可用正方形加对角线表示:

图 5-1 性质命题逻辑方阵图

如图所示,素材相同的性质命题间的四种关系如下:

1. 上反对关系:A 真,E 必假;A 假,E 不定(可真可假);E 真,A 必假;E 假,A 不定。

2. 下反对关系:I 真,O 不定;I 假,O 必真。O 真,I 不定;O 假,I 必真。

3. 差等关系:A 真,I 必真;A 假,I 不定。I 真,A 不定;I 假,A 必假。E、O 之间同理。

4. 矛盾关系:A 真,O 必假;A 假,O 必真。O 真,A 必假;O 假,A 必真。E、I 之间同理。

根据"逻辑方阵"真假对当关系,A 判断与 I 判断之间为差等关系,只能由 A(所有 S 都是 P)真推出 I(有的 S 是 P)真,不能由 A(所有 S 都是 P)假推出 I(有的 S 是 P)真。上例却由"所有 S 都是 P"的假,推出"有的 S 是 P"为真,即"所有科学家都懂数种外语"是假的,却根据这个假的前提,推出"有些科学家懂数种外语"。虽然这个结论是符合实际情况的,但并不能与其前提构成推论关系,因此这个结论不能被必然推出。

【案例 5-55】

因为一切小说都是有故事情节的。所以,一切有故事情节的都是小说。

这是一个运用换位法进行的直接推理。换位法直接推理将前提的主谓项对调位置,推出一个新命题。其规则有二:一是对调主谓项,二是前提中的不周延概念到结论中不得周延(因此,O 命题不能换位)。所谓性质命题主谓项的周延性,就是 A、E、I、O 命题在形式上对其主项或谓项断定的情况。若一种性质命题在形式上对其主项或谓项的外延做了全部断定,那么其主项和谓项在该命题形式中就是周延的。若未作全部断定,则不周延,如表 5-5 所示:

表 5-5 性质命题主谓项的周延情况

性质命题形式	主项	谓项
A(凡 S 是 P)	周延	不周延
E(凡 S 不是 P)	周延	周延
I(有 S 是 P)	不周延	不周延
O(有 S 不是 P)	不周延	周延

全称命题(A 和 E)的主项周延,而特称命题(I 和 O)的主项不周延。

肯定命题(A 和 I)的谓项不周延,否定命题(E 和 O)的谓项周延。

上例中的前提"一切小说都是有故事情节的"是一个 A 命题,其谓项"有故事情节的"不周延,但到结论中却变为周延("一切有故事情节的"),这是违反规则的。应进行限制换位,结论为"有些有故事情节的是小说"(I 命题),才合乎逻辑。

直接误推是指在一个直接推理中,违反了推理规则,由一个已知的前提不能合乎逻辑地推出一个新命题。对性质命题运用换质、换位、方阵等直接推理方法,都要符合各自的逻辑规则。直接误推包括方阵误推、A 命题简单判断错误、O 命题换位错误。避免此类状况需熟悉各类直接推理规则,命题中主谓项不可任意颠倒,并且还需掌握性质命题中主谓项的周延情况。

5.3.3 关系误推

【案例 5-56】

中国与蒙古接壤;蒙古与俄罗斯接壤;所以,中国与俄罗斯接壤。

关系推理就是前提和结论为关系命题,并按照关系命题的逻辑性质(见表 5-5)进行推演的推理。常见的关系推理主要有对称性、反对称性、传递性及反传递性关系推理。而非对称性、非传递性不能构成必然性推理。本例中,"接壤"是一个具有对称性的语词,本例将其作为具有传递性的语词来处理,虽然结论符合事实,但推理形式是错误的。

表 5-6 关系命题的分类及逻辑性质

划分依据	名称	逻辑性质	关系项	例子
关系的对称性	对称关系命题	aRb 真,bRa 也一定真	相等、相似、同乡、同学、邻居、朋友、兄弟、姐妹、情人	克林顿与希拉里是夫妻。
	非对称关系命题	aRb 真,bRa 不一定真	认识、理解、喜欢、爱慕、佩服、信任、帮助、关心、想念	贾宝玉不爱薛宝钗。
	反对称关系命题	aRb 真,bRa 一定假	战胜、战败、大于、早于、高于、重于、压迫、剥削、包含、侵略	马克思比其夫人小四岁。
关系的传递性	传递关系命题	aRb 真,bRc 真,aRc 一定真	等于、大于、包含、在前、在后、在左、在右、在上、在下、重于、轻于、增加	俄罗斯的国土面积比美国的国土面积要大。
	非传递关系命题	aRb 真,bRc 真,aRc 不一定真	认识、同学、朋友、交叉、喜欢、信任、想念	中国和俄罗斯是战略伙伴。
	反传递关系命题	aRb 真,bRc 真,aRc 一定假	父子、比……大两倍、比……大两岁	曹操是曹丕的父亲。

说明:表中"R"表示"关系"。
注意:传递关系和对称关系是互相交叉的。

【案例 5-57】

小李的考试成绩比小张高,因此,小张的成绩不一定比小李高,很可能比小李低。

这是由关系命题组成的直接关系推理。"……比……高"是反对称关系词。即"甲比乙高"可推出"乙不比甲高",而这里却把它作为非对称关系来运用了,即"甲比乙强"推出"乙不一定比甲强",因此这个推理是错的。正确推理形式是:小张不比小李强。

以上的例子都是由于搞错了关系性质而造成的推理错误,称为关系误推。在关系推理中,常用于推理的只有对称性和传递性两种关系。对称性关系推理,如"李明是王平的同学",也可推出"王平是李明的同学。"传递性关系推理,如"欧洲的面积小于非洲,非洲的面积小于亚洲。"还有双重性质的,如"等于,同于"之类,两种推理都可进行。我们在运用关系推理时应注意不能把两种关系性质不同的推理混淆,要根据不同的关系性质进行关系推理。

5.3.4 直言误推

【案例 5-58】
运动是永恒的,
体操是运动,
所以,体操是永恒的。

这是一个由三个性质命题(也称直言判断)组成的三段论推理形式。三段论就是由包含着一个共同项的两个性质命题为前提,推出一个新的性质命题为结论的必然性推理。它是由三个概念和三个性质命题组成的。三个概念分别是小项(S)、中项(M)和大项(P)。小项是结论的主项,中项在两个前提中重复出现,在结论中不出现;大项是结论的谓项。三个命题中,包含大项的前提称为大前提,包含小项的前提为小前提,小项和大项组成的命题称为结论。

三段论的形式是:
凡 M 是 P;
凡 S 是 M;
所以,凡 S 是 P。

例如:
所有液体都是有弹性的,
水银是液体,
所以,水银是有弹性的。

任何三段论必须符合三段论公理:凡对一类对象的全部分子有所肯

定或否定,则对该类对象中的任何分子也有所肯定或否定。该公理是属种之间包含关系的反映。三段论公理具体由以下的七条规则来体现:

1. 三段论有且只能有三个概念,违反该规则就会犯"四概念"错误。
2. 中项在前提中至少周延一次,否则将犯"中项不周延"错误。
3. 前提中不周延的项,结论中不得周延。否则就会犯"大项扩大"或"小项扩大"的错误。
4. 两个否定前提不能得出结论。
5. 两前提之一否定结论必否定。
6. 两个特称前提得不出结论。
7. 前提之一为特称,结论必特称。

这七条规则中,前三条是关于三段论的项的规则,后四条是关于推理的规则。

此外,人们还根据三段论的格来判断推理是否正确。三段论的格就是由中项在两前提中的不同位置而构成的不同的三段论结构。由于中项在前提中有四种不同的位置,因此三段论有四种不同的格,如表 5-7 所示:

表 5-7 三段论的格

格	第一格	第二格	第三格	第四格
中项 M	中项 M 是大前提的主项,小前提的谓项	中项 M 分别是大小前提的谓项	中项 M 为两前提的主项	中项 M 是大前提的谓项,小前提的主项
图式	M——P S——M —— S——P	P——M S——M —— S——P	M——P M——S —— S——P	P——M M——S —— S——P
规则	小前提必肯定,大前提必全称	前提之一必否定,大前提必全称。结论必然为否定命题。	两前提至少一个为全称,小前提必肯定。结论必特殊。	前提之一否定,大前提必全称;大前提肯定,小前提必全称;小前提肯定,结论必特称。

续表

例子	所有真理都是不怕批评的;爱因斯坦的相对论是真理;所以,爱因斯坦的相对论是不怕批评的。	所有鱼都是用鳃呼吸的;鲸不是用鳃呼吸的;所以,鲸不是鱼。	鸵鸟是不会飞的;鸵鸟是鸟;所以,有的鸟是不会飞的。	有的水生动物是海豚;所有海豚是哺乳动物;所以,有的哺乳动物是水生动物。
作用	将一般原理、原则的知识运用于分析和说明特殊事实。称为证明格、审判格。	用于确定不同事物之间的区别。称为区别格。	通过推出一个有关特殊事实的特称命题的结论,用来反驳一个与之矛盾的全称命题,称为例示格。	在实际思维中应用不多。

表中格的规则也是从三段论的一般规则推导而来的。

根据三段论的基本知识,在上述例子中,中项"运动"表达的不是同一个概念,而是两个概念,不能起媒介作用,不能把小项和大项合乎逻辑地联结起来,因而推出的结论是错误的。这种错误一般称为"四概念"错误。

【案例 5-59】

她做了很多数学题,数学成绩一定很好。

此例是一个省略大前提的三段论:

凡是数学成绩优秀的同学都做了许多数学题,

她做了许多数学题,

可见,她是数学成绩优秀的同学。

在言语交际中,三段论中一些众所周知或不言而喻的事实常常被省略,因此形成了三段论的省略式。通常,只要是语境中预设的东西都可以省略。但这只是语言表达形式的省略,而非思维形式的省略。以单句形式出现的三段论可能会有以下几种情况:大前提和结论同时省略,小前提和结论同时省略,或大小前提都被省略。在复句中,如果大前提表达的是众所周知的事实,或小前提是当时不言自明的内容,则可以省略,常以因果复句形式出现。另外,若两个前提已被清楚明了地表达了出来,人们自然而然联想到结论,则结论也可省略。有的省略的三段论是无效的,但有时人们不易发现这种省略形式所掩盖的无效三段论形式。因此,需要将这种省略三段论迅速恢复成完整形式,并运用三段论的规则作出准确判定。

上例中推理的结论是不必然的,因为它违反了"中项在前提中至少要周延一次"的规则,犯了"中项不周延"的逻辑错误。在这个三段论推理中,前提中两次出现的中项"做了许多数学题"都是肯定判断,作为谓项不周延。中项在大小前提中,都分别以自己的部分外延与大、小项发生关系,因而,中项的媒介作用没有得以发挥。在这样的情况下,推出结论说"她也是数学成绩优秀的同学"当然是不可靠的。

【案例 5-60】

他劝我学外语,我又不当翻译,学那个干什么!

类似的话我们在生活中经常听到。从逻辑角度分析,这句话有什么错误呢?将其省略的前提补全如下:

翻译都是应当学外语的,
我不当翻译,
所以,我不必学外语。

三段论推理的规则要求前提中不周延的项到结论中不得周延。"应当学外语"在大前提中是肯定命题的谓项不周延,在结论中成为否定命题的谓项,变成周延的了,犯了"大项扩大"的错误。

【案例 5-61】

司马迁是史学家,
司马迁是文学家,
所以,凡是文学家都是史学家。

这个推理之所以是错误的,其原因就在于:小项"文学家"在前提中不周延而在结论中却周延了。本来,在前提中,"文学家"这个小项只以自己的部分外延通过中项的媒介作用而同大项"史学家"发生联系,而在结论中却以自己的全部外延同大项发生联系,这就超过了中项的中介范围,犯了"小项扩大"的逻辑错误。所以在结论中,应对小项加以量上的限制,即在小项文学家"前加上"有些",这样,这个推理的结论就是正确的了。

从以上分析可以看出:无论是大项还是小项,只要它在前提中是不周延的,到了结论中就仍然不得周延,否则,就会推出错误的结论。

【案例 5-62】

姥姥从农村捎来一篮花生。听说花生发了霉,人吃以后就会得肝癌,我仔细地查看一番,确认不是发霉的花生,这才放心,津津有味地嚼起来。

上面这段话包含下列三段论推理：

发霉的花生不是能吃的，

这些花生不是发霉的花生，

所以，这些花生是能吃的。

根据三段论推理规则，两个否定前提不能得出结论。该推理两个前提都是否定命题，因此不能推出必然真的结论。同时，本例还违反了第一格的"小前提必须肯定"的规则。而事实上，"不是发霉的东西"可能是"能吃的"，也可能是"不能吃的"，因为还可能有别的原因使东西不能吃。

【案例 5-63】

本届运动会有些比赛项目不是国际奥林匹克运动会规定的比赛项目，有些比赛项目是我国传统的比赛项目。所以，本届运动会中有些我国传统的比赛项目不是国际奥林匹克运动会规定的项目。

这个三段论推理结论不必然，原因在于它的两个前提都是特称的，这样，作为中项的"有些比赛项目"是特称命题的主项，两次都不周延，因而结论中大小项之间的关系也就无法确定。可见，此例违反了三段论"从两个特称前提推不出结论"的规则，犯了"从两个特称前提推出结论"的逻辑错误。

直言误推是指在一个直言三段论中，违反了三段论的推理规则造成的逻辑错误。包括以下几种错误形式：一、四概念；二、中项不周延；三、大项扩大；四、小项扩大；五、两前提均否定；六、两前提均特称。为了避免直言误推的错误，在进行三段论推理时，除了要保证前提真实，遵守三段论推理和格的各项推理规则，还要善于识别三段论省略式中隐含的逻辑错误。

5.3.5 假言误推

【案例 5-64】

如果骄傲自满，就会落后；

他没有骄傲自满；

他一定不会落后。

这是一个复合推理中的充分条件假言推理。假言推理又称条件推理，就是前提中至少有一个条件命题，并根据条件命题的逻辑性质而推演的复合命题推理。充分条件假言推理是以充分条件假言命题为前提的假言推理。其推理规则是：肯定前件，就能肯定后件；肯定后件，不能肯定前件；否定后件，就能否定前件；否定前件，不能否定后件。因此只有肯定前件式和否定后件式是正确的。上例中的推理从小前提否定前件，推出结论否定后件，所以不能推出必然结论。

【案例 5-65】
如果骄傲自满，就会落后；
他学习落后了；
他一定是骄傲自满了。

这段话也包含了一个错误的充分条件假言推理。因为造成落后的原因有很多，不一定是因为他骄傲自满造成的。充分条件假言推理的规则指出，肯定后件不能肯定前件，这一推理违反了这条规则。

【案例 5-66】
读了《画蛋》以后，我认识到只有刻苦钻研，反复练习，才能成为卓越的画家。我决心向达·芬奇学习，今后刻苦钻研，反复练习，我也一定能成为卓越的画家。

这段话包含着一个必要条件假言推理：
只有刻苦钻研，反复练习，才能成为卓越的画家，
我刻苦钻研，反复练习，
所以，我也一定能成为卓越的画家。

必要条件推理的条件前提是一个必要条件命题，其推理规则是：否定前件，就能否定后件；否定后件，不能否定前件；肯定后件，就能肯定前件；肯定前件，不能肯定后件。因此，只有否定前件式和肯定后件式是正确的。

必要条件假言推理的大前提，其前件是后件的必要条件，但不是充分条件。前件不出现，后件一定不出现；但前件出现，后件不一定出现。没有刻苦钻研、反复练习这个条件，一定不能成为卓越的画家；但仅仅有了刻苦钻研，反复练习这个条件，也不一定就能成为卓越的画家。可见，这个推理违反了"肯定前件，不能肯定后件"的规则，犯了肯定前件、进而肯定后件的逻辑错误。

【案例 5-67】
有个教师在与学生的谈话中说："只有深入生活，才能写出内容丰富的文章来，你们写的文章如此贫乏，可见是因为你们深入生活不够。"

教师说的话是一个必要条件假言推理。但这个推理违反了"否定后件,不能否定前件"的推理规则。因此,尽管前提正确,得出的结论却不可靠。

【案例 5-68】

现在请老王给大家介绍一下北京的颐和园,因为我们这里只有老王是去过北京的。

"去北京"与"去颐和园"之间是必要条件关系,并不是去过北京就一定去过颐和园,因此不能从肯定前件就必然肯定后件。这个假言推理的错误就在于把必要条件关系当作了充分条件关系,因此其推理没有必然性。

假言误推是将条件关系搞错,或违反假言推理规则造成的逻辑错误。假言误推主要包括假言推理中大前提条件关系错误(强加条件或大前提虚假)、违反假言推理规则、混淆条件关系等。在言语交际中,我们需要分清各种条件关系的逻辑特性,注意各种联结词的语法和逻辑功能,以及联结词的省略现象。特别注意的是,有时候得出的结论看起来是符合实际的,但推理过程却是错误的。为避免此类错误,需要正确判定使用的条件关系,并且在推理时严格遵守假言推理规则。

5.3.6 选言误推

【案例 5-69】

一部质量较差的文学作品,或者是因为思想性方面有问题,或者是因为艺术性方面有问题;

这部文学作品是因为在思想性方面有问题;

所以,这部文学作品在艺术性方面没有问题。

这是一个选言推理。选言推理就是一个前提是选言命题,并根据选言命题的逻辑性质推演的复合命题推理。它包括相容和不相容的选言推理。相容选言推理的前提之一为相容选言命题,并根据相容选言命题的逻辑性质进行推演。常用的联结词为"或者……或者……",其推理规则是:否定一个选言支以外的全部选言支,就要肯定这个选言支;肯定一部分选言支,不能否定其余的选言支(选言支至少有一真,并且可以都真)。也就是说,其正确推理形式只有否定肯定式。不相容选言推理前提之一为不相容选言命题,并且根据不相容选言命题的逻辑性质进行推演。常用的联结词为"要么……要么……","不是……就是……",其正确推理形式有否定肯定式和肯定否定式。否定肯定式推理规则是：否定某一个选言支以外的所有选言支，就要肯定这个选言支（选言支不能都假，必有一真）。肯定否定式的推理规则是：肯定一个选言支，就要否定其余的选言支（选言支只有一真，不能至少两个真）。

在本例中，作为推理的两个前提都是正确的，但它的推理形式却是错误的。因为"思想性方面有问题"和"艺术性方面有问题"这两个选言支所断定的情况是相容的，肯定了其中的一种情况，并不意味着另一种情况就不存在了。相容选言推理的规则指出："肯定一部分选言支，不能否定另一部分选言支。"而在这个推理中，却由肯定了一个选言支进而否定了另外一个选言支。所以，该例将相容误作不相容，推出的结论是不可靠的。

【案例 5-70】

他被大家称道的原因，不是因为他正直，就是因为他诚实。他一贯诚实待人，看来称道的原因不是因为他正直。

"正直"和"诚实"是两个相容的概念，而这里却用了表示不相容的联结词"不是……就是……"，并按照不相容选言推理的肯定否定式进行了推理。此例搞错了选言支之间的关系，当然推理的结论是错误的。

【案例 5-71】

一个三角形或者是锐角三角形，或者是钝角三角形。这个三角形不是钝角三角形，那一定是锐角三角形。

这是一个不相容选言推理。但是，它违反了选言前提必须穷尽的原则，遗漏了选言支"或者是直角三角形"。因此，得出的结论是错误的。

选言误推是指在选言推理中违反推理规则或大前提遗漏选言支造成的逻辑错误。其表现一般是将相容选言推理误作不相容或遗漏选言支。在思维实践中，人们一般都能够恰当地运用不相容选言推理的两个正确形式，而往往容易忽略相容选言推理的肯定否定是无效的。避免此类错误，首先需要区别语言交际中的相容和不相容选言推理，掌握他们各自有效的推理形式，还要注意联结词与选言命题类型是否对应，检查选言支是否穷尽。此外，进行选言推理时，不管大前提是否列出了所有的选言支，小前提都不能把大前提所有的选言支全部否定掉，否则结论无从推出。

5.3.7 轻率概括（以偏概全）

【案例 5-72】

宋朝的王安石曾经写了一首咏菊诗：

黄昏风雨过园林,残菊飘零满地金。
折得一枝还好在,可怜公子惜花心。

与王安石同时代的欧阳修读过此诗后笑道:"百花尽落,独菊枝上枯耳。"于是写两句诗:

秋英不比春花落,为报诗人仔细吟。

王安石闻之则说:"是岂不知《楚辞》'夕餐秋菊之落英?'欧九不学之过也。"

上述例子是一个归纳推理。归纳推理是归纳逻辑的重要内容,是从个别的(特殊)性知识为前提推出一个一般(普遍)性知识的结论的推理,是人类认识过程中不可少的思维形式。根据归纳推理前提是否考察了某类的全部对象,它可分为完全归纳推理和不完全归纳推理。完全归纳推理是在逐个考察了一类事物的全部对象后,才得出一般性知识结论,其结论所断定的范围并没有超出前提所断定的范围。它仅适用于那些包含有限或数量不多的对象的类。不完全归纳推理就是根据某类事物中部分对象具有(或不具有)某种属性,从而推出该类事物全部对象都具有(或不具有)某种属性。由于不完全归纳推理的结论断定的范围超出了前提所断定的范围,所以不完全归纳推理属于非必然性推理(或然性推理)。

本例中,由于人们通常看到的菊花都是在枝上枯而不落地的,因此,欧阳修也相信了这个全称肯定命题:所有菊花都是不会落地的。实际上,他是将事实夸大了,犯了"以偏概全"的错误。

【案例 5-73】

《韩非子·五蠹》载有"守株待兔"的故事:"宋人有耕者,田中有株,兔走触株,折颈而死,因释其耒而守株,冀复得兔。兔不可复得,而身为宋国笑。"

这则故事中的宋人被人耻笑,就是因为他从"一只兔子碰在树上折断了颈子"这个个别事例想当然地推出了"所有的兔子都会碰在树上折断颈子"的一般性结论。所得出的简单枚举归纳推理的结论是极不可靠的,犯了"轻率概括"的逻辑错误,而据此不劳而获、坐享其成的行为也是十分幼稚的。

【案例 5-74】

鲁迅在《内山完造作〈活中国的姿态〉序》里曾批评了某些日本人随便下结论的坏习气。他举例说:"一个旅行者走进了下野的有钱的大官的书斋,看见有许多很贵的砚石,便说中国是'文雅的国度';一个观察者到上海来一下,买几种猥亵的书和图画,再去寻寻奇怪的观览物事,便说中国是"色情的国度"。

本例中,这两个人的结论是截然相反的,充当论据的事例也是不一样的,可是这两个人所犯的逻辑错误却是相同的:他们都把非本质的东西当成了本质的东西,都从个别的前提出发,得出了一般性的结论。这样的结论当然是靠不住的。

轻率概括又称以偏概全,是在由个别性认识推出一般性认识的归纳推理过程中,仅根据部分情况,或偶然的联系就推断出一般性认识的逻辑错误。在日常语言表述中,经常会见到"轻率概括"的错误,表现形式为:

缺乏全面周密的调查研究,常常仅根据无矛盾的经验性的认识,就推出一般性的结论。

思想方法主观片面,只凭"想当然"办事,不切实际地把个别现象当作普遍现象,或者把局部性的问题当作全局性的问题。

把事物的非本质属性当作本质属性,或者把事物的支流当作主流,进而抓住一点,不及其余。

为了避免这类错误,需要我们了解不完全归纳推理的或然性质。

5.3.8 机械类比

【案例 5-75】

《庄子·至乐》篇有一则鲁侯养鸟的故事:昔者海鸟止于鲁郊,鲁侯御而觞之于庙,奏《九韶》以为乐,具太牢以为膳。鸟乃眩视忧悲,不敢食一脔,不敢饮一杯,三日而死。此以己养养鸟也,非以鸟养养鸟也。

鲁侯的错误就在于他机械地把鸟和人这两种根本不同的动物,当作同类来推论,以为人之所好,必定是鸟之所好,结果弄巧成拙,把海鸟活活折腾死了。

类比推理是根据两类对象某些属性相同推出他们的其他属性也相同的推理,是一种非必然的推理。机械类比是指仅根据两个或两类事物之间表面的某些相同情况推出另外一个情况也相同的逻辑错误。其原因可能是把某对象的特有属性或偶有属性推到其他对象身上,或者作为类比的依据仅是两对象间的某些表面上的相似之处,或是将实质完全不同的东西生拉硬扯拿来类比。避免机械推理的错误,就要了解类比推理是一种或然性推理,其结论只有一定的可靠程度,而不是百分之百正确。我们可以采取不同的方法提高类比推理结论的可靠性:

尽量增加据以类比的相同属性的数量。前提中确认的相同属性越多,其结论的可靠性越大。

尽量采取对象的本质属性进行类比。前提中确认的共同属性愈是本质的,其结论的可靠性就愈高。

已知属性与推出属性之间要有联系。类比推理据以进行的属性与推出的属性之间的联系越密切,其结论就越可靠。

5.4 篇章中的逻辑

我们说话和写文章的时候,总是按照某种思路将词或词组组成句子,将句子组织为句群或段落,再将段落组织为整篇文章。在选词、组句、构段、谋篇的四个环节中,谋篇最为重要,它是文章的出发点,也是归宿。在谋篇这一思维过程中,要安排文章的逻辑结构,按照一定要求围绕主题组织材料,使文章的开头、中间和结尾有内在联系,不互相冲突。只有一个好的篇章布局,才能将不同的语言形式组合成一个有机的整体。

在组织材料的过程中,我们的思维必须遵守逻辑基本规律。逻辑规律是人们在逻辑思维过程中正确地运用概念、命题、推理等思维形式的规律,是适用于所有思维形式和方法的逻辑基本规律。逻辑规律有四条:同一律、矛盾律和排中律,它们都要求人们保持思维的确定性,只是各自的程度不同。在同一个思维过程中,同一律要求一个概念或命题仅与其自身同一而与其他概念或命题相区别;矛盾律要求两个互相否定的思想不能同真,必有一假;排中律要求两个互相否定的思想不能同假,必有一真。充足理由律要求任一思想被确定为真必然是有充足理由的。理由是由真命题组成的;而且,从理由足以推出论断的真。遵守这四条规律可使思维保持确定性和无矛盾性,使语言表达清晰而有条理。

另外,在对思维进行逻辑分析时,决不能把逻辑规律与客观事物规律等同起来,因为它们分别是两个领域的规律。长期以来,人们非常注重对客观世界规律的认识,而忽略对主观思维规律的了解与把握,这是在语言表达中逻辑混乱现象的重要原因。

在语言表达中,常见的违反逻辑基本规律的逻辑错误以违反同一律或矛盾律的现象较多。违反思维规律的错误往往与概念、判断或推理方面的错误牵连在一起,因此有时对同一个病例可以从不同角度分析。例如,"四概念错误"既是推理错误,也是违反同一律的错误。违反逻辑思维规律的基本逻辑错误有:偷换概念、转移命题、自相矛盾、两不可("模棱两否")等。充足理由律主要是关于论证的规律,违反充足理由律的逻辑错误将在第五节介绍。

5.4.1 偷换概念

【案例 5-76】

《庄子·秋水》中记载了一个"濠梁之辩"的故事:庄子与惠子游于濠梁之上。庄子曰:"儵鱼出游从容,是鱼之乐也。"惠子曰:"子非鱼,安知鱼之乐?"庄子曰:"子非我,安知我不知鱼之乐?"惠子曰:"我非子,固不知子矣;子固非鱼也,子之不知鱼之乐,全矣!"庄子曰:"请循其本。子曰'汝安知鱼乐'云者,既已知吾知之而问我。我知之濠上也。"

古汉语"安"字,既可以作为疑问副词或形容词,问方式,如何、怎么样;也可以作为疑问代名词,问何处,代处所。惠施问庄子的问题"安知鱼之乐",意思是"你怎么知道鱼的快乐?"指的是"知鱼之乐"的方式。庄子用断章取义的诡辩,只抓住惠施问话中的"知"字,把惠施的问题"安知鱼之乐",歪曲成惠施已经承认庄子"知鱼之乐",又故意利用古汉语"安"字的多义,把惠施的问题"安知鱼之乐",歪曲成问庄子"知鱼之乐"的地点(即"哪里知道"),所以他回答说"是在护城河的桥梁上知道的"。两位哲学家都用了归谬法辩论,庄子最后以偷换概念的方式来结束这场辩论。

偷换概念是指在同一思维过程中,用另外一个概念取代原来在某种意义上使用的概念而造成的逻辑错误,表现为以下几种情况:

1. 把同一个语词所表达的几个不同概念混为一谈,也就是同词换义,其中包括了在特定语境下偷换概念。

2. 异词换义,即把音同、语言表达形式不同、含义也不相同的两个或两个以上概念混为一谈;

3. 把表示集合体的概念与表示个体的概念混为一谈;

4. 把有某些联系或表面相似的两个不同概念混为一谈;

5. 指代不明造成偷换概念;

6. "没有共同语言"的争论。是指在争论问题的时候,双方在不同的意义上使用同一个语词,或者说,对一个概念有不同的理解,而在讨论中没有明确,好像双方在讨论一个问题,实际上却在争论不同的问题。

避免此类错误,需要对概念的内涵和外延有准确把握,确定使用多义词时要注意词义的确定。辩论时或在签署合同时,首先确定概念的内涵和外延,即明确定义。

5.4.2 转移命题(偷换论题)

【案例 5-77】

在美国的一场专题讨论中,有人问一位颇有实权的国会议员,联邦政府为什么把水质的控制权移交给各个州。他指出有些河流经几个州,交给一个州的做法会影响另一个州的饮用水。这位国会议员用一个圣地亚哥的实例来反驳。他首先热情洋溢地表示联邦对圣地亚哥饮用水的控制是没有必要的。然后他说圣地亚哥湾的水质没有问题,整个太平洋任由圣地亚哥支配使用,以此来支持他的观点。

这个国会议员使用的是许多政治家都喜欢玩的策略,即通过权威地、详细地引述大多数人不了解的某一事实来回答问题,而所引述的事实跟那个问题只是稍稍有点关系或者根本没有关系。再加上说话者有较高的声望,在相关领域有一定权威,而听者对说话者突然所说的情况并不了解,要找到它们之间联系有困难。在这种情况下。听者通常会放下原来的问题,好像这个问题已经得到了解决。原来的问题就被静静地搁在了一边,讨论悄悄转到另外一个问题上去了。

【案例 5-78】

清雍正间,徐骏偶然作诗,诗中有"明月有情还顾我,清风无意不留人"一句,竟被说成是"思念明朝,无意本朝,出语诋毁,大逆不道",因而被斩首示众。

清廷用的是一种歪曲别人原意、偷换论题从而强加罪名的诡辩手法。

【案例 5-79】

美国的一名国会议员来自生产木材的某州。有一次,他把环境保护论者描述为"喜欢有斑点的猫头鹰,胜于喜欢靠木材业工作生活的家庭,是神经质的空想家"。

该国会议员反对环境保护论者的立场,但他以攻击环境保护论者代替论证,是一种恶劣的、错误的做法。

在命题层面上,违反同一律表现为转移命题。转移命题是指在同一思维过程中,前后命题没有保持同一,用另外一个命题代替了一个已经使用的命题,两者含义不同。这种错误表现如下:

1. 文不对题。又叫跑题,即所写的内容与题目的要求不对号。
2. 答非所问。是指对别人提出的问题回答了,但是回答不是针对原来的问题。

3. 用孤立、片面、似是而非或毫不相干的事实混淆或偷换论题。用论证后一个论题的正确性来代替对原论题的论述。

4. 或随意歪曲、篡改别人的论题,为论证自己的错误论题服务;或者把对方的论题歪曲成荒谬绝伦的东西,再对它大兴挞伐。

5. 人身攻击。在论辩中攻击对方的个人品质、能力,以谩骂对方代替对具体论题的论证,激起对方在感情上的混乱从而无力反驳。

上面所列情形,都属于转移命题的具体表现,必须加以克服与避免,在同一思维过程中保持命题的确定性。同时,我们在行文与问题讨论中,要防止插入与主题无关的论题。对故意转移论题的做法,要及时发现并予以揭露。

5.4.3　自相矛盾

【案例 5-80】

为纪念毛泽东同志诞生 110 周年,大型系列文艺活动《不落的太阳》将于 12 月 26 日在北京举行首场演出,届时还将在全国部分地区巡演。

"届时"是"到时候"的意思,通常作书面语使用。使用"届时"这个词时,前面一定要有明确的时间提示,如:"×月×日×时在×处举行什么活动,届时……"因此,"届时还将在全国部分地区巡演",根据前面仅有的一个时间提示,应是 12 月 26 日。这一天是"在北京举行首场演出",怎么可能又"在全国部分地区巡演"呢?因此,句子在时间和空间上自相矛盾,可将"届时"一句改为:

……,以后还将在全国部分地区巡演。

【案例 5-81】

刚被宰杀的牲畜肉呈弱碱性,肌肉中的糖原和其他有机化合物在酶的作用下分解成乳酸和其他游离酸,使肌肉的酸度增加,当达到一定酸度时,肌肉蛋白凝固,肌肉僵直。这一时期的肉无论是煮汤还是清炒,味道都不好。这时应当将肉放到一定温度和湿度的环境中,使肉内的糖原继续分解,这时酸度继续下降……

文中关于肌肉酸度变化的说法前后矛盾。先是说由于糖原等分解成乳酸等,使肌肉的酸度增加。后来又说"肉内的糖原继续分解,这时酸度继续下降"。"继续分解",就是继续分解成酸,却没有讲清楚此时为什么反而酸度下降。

【案例 5-82】

据《墨子·公孟》篇记载,儒家信徒公孟子说:"贫富寿夭,全然在天,不可损益。"又说:"君子必学。"

公孟子坚持儒家的命定论,说人的贫穷、富有、长寿、短命,全都是天命决定,人的力量一点都不能改变,这意味着不承认人的主观能动作用;可是他同时又主张君子一定要学习,即学习能增长知识,改变自己的社会地位和境遇,这意味着又承认人的主观能动作用。公孟子的议论前后矛盾,因此不能同真,必有一假。

违反矛盾律就会犯自相矛盾的错误。自相矛盾又称为自语相违,是指在同一思维过程中,对前后包含的互相否定的两种思想同时加以肯定。这种错误可出现在不同的思维形式中。例如,词组中出现反对概念或矛盾概念,或语句中含反对命题或矛盾命题。从内容看,自相矛盾包含了时间、空间、数量、程度、范围、状态、行为、属性、价值、态度等方面的矛盾。避免自相矛盾的错误,需要把握概念的内涵和外延,并掌握命题间的反对关系和矛盾关系的对当原则。但是,日常交际和文学作品中使用的某些矛盾修辞手法,不应该对其进行逻辑错误分析。

5.4.4 两不可

【案例 5-83】

蟹肥季节,适逢柿红之时,有人说蟹不能与柿同食,这并没有科学依据。因为两者所含营养成分大致相同,两者相遇不会产生有毒物质。但柿子含有大量的单宁酸。与蟹肉一同进入胃肠道时,会刺激肠壁收敛导致肠液分泌减少,消化功能降低。加上蟹与柿均属寒性,同食易诱发胃肠疾患,故蟹与柿可以同时吃也是不对的。

排中律制约的是同一论域中的矛盾概念。在同一思维过程中,两个互相矛盾的思想,不能都加以否定,否定其中一个,应该肯定另外一个。这段议论从开头看是驳斥"蟹不能与柿同食"的说法,表明作者同意"蟹与柿能同食"。但最后结论却是"故蟹与柿可以同时吃也是不对的",即"蟹不能与柿同食"不对,"蟹与柿同食"也不对。这就对"不能同食"和"能同食"两个互相矛盾的判断,同时都予以否定,违反了排中律,犯了"两不可"("模棱两否")的逻辑错误。

"两不可"的错误是指在同一思维过程中,对两个具有矛盾关系的思想同时加以否定。表现为对两个具有矛盾关系或下反对关系命题同时加以否定；或者否定同一论域中两个矛盾概念，杜撰出所谓中间概念，而中间概念在论域中并不存在。要避免此类错误，需注意排中律的适用范围。排中律只能用于矛盾关系，而不能用于反对关系，其作用在于保持思维的明确性和鲜明性。此外，我们还要注意：排中律只要求对于思维中两个互相否定的思想作出非此即彼的抉择，但并不否认客观事物发展过程中的中间环节和第三种可能性。客观事物的中间环节和第三种可能是不能用排中律来约束的。当人们对某一问题尚未全面深入地了解时，对于是非问题不作决断，不能说违反了排中律。

　　普通逻辑的四条基本规律各有特点，是互相联系义互相区别的统一体。同一律要求人们的思维具有确定性，不允许偷换概念或偷换论题。如果违反了同一律，也就无法遵守矛盾律和排中律。只有在遵守同一律的前提下，矛盾律、排中律才能发挥作用。矛盾律要求人们的思维具有前后一贯性，不能自相矛盾，它从反面表达了同一律的内容，是同一律的进一步扩展相补充。它断定二者不能同真，必有一假。违反矛盾律，也就违反了同一律。同时，人们在同一思维过程中，只有在既遵守同一律又遵守矛盾律的前提下，排中律才能发挥作用。排中律要求人们的思维具有明确性，回答问题不能含糊其词，模棱两不可。排中律起作用的范围虽然比矛盾律小，但它"二者择其一"（两者不能同假，必有一真）的明确性却是矛盾律所不能解决的。因此，排中律又进一步深化和补充了矛盾律的内容。最后，在同一思维过程中，必须同时遵守同一律、矛盾律和排中律，充足理由律才能发挥作用。充足理由律是关于推理和论证的规律，遵守充足理由律，我们才能进行正确的推理和论证，才能使思维合乎逻辑。

　　总之，只有遵守普通逻辑四条基本规律的要求，才能做到在说话和写文章的时候，概念明确、判断恰当、推理有逻辑性、论证有说服力；才能保持思维的确定性、前后一贯性和明确性。

5.5　论证

　　现代文章可分为记叙文、说明文或议论文三个基本类别。在各种文体中，议论文与逻辑的关系最为密切。议论的目的在于说服，而说服需要论证。论证是各种逻辑思维形式（概念、命题和推理）的综合应用。

　　论证是在概念、命题和推理的基础上所形成的综合思维形式，就是用已知的真命题确定某一命题的真实性。论证是由论题、论据和论证联项组成的。论题是要阐述的基本观点，是待证的命题。论据是一些命题，是用于确定论题真实性的根据。在复杂论证过程中,可以有多层论据。论证联项是联结论题与论据的部分。在语言表达上常用"……因为……""……由于……""……理由是……"等来表示。论证联项表现为一种断定。

论证必须遵守一定规则。根据论证的逻辑结构,论证有论题、论据和论证方式三个方面的规则。论题方面应遵守的规则是:论题明确、论题同一。论据方面应遵守的规则是:论据必须是已知的真命题,且论据的真实性不应依赖于论题的真实性。论证方式方面的规则有:从论据必须能推出论题,且论证方式必须正确。如果违反这些规则,就容易犯论题不清、论题扩大(证明过多)、论题缩小(证明过少)、虚假理由(虚假论据)、预期理由、循环论证、推不出、不成理由(论据与论题不相干)、论据不足、以人为据、以相对为绝对等逻辑错误。

5.5.1 论题不清

【案例 5-84】

《吕氏春秋·淫辞篇》记载了秦赵相约的故事:空雄之遇,秦、赵相与约。约曰:"自今以来,秦之所欲为,赵助之;赵之所欲为,秦助之。"居无几何,秦兴兵攻魏,赵欲救之,秦王不悦。使人让(责难)赵王曰:"约曰:'秦之所欲为,赵助之;赵之所欲为,秦助之。'今秦欲攻魏,而赵因欲救之,此非约也。"赵王以告平原君,平原君以告公孙龙。公孙龙曰:"亦可以发使,而让秦王曰:'赵欲救之,今秦王独不助赵,此非约也。'"

《吕氏春秋》把这个故事放在《淫辞篇》(淫辞即诡辩),作为立论的第一个事实根据。条约规定"自今以来,秦之所欲为,赵助之;赵之所欲为,秦助之",是一个含混的语句,它可以涵盖双方利益一致和对立的每一件事。在利益一致的情况下,不会引起争论,但在利益对立的情况下,则会引起争抢,引起双方各取所需的强词诡辩。条约语句含混导致命题不清为日后双方纷争埋下了种子。因此,要明确论题,一般应做到三点:一是论证者思维中必须对所要论证的问题具有全面、系统、深刻的认识,把握其本质和规律;二是论证者要确切地表达论题,对论题包含的重要概念要明确其内涵和外延。三是表达论题的语句要形式恰当、用词精确。

5.5.2 论题扩大(论题缩小)

【案例 5-85】

必须加强大学生的文化素质教育。因为,加强学生的文化素质教育,有利于全面贯彻落实党的教育方针,有利于培养德、智、体、美全面发展的人才,有利于改善学校长期以来存在的人文教育薄弱的状况,符合教育改革和发展的实际,顺应时代发展潮流和世界教育改革的趋势。

论题必须同一,论证什么就是什么,始终如一,首尾相应。本案例原论题是"必须加强大学生的文化素质教育",但实际论证的却是"必须加强学生的文化素质教育"。后者中的"学生"要比前者中的"大学生"的外延大,即把原来所要论证的论题偷换成了断定较多的论题。因为后者要比前者断定的多,这就犯了"论题扩大"的逻辑错误。

还有一种情况是"论题缩小",又称"证明过少",是指在论证中把原来所要论证的论题偷换成了断定较少的命题,同样也违反了同一律,偷换了论题。

5.5.3 虚假理由(虚假论据、基本谬误)

【案例 5-86】

在科学史上,亚里士多德曾以"日月星辰都是围绕地球转的"为论据,论证"地球是宇宙的中心"的论题;牛顿曾以"上帝给了第一次推动"为论据,论证"天体是运动的"论题。

这两个论证都犯有"虚假理由"的逻辑错误。虚假理由就是用已被实践证明为假的命题来作为论据的逻辑错误。若一个论证中发现有虚假的论据,那么可以断定该论证不成立,但是论题的真假并不能确定。本例中,亚里士多德的论证不仅论据虚假,而且其论题也假;牛顿的论证虽然论据假,而其论题却是真的。

5.5.4 预期理由

【案例 5-87】

昆曲《十五贯》中的无锡知县在审理尤葫芦被杀案时,听说尤葫芦被杀后,他的女儿苏戌娟与熊友兰一路同行。尤葫芦被杀后丢失十五贯钱。熊友兰身上恰好有十五贯钱,知县既不了解他们是在什么情况下一路同行的,又不调查熊友兰身上的钱是赃款还是货款,就主观判决他们是通奸谋杀罪犯,要处以死刑。甚至,连苏戍娟的年轻美貌也成了他判案的根据,说道:"看她艳如桃李,岂能无人勾引?年正青春,怎会冷若冰霜?她与奸夫情投意合,自然要生比翼双飞之意。父亲拦阻,因此,杀其父而盗其财,此乃人之常情。这案情就是不问也已明白十之八九的了。"

预期理由就是以真实性尚未得到证明的命题作为论据的逻辑错误。知县将未经证实的"假设"作为判案的根据,凭着"想当然"来代替对案情的调查。后来经调查,发现熊、苏是被冤枉的。因此,他在审理案情时犯了"预期理由"的逻辑错误。

5.5.5 循环论证
【案例 5-88】
将"上帝是存在的"这一命题作为论题进行如下论证:

当人们思考上帝时,人们是把上帝作为一切完美性的总和来思考的。而归入一切完美性总和的是存在,因为不存在的必然是不完美的。所以,必须把存在归入上帝的完美性之中,这样上帝一定是存在的。

一个论题的"真",需要由论据的"真",逻辑地推导出来。若不能断定论据的真实性,且论证时用论题的真实性来证实,则论题和论据的真实性都无法确定。例中论题是"上帝是存在的",论据是"上帝是完美的"。为何"上帝是完美的"?因"上帝是存在的"。因此,该论证犯了"循环论证"的逻辑错误。

5.5.6 不成理由(论据与论题不相干)
【案例 5-89】
战国时期,屈原的学生宋玉为了论证自己不好色,提供了这样的论据:"天下之佳人莫若楚国,楚国之丽者莫若臣里,臣里之美者莫若臣东家之子。东家之子,增之一分则太长,减之一分则太短;着粉则太白,施朱则太赤;眉如翠羽,肌如白雪,腰如束素,齿如含贝,嫣然一笑,惑阳城,迷下蔡。然此女登墙窥臣三年,至今未许也。"

论据与论题之间要有必然的逻辑联系。如果论据不蕴涵论题或与论题无关,即使论据真,也不能确立论题真。但这并不是说论题一定为假。本例中,即使宋玉的话为真,也不能证实"宋玉不好色"。因为宋玉犯了"论据与论题不相干"的逻辑错误,即由论据的真不能推出论题真。

5.5.7 论据不足
【案例 5-90】

北宋大政治家寇准先后做了 30 年宰相,没有为自己建造住宅,有人赞他"为官居鼎鼐,无地起楼台"。由此可见寇准廉洁俭朴。

这段论述仅根据寇准"没有为自己建造住宅"一事,就得出"寇准廉洁俭朴"的结论,犯了论据不足的错误。实际上,在宋人年记和其他史料中多次提到寇准"豪侈",说明他并不"廉洁俭朴"。

论据不足是指论据虽然对于论证论题是必要的,但却不是充分的。由论据的真不足以推出论题的真,而要推出论题的真,还应提出其他的论据。

5.5.8 以人为据(诉诸权威)
【案例 5-91】

意大利著名物理学家伽利略在《关于托勒密和哥白尼的两大世界体系的对话》书中,写了这样的故事:一个经院哲学家不相信"人的神经在大脑中会合"的科学命题。于是,一个解剖学家就请他去参观人体解剖。当他亲眼看到人的神经是在大脑中会合,而不是像亚里士多德所说的在心脏中会合的时候,解剖学家问他:"现在你该相信了吧!"他却答道:"您这样清楚明白地使我看到了这一切,假如亚里士多德的著作里没有与此相反的说法,即神经是从心脏中产生出来的,那我一定会承认这是真理了。"

以人为据是指在论证中不考虑论据是否符合客观实际,而是以说话人是否为伟人、权威或者以说话人的声誉作为判断标准,来肯定或否定某一命题的真。经院哲学家仅因为亚里士多德是权威,将他的理论看成一成不变的绝对真理,犯了"以人为据"的逻辑错误。

5.5.9 以相对为绝对
【案例 5-92】

这个三角形三内角之和一定是 180°,因为欧几里得几何学证明了凡三角形三内角之和等于 180°,而这个三角形也是三角形。

以相对为绝对是指把一定条件下真实的命题当做在任何条件下都是真实的,并以此为论据进行论证。本例中,欧氏几何学反映的是地面狭小范围内物体的空间特性,它并不适用于宇宙弯曲空间和非固体物质形态空间。反映宇宙弯曲空间特性的洛巴切夫斯基几何学证明了三角形三内角之和小于 180°,反映非固体物质形态空间的黎曼几何学证明了三角形三内角之和大于 180°。因此,这段话犯了"以相对为绝对"的逻辑错误。

5.5.10 推不出
【案例 5-93】

鲁迅在《论辩的魂灵》中揭露了顽固派的诡辩论:"你说甲生疮。甲是中国人,你就是说中国人生疮了。既然中国人生疮,你是中国人,就是你也生疮了。"

论证过程中所运用的推理形式必须有效,这一般是指论证中要运用有效的必然性推理形式。只有论证方式正确,才能由论据的真推断论题的真。而违反这一规则,就会犯"推不出"的逻辑错误。上面这段话中,顽固派的诡辩推理是错误的,其中包括两个错误三段论:一是"甲生疮,甲是中国人,所以中国人生疮";二是"中国人生疮,你是中国人。所以你生疮"。前者违反了三段论"在前提中不周延的项,在结论中也不得周延"的规则,犯了"小项扩大"的逻辑错误;后者推理形式是有效的,但前提"中国人生疮"是假的,因此论据虚假,无法推出结论。

参考文献:

蔡维藩(2005):鸡蛋里面挑骨头,大连:大连出版社

陈宗明(1989):说话写文章中的逻辑,北京:求实出版社

楚明锟(2000):逻辑学——正确思维与言语交际的基本工具,开封:河南大学出版社

何向东(2004):逻辑学教程,北京:高等教育出版社

黄展骥等(1999):思维与智慧——大众逻辑,呼和浩特:远方出版社

李衍华(2005):咬文嚼字的逻辑,北京:北京大学出版社

梁 燧(1987):逻辑病例汇析,开封:河南大学出版社

吕叔湘,李广荣译(1997):有效思维,〔英〕L. S. 斯泰宾(著),北京:商务印书馆

孟宪鹏(2003):智慧的工具,北京:机械工业出版社

倪正茂(1985):逻辑和语法,福州:福建人民出版社

倪正茂(1989):逻辑基础与文章修改,北京:光明日报出版社

彭漪涟(2005):古诗词中的逻辑,北京:北京大学出版社
盛新华(1989):逻辑与言语交际,长沙:湖南人民出版社
苏培成主编(1987):语言病例分析,天津:南开大学出版社
孙中原(2004):诸子百家的逻辑智慧,北京:机械工业出版社
谭大容(2005):笑话、幽默与逻辑,北京:北京大学出版社
谭大容(1987):演讲、论辩与逻辑,重庆:重庆大学出版社
张智光(2001):生活中的逻辑与智慧,北京:华文出版社
周长秋(1990):现代汉语病句类释,济南:山东教育出版社
王　洪(2003):法律逻辑学教程,北京:知识产权出版社
王晶雄(2001):能言善辩-逻辑学知识趣谈,上海:汉语大词典出版社
〔美〕塞尔瓦托·坎纳沃著,王　迅,徐鸣春译(2002):跳出思维的陷阱,海口:南海出版公司

推荐书目:
孟宪鹏(2003):智慧的工具,北京:机械工业出版社
李衍华(2005):咬文嚼字的逻辑,北京:北京大学出版社
楚明锟(2000):逻辑学——正确思维与言语交际的基本工具,开封:河南大学出版社

思考题:
1. 说说概念与语词的关系。
2. 什么是命题?它与判断、语句关系如何?
3. 什么是推理?它与复句(句群)间的关系如何?
4. 三段论公理的内容是什么?具体体现为哪几条规则?
5. 换质推理、换位推理、换质位推理遵循的规则是怎样的?
6. 说说逻辑思维规律的基本内容。
7. 论证过程中应该遵守哪些规则?
8. 论证、反驳、辩护之间的关系是怎样的?

练习题:
1. 以下文字是否有逻辑错误?如果有,是什么逻辑错误?
   (1) 这届奥运会,世界足球强队都在积极备战,觊觎桂冠。
   (2) 再请听叶浅予同志向有关领导的反应:"我几次去杭州,他向我讨画……"

(3) 这项实验真是得不偿失,投入了那么多的巨资,可效果甚微。
(4) 短短几天,数以百计的人们前去看望老人。
(5) 经过反复实验,多次攻关,该产品质量达到了历史上的最好水平。
(6) 我国的江、河、湖泽盛产鱼、虾、盐、碱等水产。
(7) 书就是人类进步的阶梯。
(8) 这次各地送来的候选图书,题材包括语文、史地、数学、力学、光学、电学、化学、动植物、科技制作等许多方面,体裁也比较多样。

2. 以下文字是否有逻辑错误?如果有,是什么逻辑错误?
(1) 最近我们学校召集了高二8个班干部开会,研究如何评选优等生的问题。
(2) 他各科成绩都是优的原因,是他长期勤奋学习的结果。
(3) 有些私分紧缺货物的行为是不正之风。
(4) 难道能否认我们的工作没有取得很大的成绩吗?
(5) 曾被国务院、中央军委授予"缉毒先锋站"的木康公安边防检查站破获今年以来全国最大的海洛因毒品走私案……
(6) 法院在审理终结前,既不肯定被告有罪,也不否定被告无罪。
(7) 对于推荐他出席职工代表大会,他可能赞成,也可能同意。
(8) 经济适用房建设得怎么样,质量合不合格,一定要有个部门来经常检查。如果没有一个部门来经常检查,这个工程肯定好不了。

3. 请指出以下推理中的逻辑错误(如果推理有省略,请补全)。
(1) 我家做教师的多,我哥哥姐姐都是教师,所以我也当了教师。
(2) 许多亚洲国家不是经济发达国家,所以,许多经济发达国家不是亚洲国家。
(3) 教师应该遵守社会公德,我又不是教师。
(4) 小王是小李的朋友,小李是小张的朋友,所以,小张肯定也是小王的朋友。
(5) 只有犯罪的人才能称为被告,也就是说被告都是犯罪的人,张××是被告,所以,他一定是犯罪了。
(6) 最近在美洲发现了一种动物,有人说,这种动物既然不是陆生的,那一定是水生的了。
(7) 麻雀会飞,乌鸦会飞,大雁会飞,天鹅会飞,我们亲眼见过的所有的鸟没有不会飞的,因此所有的鸟都是会飞的。
(8) 在明代谢肇淛汇编的《五杂俎》中,有一个人罚人吃肉的笑话:
李载仁,唐之后也,避乱江陵。高季兴署为观察推官,性迂缓,不食猪肉。一日将赴召,方上马,部曲相殴。载仁怒,命急于厨中取饼及猪肉,令相殴者对餐之。复戒曰:"如敢再犯,必于猪肉中加之以稣!"闻者笑之。

4. 指出下述文字是否违反了逻辑思维规律?如果违反,犯了什么逻辑错误?

(1) 古希腊时期,有一位诡辩学家对一位青年说:"你丢失的东西也就是你没有的东西,对吗?"青年回答:"对!"诡辩学家说:"那么,你头上没有角也就是你丢失角了。"青年无以对答。

(2) 青年人应有远大理想,因为青年是祖国的未来,也就是说,什么样的青年最理想?体魄健全,思想进步才是最理想的青年……

(3) 一则题为《中外阅读专家探讨"分享阅读"》消息开头是这样的:我国自古就有重视儿童阅读的传统,但有关调查表明,中国儿童进入自主阅读的年龄大大低于西方儿童,即使北京儿童,阅读障碍发生率也达6%—8%。今天在北师大召开的中西儿童阅读教育研讨会认为,作为中外合作研究成果的"分享阅读"理念,是帮助儿童从依赖阅读走向独立阅读的桥梁。

(4)《庄子·山木》中有这样一个故事:庄子行于山中,见大木,枝叶盛茂,伐木者止其旁而不取也。问其故,曰:"无所可用。"庄子曰:"此木以不材得终其天年。"夫子出于山,舍于故人之家。故人喜,命竖子杀雁而烹之。竖子请曰:"其一能鸣;其一不能鸣,请奚杀?"主人曰:"杀不能鸣者。"明日,弟子问于庄子曰:"昨日山中之木以不材得终其天年,今主人之雁以不材死,先生将何处?"庄子笑曰:"周将处乎材与不材之间。"

第六章 私人文书的写作

关于私人文书,并没有严格的界定和分类。下面,我们将讨论几种日常生活和工作中常用的私人文书:个人申请书、求职信、求职简历、个人启事和个人总结。

6.1 个人申请书

个人申请书是个人向有关组织或部门表达某种愿望或提出某种要求时所使用的一种文书。个人申请书的用途十分广泛,请假、休学、复学、求职、调动工作岗位、困难补助、补发证件等等。要求加入党、团组织及民间社团时,也要写申请书,递交有关组织部门,以示态度。可以说,个人申请书是公民在准备实施某一法律行为时,按照有关规定,向有关政府部门、社会团体或本单位领导提出申请以求得批准和具体处理意见的一种常用文书。

个人申请书的结构一般由标题、称谓、正文、结语和落款五部分组成。

标题 在通常情况下,个人申请书的标题有两种结构形式:一是事由加文种,如《入党申请书》、《开业申请书》,或是只用文种作标题,如《申请书》。

称谓 另起行,顶格写明接收申请书的单位名称或领导人姓名,加冒号。如:"公司党总支领导同志:"。

正文 正文要开门见山,直截了当。写申请什么,为什么申请。可以写申请的目的、意义及自己对所申请事项的认识。

结语 进一步表达请求批准的愿望或者敬辞。如"请组织上考验我"、"请领导研究批准"等。结语如果表示敬意,最常用的语句是"此致、敬礼"。

落款 在右下方署明申请人姓名,并在姓名下面注明时间:年、月、日。

【案例6-1】

入党申请书

敬爱的党组织：

　　我申请加入中国共产党。我志愿拥护党的纲领，执行党的决定，严守党的纪律，履行党员义务，对党忠诚，随时准备为党和人民的利益牺牲一切，永不叛党。

　　中国共产党是中国工人阶级的先锋队，是中国各族人民利益的最高代表，是中国社会主义事业的领导核心。党的最终目标是实现共产主义。中国共产党以马列主义、毛泽东思想、邓小平理论作为自己的行动指南，自1921年建党至今，我们的党已经有了84年的光辉历程，从建党之初的50多名党员，发展到今天这样一个拥有六千多万党员的执政党。在长期的艰苦卓绝的革命斗争中，先后形成了以毛泽东、邓小平、江泽民为核心的三代党中央领导集体。正如江泽民同志所说："党领导全国各族人民为中国社会主义进步和发展做了三件大事：第一件是完成了反帝反封建的新民主主义革命任务，结束了中国半封建、半殖民地的历史；第二件是消灭了剥削制度和剥削阶级，确立了社会主义制度；第三件是开辟建设有中国特色的社会主义道路，逐步实现社会主义现代化，这件大事现在继续在做。"

　　胡锦涛总书记站在党和国家发展的历史高度，反复强调："要加强党的先进性建设，提高党的执政能力，最终要落实到实现好、维护好、发展好最广大人民的根本利益上来。这是衡量党的一切工作是非得失的根本标准，也是衡量党的先进性的根本标准。"

　　正是因为耳濡目染革命前辈对党的执著追求，我从小就树立了一定要加入中国共产党的远大志向。今天，我郑重地向党组织递交入党申请书。今后，我要更加努力工作，尊重领导，团结同志，还要定期向党组织汇报思想，经常与党员交流思想，使自己能够更快地进步成长。

　　请组织接受我的请求并在实际的工作中严格考验我。

申请人：×××
2005年12月10日

　　这份《入党申请书》就是按照申请书的标准格式完成的：标题，称谓，正文（申请事项、申请原因）结语和落款。

　　为了使党组织对自己有较全面的了解，申请人还应另写一个附加材料，将个人的履历、家庭成员及主要社会关系的情况写清楚，个人的政治历史情况和奖惩情况也要写清楚。

个人申请书的事项和原由是正文部分不可或缺的两项基本内容,先写事项还是先写原由要根据具体情况来定。下面是一份申请迁入户口的个人申请书:

【案例 6-2】

户口迁入申请书

白陀山派出所:

　　我叫白琳,是 11 委 11 号居民,女,现年 43 岁,在县拖拉机修配厂工作。我爱人欧阳山,46 岁,是副食品商店的营业员。我因患病,婚后一直没有生育。家中只有我们夫妇二人,经济宽裕,但精神上很寂寞。经协商,我们准备把堂弟的三女儿欧阳佳接到我家,给我们做女儿,欧阳佳今年 3 周岁,此事已经双方同意,并于今年 11 月 12 日办理了有关领养的公证手续。现特向派出所申请,准予将欧阳佳的户口迁入本户为盼。

　　此致
敬礼!

白　琳
2000 年 11 月 28 日

这份个人申请书写得简明扼要,先作自我介绍,叙述原由,原由陈述得很清楚,然后水到渠成地提出申请事项,结语是简单的敬辞。

写个人申请书包括请假都不应当忽略标题,标题是私人文书的重要组成部分。个人申请书第二个容易忽略的是原由,可以这样说:不把申请事项的原由交代清楚的个人申请书是不合格的。请看下例转系转专业申请书:

【案例 6-3】

校、系领导:

　　你们好!
　　我申请转到××系××专业学习,请批准。

学生××
××××年×月×日

对个人申请书,不写清申请事项原因和理由是大忌。此类转系、转专业的申请书,除了个人特长和爱好或是疾病生理缺陷原因外,还要有学校相关政策的依据,这都需要在申请书中明确写出,如某校出台了这样的转系、转专业规定:

　　第十九条

本校学生具备以下条件者,可以准许提出校内转系、转专业的申请:
(一) 学生确有拟转入某专业的特长和兴趣,转专业更能发挥其专长(具体标准由接受院系确定);
(二) 有某种疾病或生理缺陷(不含隐瞒既往病史入学者),经校医院检查证明其确属不宜在原专业学习,但尚能在拟转入专业学习者;
(三) 学校或院系根据需要调整专业时,学生也可提出转系、转专业要求。

了解了有关规定,在申请书的正文介绍了个人的情况后,还要明确指出"根据学校××文件第十九条第一项,我申请转到××系××专业。"此外,个人的获奖证书和医院证明都是申请原由不可缺少的组成部分。

个人申请书的种类很多,写申请书需要了解所申请事项的要求和写法。比如个人的《要求国家赔偿申请书》。《中华人民共和国国家赔偿法》第十二条规定:要求赔偿应当递交申请书,申请书应当载明下列事项:(1)受害人的姓名、性别、年龄、工作单位和住所,法人或者其他组织的名称、住所和法定代表人或主要负责人的姓名、职务;(2)具体的要求、事实根据和理由;(3)申请的年、月、日。

有的申请事项是要具备相关条件的,只有符合这些条件,才能达到申请的要求。例如个人申请开业。个人开业需要具备什么条件,才有可能批准。了解之后,再写申请。

分析并修改下例《开业申请书》:

【案例 6-4】

开业申请书

市工商局:

我是待业青年,2002 年高中毕业后一直在家自学无线电维修知识。去年自费到夜大参加无线电修理技术培训班,以优异成绩结业。现在我已经掌握了修理国产和进口电视机、收录机、录音机技术。为了减轻国家负担,给社会做点贡献,改变依靠父母养活的状况,我申请开办个体无线电维修部。请考核我的技术,批准我的要求,发放营业执照。开业后,我保证遵守国家的政策、法令,维护市场秩序,按章缴纳税金,如实反映修理情况,服务热情周到,保证让顾客满意,保证价格公平合理,优质服务。

　　　　此致
敬礼

申请人:王胜利
2002 年 3 月 3 日

这则个人开业申请书存在的第一个问题就是没有抓住重点,关键是开业需要具备什么条件,个人的开业条件是否符合要求。人家要什么,申请书就要给人家写什么,这样开业申请书才能抓住重点。必要的技术培训,开业的资金,开业的地点是否落实……这都是需要的内容,与此无关的内容都要删去。申请开业,还仅仅是个申请,能否开业,还未知,那么,对开业之后,将如何做,就都谈不上,没有必要表白。

抓住重点,其他的内容要简写,简写也要写清楚,不能苟简。如:"市工商局"应为"××市工商局","我是待业青年"应为"我是本市待业青年",因为只对本市的待业青年的开业申请的事宜,××市工商局才有权、有责接受和办理。

个人申请既然提出来了,就应当在申请书中明确要求答复,除了事项还要提出要求,这里却没有写。不单是提出要求、请求答复,还要在申请书中给对方联系的方式:电话、地址、邮编、信箱等。

最后,正文表述后要加附件,如身份证、待业证、学习的结业证书、技术进修证书等。

可修改为:

开业申请书

××市工商局:

我是本市待业青年,2002年毕业后一直在家自学无线电维修知识,去年自费到夜大参加为期一年的无线电修理技术培训班,以优异成绩结业。我持有本市青年待业证,又获得了无线电修理技术2级证书,今后想以一技之长谋生,不再加重父母的负担,为社区服务。我的想法得到了亲友在资金等方面的慨然相助,开业地点也已经落实,我申请在××街××号开办个体无线电维修部。

请考核我的开业条件,批准我的开业请求,发放营业执照。盼复。

本人住宅电话:××××××××手机电话:××××××××××

附件:

  (1)王胜利身份证复印件

  (2)王胜利待业证复印件

  (3)王胜利无线电维修技术2级证书复印件

  (4)××市××街道居委会证明

申请人:王胜利
2002年3月3日

如果打算辞职,就需要撰写辞职申请书。辞职申请书的结构也由五部分组成:①标题。《辞职申请书》《辞职信》等。②称谓。③辞职请求和理由。④感谢的话语或是敬辞。⑤署名、时间。

如下面的《辞职申请书》:

【案例6-5】

辞职申请书

公司人事部:

　　我因为要去美国留学,故请求辞职。

　　感谢公司四年来对我的培养,公司的企业文化感化和教育了我,我对公司是深有感情的。留学归来,我仍愿意回公司工作。

　　请领导批准为盼。

市场部　张三丰
××××年×月×日

辞职申请书的缘由要力求简约,但是在一些特定的情况下,需要把辞职的原因阐述充分,这就需要把握叙述的概括性,避免细节的描写。

6.2　求职信　求职简历

求职信,也叫职位申请书,或叫自荐信,是当前经常用的个人申请书,所以单独划为一节。

求职信很重要,写好求职信是成功推销自己的第一步。现在用人单位一般都是先看书面材料,比较筛选后再通知面试。

招聘会上,人山人海,有时几百个求职者竞争一个职位。求职者使出浑身解数,推销自己。然而,大多数求职信和求职简历,不会被认真阅读。为什么?求职信、求职简历写得不好。

如何写好求职信、求职简历?一般来说,求职信的写作有以下几项要求:

1. 交代要清楚:姓名,性别,年龄,学历,政治面貌,工作简历……有的求职信,说了许多话,但是连是男是女都没说明,粗枝大叶。

2. 介绍要对路:求职信,一式百份,广为散发,到处投递,这是很常见的做法。写求职信,对用人单位一定要有所了解。另外,对自己的介绍也要对路。应聘公关部门,就着重介绍身高、容貌、性格、口才、交际能力和应变能力。如果应聘的是电脑维修师,身高、容貌都关系不大,但是计算机专业知识及操作能力不可忽略。有的人谋求市场营销职务,求职信却写了许多自己艺术方面的特长,对于是否具有推销商品的能力一字不提,这就很难达到预期的效果。

3. 才华要展示:求职信只有充分展示自己的才华,全力以赴推销自己,才能引起用人单位的注意和兴趣。美国专门教授求职技巧公司的一位经理说:"你所要做的就是把你的长处亮出来。你的实力如何?自信心怎样?你的体力、精力是否充沛?你是否全神贯注?你办事果断否?你成熟老道否?你反应灵敏否?你意志坚强否?……这一切我们都想了解。"

求职者要用工作中或在校时的具体实例来证明自己的才干。例如可写上:"毕业实习时,我推销的产品比其他人都多,高出平均数量两倍。"除此之外,专业、学习成绩、工作能力、社交能力、业余爱好与特长、获得的奖励与荣誉、受过何种专业培训、自学过什么技能等,都应具体介绍,通过具体事例或数字说明,这是用人单位最为关心的。当然所介绍的情况必须真实。

4. 态度要谦逊:才华固然要展示,态度更要谦虚。有些求职信片面推销自己,言过其实。例如:"我若被录用,一定能使贵公司扭亏为盈,使产品打入国际市场,使企业成为国内一流企业。"这只能让人反感。

求职者应持参与者、小学生的态度。如:"贵公司上下团结进取,开拓创新,在过去的几年里,创造了辉煌的业绩,我若有幸被录用,相信通过您和其他同事的传、帮、带,定能发扬公司艰苦创业、勤奋求实的传统,很快成熟起来,将过去在学校所学知识与本领充分发挥出来,为公司的腾飞,竭尽自己的微薄之力,奉献自己的报国之心。"

另外,有人求职跳槽,想改换工作单位,一般都应从正面写明自己在原单位专业不对口,或者想在事业上更上一层楼,千万不要一味贬斥自己的原单位,以英才、千里马自居。否则,只能让人怀疑你的人际关系。

5. 文面要讲究:求职信内容固然重要,形式也不可忽视。写求职信,长短要适宜:太短,难以介绍清楚自己;太长,又会惹人厌烦。求职信一般在800—1000字;有些内容,如简历、发表的论文、获奖的证书,可另外附表。讲究版面,还要格式正确、字迹工整,特别不能有错别字,有错别字的求职信一般不会成功。

求职信的写作,结构上一般可分为五个模块:称谓、正文、结尾、署名和日期、附件。

1. 称谓。第一行,顶格写收信人单位名称或个人姓名,单位名称后可加"负责同志",个人姓名后可加"先生"、"女士"或"同志",称谓后写冒号。还有一种是姓加官衔或职衔,一般以其高者、尊者称呼。

2. 正文。要另起一行,空两格开始写,正文内容多,要分段写。正文开头的功用主要是抓住人的注意力,吸引对方看完你的材料,引导对方自然而然进入你的重点内容而不感到突然。正文的模块,最常见的写法是先简要介绍自己的情况,然后直截了当转到自己是怎样想到要到这个单位求职的。介绍自己的有关情况要简明扼要。

正文模块需包含三个小模块:

① 介绍自己 求职资格,工作经历,参加过的有关社会实践,你为这项目标做了哪些教育准备,受过什么专业训练,有什么经验,以此证明你的资格和能力。

② 转到对方,写你对该单位的了解和兴趣 语言要得体,谦虚诚恳,不卑不亢。如果对工资有要求,可说出具体的范围标准,并且把它与你将对目标单位做出贡献的大小联系起来。

③ 结束语 提示说明求职信后的有关附录或附件,提出希望,请用人单位尽快答复:"盼望您的答复","敬候佳音","希望您能为我安排一个与您见面的机会"等。

3. 结尾。祝颂语:"此致"、"敬礼"等等。

4. 署名和日期。姓名和成文日期写在右下方,姓名在上,成文日期在下,姓名前不必加任何谦称的限定语,成文日期要年月日俱全。

5. 附件。附件是求职信不可忽视的组成部分。

【案例6-6】

求 职 信

××公司人事部主管:

您好!

我是北京××大学经济学院企业管理系大四学生,今年6月即将毕业,踏上工作岗位。贵公司以先进的管理水平和出色的工作业绩闻名,我一直向往能有机会进入如此优秀和富有挑战的工作环境。近日,我从媒体广告得知贵公司招聘文秘人员,特来应聘。

我在大学期间,刻苦努力,较好地完成了公共基础课、专业基础课和专业课程的学习,还尽可能多地选修了相关和拓展性课程,成绩均为优良。除了课堂学习,我很重视社会实践活动,注意培养自己多方面素养和发展多种能力。随信附上我的简历,学习成绩单和获奖证书的复印件。

我跨系选修了文化与传媒学院的文秘专业课程,并通过了相关课程的考试。我既具备了企业管理的专业素养,又有文秘专业知识并受过基本技能训练,掌握了公文文体和宣传文体的写作,熟悉电脑等现代化办公设备的运用,我相信自己能够胜任公司文秘工作。

请参阅所附资料,期待着能给我提供一个面试的机会。

此致

敬礼!

李××

2005年1月3日

通讯地址:北京市××区××路××号××号楼××门××室

邮编:100070

联系电话:(010)×××××××××;手机:××××××××××××

附件:① 个人简历1份

② 学习成绩单复印件1份

③ 获奖证书复印件3份

在当前的经济社会中,职场上更为流行的是求职简历而不是求职信。所谓"一份简历打天下",是说用人单位基本上不读求职信,而是用一份简明的求职简历进行初选。如:

【案例6-7】

求职简历

姓名:××   性别:×

年龄:××   学历:大学本科

籍贯:××   特长:市场营销、国际贸易

个人履历:

1997年8月至2000年9月高中毕业

2000年10月至2004年7月××大学××系××专业毕业

2004年8月至2005年10月公司做市场营销、商场销售等工作

个人简介:

本人从小学到大学一直住校,锻炼了独立的性格,而且一直担任班干部,养成了协调各方面事务的能力。12岁就独自外出旅游,去过我国大多数省会城市,能够随机应变、适应环境及乐于接受新事物。本人性格开朗、活泼、外向。求职意向:仅定在销售行列。

联系电话:××××××××

联系地址:××××××××××××(邮编:××××××)

求职简历必须包括：① 个人基本情况；② 个人履历（包括个人的学习经历和工作经历）；③ 个人简介即个人情况综述；④ 求职意向；⑤ 联系方式。

缺项或者不能明确表达求职意向的简历往往不会获得成功。

在求职简历中，个人情况综述是不能忽视的重要内容，职场的比拼往往就是比拼学历和年龄，但是如果简历的写作抓住适当的角度，学历低、年龄大的求职者有时也会获得意想不到的成功。如下例：

【案例 6-8】

个人简历

姓名：×× 年龄：××

学历：中专 薪金要求：面议

主要工作经历：

1994 年至 1998 年在××畜产集团从事饲料、兽药的销售工作

1999 年至 2000 年在××建材公司从事建筑排水管材料销售工作

2001 年至今在××建材开发公司从事建筑管道相关产品销售工作

个人简介：

多年的市场销售工作使我能和客户保持良好的业务关系，我一向工作业绩优良，为公司年年取得较好的利润。本人为人诚实磊落，工作沉着稳重，适应能力强。本人坚信，从事市场营销工作，能力强于学历。

求职意向：市场营销

联系方式：××××××××（电话） ××××××××××（手机）

这份简历用"能力强于学历"这样的观点影响用人单位，有效地避开了自己的学历，突出了自己的能力。在个人情况综述里一定要扬长避短，突出自己的优势，回避自己的劣势，这是一个重要的原则。

有许多大龄求职者在求职自认为能胜任的工作时，常常因为年龄的原因被拒之门外，因此，在写简历的自我综述时更需扬长避短。有一份中年求职简历这样介绍自己："我虽然年龄偏大，但身体良好，十几年的企业管理经理，从企业至公司几乎所有涉及管理的职位我都有亲身的经历，既当过企业（公司）的正职，也做过副手和中层骨干，从上至下，由下而上，能够较好地领会领导的意图进行工作，自信我的这些丰富阅历对贵公司的工作不无裨益。"

大龄求职者有年轻人比不了的优势，这就是岗位经验。工作能力主

要是在岗位上获得的,在岗位上获得的东西,在学校里是学不到的。因此大龄求职者应在求职简历中突出自己丰富的工作经验和人际关系资源。

求职简历在自我介绍时,重点是要将个人情况与所应聘的职业、岗位接近或者相关,根据不同的职业、工作岗位突出自己的特点。例如:

到政府机关、事业单位求职时,应该突出的是:① 政治上可靠,在大是大非面前与党中央保持一致;② 服从上级,个性不太强;③ 踏实、认真的工作态度;④ 谦虚谨慎,尊重老同志、老干部。

到外企求职时,应该突出的是:① 诚实可靠,外企最反感在简历中弄虚作假的人;② 有敬业精神并且对工作充满热情;③ 具有较强的学习能力,在最短的时间里能掌握新的知识和技能;④ 与人协作的团队精神,外企认为优秀个人的成绩离不开集体的共同努力。

到规模不大的民营企业求职时,应该突出的是:① 求职者单一作战的能力,他们希望求职者什么都能干;② 要有在其他单位短时间成功的实例,民营企业喜欢立竿见影;③ 要有奉献精神,最好是多干活,少拿钱;④ 不要在简历中写薪金要求。

在谋求财务管理方面的职位时,应该突出的是:① 保密性,做好财务保密工作,是财务人员的职责;② 服从指挥,财务人员的个性不能太强;③ 工作责任心强,有为各部门服务的意识;④ 具有财务分析能力,能拿出降低成本的方案;⑤ 财务总监应具有融资能力,知晓融资渠道。

求职简历常见错误如下:

① 求职目标不明确。

② 个人简介与求职岗位无关。

③ 不恰当地提出薪金要求及福利待遇。

④ 在简历上吹牛甚至撒谎。

⑤ 简历上有错字、病句以及改动的痕迹。

求职信一般按模块写,但也可以不拘一格。英国物理学家、化学家法拉第能成为举世闻名的伟大科学家,缘于他写给英国著名化学家戴维的一封特殊的求职信。法拉第当时只是一个学徒工,但他渴望在戴维手下工作。为了求职,1813 年,法拉第给戴维寄上了自己认真整理好的,旁听戴维科学讲演的记录,表达了自己对科学的热爱和在戴维手下工作的愿望。戴维很快回了信,并且约他面谈。见面后,戴维毅然决定聘请法拉第做自己的助手,安排法拉第在皇家学会实验室工作。法拉第从此走上科学大道,后来成为举世闻名的伟大科学家。

6.3 个人启事

启事的"启"字含有"陈述"、"打开"的意思,"事"即"事情"。启事,就是公开陈述事情。这个应用性文种既可以用于公务,又可以用于私人。用于公务,如招生、招聘、招标、招工、迁移、更名、改期、开业、停业、竞赛、讲座都可以用"启事"。用于私人,如征婚、换房、寻人、寻物、个体开业、婚庆,凡是个人需要向公众说明并请求支持的事情,用文字来表达,都是个人启事。

尽管启事的种类繁多,但其结构大体相同,通常由标题、正文、落款三部分组成。

标题。标题的写法是多种多样的:① 以文种作标题,如"启事"、"紧急启事";② 以事由作标题,如"寻人"、"失物招领";③ 以启事人姓名和文种作标题,如"王××启事";④ 以事由和文种作标题,如"开业启事";⑤ 以启事人姓名、事由、文种构成标题,如"王胜利、白冰洁婚庆启事"等。特别要注意的是不能将"启事"写成"启示",因为"启示"的含义是"启发指示",与"启事"的含义"公开陈述事情"大不相同。

正文。具体说明启事的内容。正文一般包含启事的缘由、事项、要求等。如果内容较多,可分条列项,逐一交代明白。正文部分是体现各种启事不同性质、不同特点的关键部分,应依据启事的内容和要求,变通处置,不可强求一致。寻物启事应着重交代丢失物品的名称、特征、时间、地点、失物交还的方式和酬谢等;开业启事则应写明开业名称、概况、性质、地点、经营项目和开业时间等内容,文末可写上"此启"或"特此启事",亦可略而不写。

落款。写明启事个人的姓名和启事日期,也可以省略。有的启事不写明个人姓名,如出租、征婚,但是需要写明个人联系方式,如电话、电子邮箱或中间人联系电话等。如下例:

【案例6-9】

房屋招租启事

议价月租金:1200元;房型:两居;地区:××区。

房屋位于××街交警支队宿舍小区内,南北朝向,三层,80平米,两室一厅一厨一卫,家具齐全,电视、洗衣机、电热水器具备,独立水、电、煤气表。中档装修,外部环境幽静、安全,有停车位。有意者请联系房主。

手机:139××××××× 电话:××××××××

写个人启事需要注意的问题：

1. 标题要简短、醒目，主旨鲜明突出，高度概括，能抓住公众的阅读心理。

2. 内容要严密、完整。启事的事项一定要严密、完整，不遗漏应启之事，且表述清楚明确。要求内容单一，一事一启，便于公众迅速理解和记忆。特别是联系方式要交待清楚。

3. 启事的文字要通俗、浅显、简洁，语言要热情、恳切、有礼貌，使人产生信任感，达到预期效果。

评析并修改下面的启事：

【案例 6－10】

启　　事

堂堂男子，三十而立，身高175厘米。体魄健壮魁伟，大学本科毕业，干部家庭出身，经济生活优裕。商海鏖战五年，现任某公司副经理之职。尚未结婚，思得佳偶。物色芳龄25岁上下、中专以上学历、品貌端庄、性情温柔之女士为妻。必须本市户口，职业可以不限。如寄锦笺玉照，本人收到必复。赐函请寄××路××号××室×××收转可也。谢绝来访。谢绝电话咨询。邮政编码为510051。特此敬告。

评析：这篇启事格式上基本符合要求，有标题，有正文，有联系方式。先看标题，标题为"启事"不如直接用事项"征婚"做标题更醒目，能将主旨鲜明地突出出来。因为是征婚，中国人的习惯不大愿意公开姓名，启事只告知通信、联络办法，请中间人收转信件，可以理解，也是适宜的。

写启事的目的是希望得到人们的关心、支持和协助。因此，内容要真实，态度要诚恳、有礼貌。在这则启事里，"必须本市户口"这样的语气，夹杂着征婚者居高临下的味道，忘记了要平等待人，容易得罪敏感的女性读者。另外，这则启事的文风也显得装腔作势，不够朴实，容易引起女性读者的反感。

既然启事中没有提供电话号码，"谢绝电话咨询"之类显然是无的放矢。

修改稿：

征　　婚

男，30岁。身高1.75米，健壮，未婚。本科毕业，干部家庭，某公司副经理。择偶条件：25岁左右女士，中专以上学历，品貌端庄，性情温良，身体健康，本市户口，职业不限。来函必复。信寄××市××路××号××室××收转，邮编：510051。

6.4 个人总结

个人对自己在规定时限内的某项工作或学习情况进行回顾、分析、研究,从中找出经验和教训,引出规律性的认识,明确今后实践的方向;把这些内容系统化、条理化,形成文字的文书就是个人总结。

常用的个人小结或体会也是总结,只是它所反映的内容较简单或者时间较短、范围较小而已。

个人通过写总结反思过去、展望未来,发扬成绩、纠正错误,或者在一个特定的范围里向上级汇报,与同事交流,沟通信息,共同提高。个人总结得出的经验会带有较强的个性特点。

个人总结一般分为全面总结和专题总结两类。

全面总结,是个人的综合性总结,它要展现个人一定时期内工作或学习的全貌,包括的内容比较广泛,既要反映概况和取得的成绩,存在的问题、缺点,也要写经验教训和今后改进的意见等。

个人总结的结构包括标题、正文和落款。

标题 最常见的是时限加文种,如"××××年度个人工作总结",这是"完整式"标题。全面总结一般都采用这种形式的标题。

正文 全面总结的基本形式是"三段式"结构:导言、主体、今后。

1. 导言 这是总结的开头部分,通常是简明扼要地说明总结所涉及的时间、背景、任务、效果等,目的在于给人以总体印象,然后用"现将具体情况总结如下"等语句领起下文。

2. 主体 总结的主体部分,主要是陈述具体事实和数据,但是一定要注意点面结合,突出重点,详略得当。

3. 今后 这是总结的结尾部分,要说明尚存在的问题,针对这些问题,提出对今后的设想及改进意见。如要发扬什么,克服什么,要向什么方向努力,达到什么目标等。

个人的全面总结,通常是年终时个人向上级递交的工作或学习汇报,主要侧重个人情况的报告和信息的沟通,如下例:

【案例6-11】

××××年度个人工作总结

××区政府办公室秘书××

我是1999年3月从区房产科借调到区政府办任秘书的,主要负责城建、城市管理、环保、劳服、公安、司法等方面工作的文件、综合材料的起草和印制；完成主管领导交办的其他工作。一年来，在办公室主任的领导下，在同志们的支持和帮助下，较好地履行了工作职责，完成了工作任务。现将工作情况向领导同志做简要汇报。

1. 加强学习，提高了政治水平。

具备良好的政治和业务素质是做好本职工作的前提和必要条件。一年来，我利用工作和业余时间系统地学习了《马克思主义哲学》、《毛泽东思想概论》、《社会主义市场经济》、《行政管理》、《刑法》、《民法》、《公文写作》这些与业务相关的著作、法规和条例。通过学习，进一步提高了自己的政治水平和驾驭实际工作的能力；提高了思想觉悟和执行党的路线、方针、政策的自觉性；提高了对党在新时期的作用和建设有中国特色社会主义的认识。作为一名中共预备党员，通过对《党章》的学习，我更加明确了党员应该具备的素质，坚定了成为一名光荣的中国共产党员的决心。

2. 勤于动笔，增强了文字能力。

秘书工作要求有较强的文字表达能力和逻辑思维能力。为了提高自己的写作能力，我从研究已经成型的材料入手，边写边改，并请老同志和领导提出意见和建议，反复推敲。一年来，我起草各种综合材料15份，文件20份，信息12篇。我还深入到城市管理行政执法分局和基层了解情况，编发了《城市管理活动主题信息》，并及时报送到市政府有关部门，使上级对我区工作有了全面的了解。

政府印发的文件具有严肃性和权威性，是代表政府的形象的，出现任何纰漏都会影响政府工作的正常进行。对于要印发的文件，我每次都进行认真的核稿和校对3遍以上，并请其他秘书帮助把关，减少了出错的几率，保证了文件准确、及时发放。

3. 快速反映，完成了紧急任务。

由于主管领导分管的工作都是涉及到群众利益的大事，所以临时性工作和紧急性任务比较多。今年7月的一天，在二公司楼区入口处，有人私自卸了几车建筑垃圾，阻碍了行人通行，领导临时决定将清理任务交给了我。当时出租的货车都已收工，我四处寻找、询问，最后终于在铁路货场找到了已经收工的货车，将所有垃圾清理干净时，已是第二天早上了。

在拆迁厂西违章建筑时，几家钉子户拒绝拆迁，群众反响很大，因为还没有到强制拆迁的时间，领导临时指派我协调有关部门做他们的思想工作，想办法让他们自拆，以尽量避免损失。我协调城管执法局和区法院的同志一起到现场，向这几家住户宣传有关拆迁的法律法规和城市改造的必要性,晓之以理,动之以情,终于说服了他们进行了自拆,减少了不必要的损失,保证了整个厂西的顺利拆迁。

虽然我在这一年的工作中取得了一定的成绩,但还存在一定的问题和不足。一是工作有急躁情绪,有时急于求成,反而影响了工作的进度和质量;二是处理一些工作上的人际关系还不够成熟。今后,我还要继续加强学习,戒骄戒躁,努力实践,为把自己培养成为新时期的合格人才而努力。

××××年×月×日

专题总结。专题总结是对个人的某项工作、学习或某一方面的问题进行的专门性总结。这类总结往往偏重于总结某一方面的成绩、经验,其他方面则可少写或不写。这类总结不仅在于报告和沟通,还需要把其中的经验性的内容特别强调出来,这是它与全面总结的不同之处。

用于公文的专题总结的标题都是灵活多样的,如《石扇镇是怎样脱贫致富的》。用专题名称加文种构成标题是专题总结最常见的标题,如《小康示范村建设总结》、《统计系微积分教学总结》等。

个人专题总结的标题更可以灵活多样,主体部分不必面面俱到,经验和个人的心得体会是重心。抓住了心得体会,专题总结就有了主题。

一般说来,总结应以叙述为主,专题总结则需要多发议论,对所叙述的事实进行梳理和升华,用分析、综合、论证,把分散的、感性的材料转化为具有指导意义的理论,但议论的比重不宜超过叙述。

很多个人总结存在的共同问题是,内容笼统,全面总结记流水账,专题总结写不出经验性的内容,这是需要注意的。

参考书目:
田小野等(1993):写作新教程,北京:北京经济学院出版社

思考题:
1. 假设:前两天,你所在部门的某项工作出现了一个小差错,由于你的直接上级并不了解其中的全部情况,所以你担心他可能会由此产生对你的发展不利的想法。在此,请你给他写一封私人信件,阐明你对此事的观点或想法。

2. 假设:目前在你脑海里有一个对公司某方面建设非常有益的合理化建议,为此你想通过文字形式向有关部门提出。现请你草拟一篇应用

文来阐述自己的观点和建议。

练习题：

根据个人申请书的要求，分析并修改下面的请假条：

请 假 条

敬爱的老师：

  昨夜雨急风骤，风云异色，天气突变。因吾尚在梦中，猝不及防，不幸受凉！鸡鸣之时，吾方发现。不想为时已晚矣！病毒入肌体，吾痛苦万分！亦悔昨夜临睡之际，不听室友之劝，多加棉被一条，以至此晨之窘境。吾痛，吾悔！无他，惟恸哭尔！室友无不为之动容！本想学业之成就为吾一生之追求！又怎可为逃避病痛而荒辍学业乎！遂释然而往校。但行至半途，冷风迎面吹，痛楚再袭人。吾涕泪俱下。已到生不如死之境。哪得力气再往之。不得已，而借友人之臂，返之！由此上述，为吾未到校之缘由。吾师应懂，吾未到校，乃吾迫不得已尔。非不为也，是不能也。吾亦懂，吾未到校，吾师失一佳徒之痛苦。无吾，汝课索然无味矣！汝苦，吾亦苦!! 但，病痛不饶人，敬请谅之！如有幸再见吾师之面，再听吾师之课，吾当负荆请罪，自辱其身！呜呼哀哉！哀哉痛矣！

学生×××敬上

××××年×月×日

第七章 公务文书的写作

公文,是公务文书的简称。此处专指行政公文。国务院 2000 年 8 月 24 日颁布的《国家行政机关公文处理办法》(以下简称《办法》)对公文这一概念的表述是:公文"是行政机关在行政管理过程中形成的具有法定效力和具体范式的文书,是依法行政和进行公务活动的重要工具"。

公文写作的依据有二:一是国发[2000]21 号文件;一是国家质量技术监督局发布的 GB/T9704—1999《国家行政机关公文格式》国家标准。

值得注意的是,国家有关部门每隔若干年都要对公文重新颁布有关文件和国家标准。

下面从公文的文种;公文的文号和标题;公文的语言要求;常用公文的写作四个方面谈公文的写作。

7.1 公文的文种

写公文是为了办事,动笔之前先要考虑办事要用什么文种? 为此,先要知道有哪些文种。

依据《办法》规定,现行公文有 13 种:

1. 命令:适用于依照有关法律公布行政法规和规章,宣布施行重大强制性行政措施,嘉奖有关单位及人员。

2. 决定:适用于对重要事项或者重大行动做出安排,奖惩有关单位及人员,变更或者撤销下级机关不适当的决定事项。

3. 公告:适用于向国内外宣布重要事项或者法定事项。

4. 通告:适用于公布社会各有关方面应当遵守或者周知的事项。

5. 通知:适用于批转下级机关的公文,转发上级机关和不相隶属机关的公文,传达要求下级机关办理和需要有关单位周知或执行的事项,任免人员。

6. 通报:适用于表彰先进、批评错误、传达重要精神或情况。

7. 议案:适用于各级人民政府按照法律程序向同级人民代表大会或人民代表大会常务委员会提请审议事项。

8. 报告：适用于向上级机关汇报工作、反映情况、答复上级机关的询问。

9. 请示：适用于向上级机关请求指示、批准。

10. 批复：适用于答复下级机关的请示事项。

11. 意见：适用于对重要问题提出见解和处理办法。

12. 函：适用于不相隶属机关之间商洽工作、询问和答复问题、请求批准和答复审批事项。

13. 会议纪要：适用于记载、传达会议情况和议定事项。

公文是要传送的，有的要向上级机关送，有的要向下级机关送，有的要向平级机关送。依照公文的行文方向，上述13种公文又可分为：上行文、下行文和平行文。

上行文如：请示、报告。下行文如：命令、决定、批复。平行文如：函。

13种公文中有两组文种容易混淆：一组是请示和报告，一组是公告和通告。

请示和报告都是上行文，它们的区别是：请示是事先请示，上级批准之后才能做；报告是事后报告，报告里说的事情已经发生了。不应将二者混用。

另外，上级单位对下级单位的请示，一定要有批复，而对报告则不一定。如果本来应用请示，而误用了报告，则会延误批复。

例：《××县人大常委会党组关于县乡换届选举问题的请示报告》（见1990年2月2日《湖南日报》）

这里的主要错误是把"请示"、"报告"两个不同的文种混淆在一起使用。

如果既想汇报工作，让上级掌握，又想请示解决问题，一般有两种办法解决：一是将"报告"和"请示"分开，形成两份公文分别上报；二是以请示公文为主，将报告的内容作为附件，附在请示后面，让上级了解请示的充分理由。

公告和通告的区别有两个方面：一是告知的范围大小，一是内容的强制性。一般说，公告的告知范围较大，而通告内容的强制性较强。

另外，公告的发布机关级别较高。如：全国人大常委会、国务院。普通的社会团体、企事业单位和基层组织一般不使用这一公文文种。

公告公布的内容都是涉及到国内外的重大事情，如宣布国家领导人逝世、国家元首出访，发布国家重要的法律法规。

但是在实际的生活中公告被滥用的情况十分普遍。

通告和通知也容易混淆:在实际的公文运行中,常常会发生应该用"通告"的却用了"通知",应该用"通知"的却用了"通告"。看以下两例:

【案例 7-1】

回迁通知

原住××区××街的动迁户,于今年 6 月底前回迁。请所有回迁户持动迁证、动迁协议书以及交款单据,于 5 月底前,到我公司办理回迁手续。

具体办理时间:上午 8 时至 12 时,下午 2 时至 5 时。

特此通知。

×××房地产开发公司(公章)
××××年×月×日

【案例 7-2】

关于做好 2005 年离休干部健康检查的通告

有关直属学校、镇乡(街道)教办:

根据中央、省关于离休干部要定期进行健康检查的精神和市委[1989]12 号文件中"离休干部健康检查 1—2 年安排一次"的规定,近期老干部局将组织全市离休干部进行一次全面的健康检查,现将有关事项告知如下:

一、体检内容:……

二、体检时间、地点:……

三、经费问题:……

××市教育局(公章)
二〇〇五年四月二十七日

这两例就是该用通告的用了通知,该用通知的用了通告。

通告是告知人们应当遵守的某一事项,公开向社会行文。通告的事项,不是可办可不办的事项,而是具有一定的约束力和强制性的事项。案例 7-1 是告知人们需要"遵守"动迁户回迁的事项,相关人群需要具体办理,行文是普遍告知具体办理的规则,所以应该用"通告"。

案例 7-2 的事项是离休干部体检,从某种程度说,告知的目的是要求配合,而不具有需要"遵守"的约束力和强制性。通知可以内部行文,通告不可以内部行文。

公文的写作,还有生造文种的情况,如:《关于调整工资的补充说明》、《关于机构改革中有关问题的解释》,这里的"补充说明"、"解释"均不能作为公文文种使用,应当修改为《××关于印发调整工资补充说明的通知》、《××关于印发机构改革中有关问题解释的通知》。

7.2 公文的文号和标题

公文的格式,在《国家行政机关公文格式》中有详尽的规定。其中最重要的有两项:文号和标题。

文号是发文字号的简称。它非常简单,然而又非常重要。发文字号由三部分组成:(1)发文机关代字;(2)[年度全称];(3)顺序号。

如:国办发[1993]41号。(这里的"国办发"是国务院办公厅的发文机关代字。)即国务院办公厅颁发的1993年的第41种文件。我们平时所说哪一个文件,其实说的都是它的发文字号。

这里应该注意的是,一定要把发文机关代字写在最前面,因为它最重要。年度一定要用全称,另外,一定要用[ ]而不能用( )。

上面的发文字号,如写成(93)国办发41号,则是不规范的。

标题是公文的眼睛。公文的标题由三部分组成:(1)发文机关;(2)事由;(3)文种。

人们习惯把它称为标题的三要素。

如:<u>国务院</u> <u>关于疏通城乡商品流通渠道的</u> <u>决定</u>
　　　①　　　　　　②　　　　　　　③

发文机关,是国务院;事由,是关于疏通城乡商品流通渠道;文种,是决定。

这里要注意的是,在发文机关与事由当中一定要有一个介词"关于"。这个"关于"很重要,有人把它称为标题的"第四个要素"。

《办法》对公文标题的明确规定是:"公文标题应当准确简要地概括公文的主要内容并标明公文种类,一般应当标明发文机关。"另外,公文标题除法规、规章名称加书名号外,一般不用标点符号。

下面举例说明。

如果公文标题的要素残缺,就会直接影响公文的质量。如:《关于加强农村党支部建设的报告》,这则公文标题缺少发文机关名称,报告属于上行文,上级收到报告后,只能从落款处去找文件是哪个机关发出的。一般来说,没有版头的下行文、上行文均不得省略发文机关名称。所谓版头是使用正式的套红文件的公文纸写公文,如:"关于印发《安徽省行政机关公文处理实施细则》的通知",这份文件使用的是"安徽省人民政府办公厅"机关的固定的文件版头印发的,发文机关名称豁然印在公文纸上,此时才可省略发文机关。也就是说,只有使用有正式版头(发文机关标记)公文纸的,行文时,标题才可以省略发文机关。另外,具有重大决策和事项的下行文不得省略发文机关名称。

还有的公文标题缺少文种,如:《密云县财政局关于一九九六年县营工业财务会计报表问题》,这个标题看不出是上行文还是下行文,如果是上行文,用"请示"或者"报告",下行文可用"通知"等文种。

标题缺少介词"关于",就会使得公文的事由所涉及的范围不明确,如:《农林部抢救大熊猫的紧急报告》,这个公文标题缺少介词"关于",似乎是农林部部委在抢救大熊猫,实际上农林部是发文机关,抢救大熊猫的是包括农林部在内的所有单位部门,加上介词"关于"才使事由所涉及的范围得以明确。

发布性的、周知性的公文,标题在特定的情景下可以省略发文机关、事由和介词"关于"这三个要素,如:《通知》、《通告》等;但是不得随意省略。

标题中最难写的是"事由"。多数公文的标题就是公文的主题。公文标题能否精要地概括主题,关键在"事由"的提炼。"事由"是公文内容的撮要。

在公文的写作过程中,常见的问题一是标题的"事由"词不达意。如:请求上级给予解决灭鼠经费问题的请示,写成《××关于草原灭鼠的请示》,这个标题就出现了"事由"偏跑的错误,请求上级解决的不是灭鼠问题而是经费问题。再如:

【案例 7-3】
① 中共××乡委员会关于××同志先进事迹的通知
② ××县物价局关于农村化肥问题调查情况的报告
③ ××镇人民政府关于粮食问题的通知

案例 7-3 中三个例子的问题都是题大义小,缺少对中心词的限制,造成"事由"过于笼统,使得公文的标题不清楚、不具体,不能准确反映公文的主要内容。例①应在"关于"之后加上"学习宣传"四字。例②应在"化肥"之后加上"价格"二字。例③应注明是粮食的价格、收购、供应,还是储运。

如果"事由"提炼不精,会使标题显得冗长。如:××关于招收退休职工子女就业,进行合理安排,确保社会稳定的通知,可提炼为:××关于妥善安排退休职工子女就业的通知。

为了将公文标题的事由表达准确,当事由是一个动宾词组的时候,需从语法的角度注意其中的动宾搭配,如:《××高校关于进一步搞活校产办集体企业有关政策的试行意见》,这个标题中"关于"引导的介词词组是"进一步搞活校产办集体企业有关政策","政策"不能作"搞活"的宾语,"搞活"的应该是"企业"而不能是"政策","政策"只能贯彻执行,而不能"搞活"。应改为:《××高校关于进一步搞活校产办集体企业的试行意见》。

公文标题的事由是公文内容的撮要,在拟写标题时需要反复对照公文内容,确定主题句和关键词,例如:

【案例 7-4】
关于严禁安装电网的通告

近来在我县连续发生数起因私自安装电网造成的人身伤亡事故。为保障人民群众的人身安全,也为保证正常的供用电,根据《××供电规则》,我们重申严禁私自安装电网,现将有关事项通告如下,望切实遵守。

一、……
二、……
三、……
四、……

××县水电局(公章)
一九九三年四月六日

只要将这一公文标题中的事由和公文正文的内容比较一下,就可以发现标题的事由表述不妥,不安装电网,如何输电?如何用电?所以不能是"严禁安装电网"。安装电网是十分专业的工作,与用电的安全紧密相关,国家早有明文规定,必须经过审批并由符合规定的专业部门安装。由此可知,这则通告要严禁的是"私自"安装电网,不是"安装电网"。漏掉两个字,意思全变了。标题应改为:《关于严禁私自安装电网的通告》。

7.3 公文的语言要求

公文的语言应准确、简洁、平实、庄重。准确是最基本的要求,简洁是进一步的要求,平实是对一般应用文的要求,庄重是对公文语言的特殊要求。

7.3.1 准确

写任何东西对语言的最基本要求都是准确。文学作品的语言不准确,影响的是欣赏;应用文的语言不准确,会误事;公文语言不准确,要误大事。这个道理是显而易见的。

准确,包括用词、造句、构段等,最基本的是词语的锤炼。锤炼词语的目的,是要选用最恰当、最能说明特定事物的词语入文。

锤炼词语,就是要精心辨析词义。汉语的词汇非常丰富,在公文的语言表达上精心辨析和准确选择近义词和同义词,十分重要。例如,公文中在讲到收获时常常用到"成绩"、"成果"、"成效"、"成就",它们的基本意义一样,但在分量上和侧重不同。"成绩"一般用于工作或学习中取得的具体收获,如"他在期末考试中取得了优良成绩"。"成果"则用于在事业中取得了较大些的收获,如"我们的劳动取得了丰硕的成果"。"成效"侧重于功效、效果,如"他们研制的新农药,杀灭稻田害虫很有成效"。"成就"是指取得了很大的成绩,如"我国的开放改革事业取得了世界瞩目的成就"。

7.3.2 简洁

毛泽东在《关于建立报告制度》一文中指出:"报告文字每次一千字左右为限,除特殊情况外,至多不要超过两千字。一次不能写完全部问题时,分两次写。或一次着重写几个问题,……而对上次着重写过的只略带几笔。综合报告内容要扼要,文字要简练,要指出问题或争论之所在。"

公文简洁才能提高效率,然而,现在看到的报告几乎都超过了一千字。

要把公文写得简洁,要从根本上解决问题。动手之前,先要把事情想透。想透了,就简单了。写完之后,要按照鲁迅先生的话,至少读两遍,把可有可无的字、句、段删去,毫不可惜。

当然,也有些技巧问题。比如,如果可能,尽力把双音节词变为单音节词。例如:

为了——为　　　仍然——仍
经过——经　　　希望——望
曾经——曾　　　必须——须
打算——拟　　　按照——照

应该——应　　　　　这份文件——此件
如果——如　　　　　我们公司——我公司
但是——但　　　　　这位同志——该同志

7.3.3　平实

平实,就是平铺直叙,实实在在。平实是对一般应用文的语言要求。在公文里不宜用华丽的文学词藻,不宜使用描写、比喻、夸张、象征。

如××军分区政治部关于开展科学文化教育的工作报告,开头是这样写的:"巍巍喜马拉雅山放声歌唱,滔滔雅鲁藏布江舒袖欢舞,在党的七届二中会议精神的鼓舞下,我们迎来了军分区科学文化教育的春天!"这样的开头作为公文是不可取的。公文语言忌讳华丽词藻。

溢美、虚夸,也是公文语言之大忌。表扬一个医生医术高明,就说是"当代华佗";医德高尚,就说是"当代白求恩"。赞扬某人工作刻苦,动不动就说他废寝忘食,甚至说他连续几天几夜不合眼坚守在工作岗位上。还有些公文热衷于一些空洞轻浮的言辞,例如:"一把手亲自抓,县委委员人人抓,分管委员认真抓,主管部门直接抓,有关部门配合抓,村镇党委层层抓",这些都是废话,不但无意义,效果往往适得其反。把"亲自"作为领导干部的专用词,某某领导亲自到工地检查指导工作,某某领导亲自去挖坑种树,某某领导亲自接待群众来访……份内的工作强调"亲自",正常变成了非常,势必引起反感。

7.3.4　庄重

庄重,是对公文语言的特殊要求。公文代表行政机关,必须庄重。

公文语言不庄重,其中一个很重要的原因就是语言过分口语化。文字是口语的符号,一个人能做到用笔如舌是个了不起的本事,然而,公文语言过分口语化就会失之庄重。

例如:"我们的要求您看行不行,如果没有什么不合适的地方,就赶紧给我们回个话儿。"这样的内容,必须改为:"以上请示,如无不妥,请批复。"

再如:"改革开放后,农民的钱包一年比一年胀,日子越过越好,就像吃甘蔗由尾吃到头儿越吃越甜。"要把这样的意思写入公文,需要改为:"改革开放后,农民的收入年年增加,生活越过越幸福。"

要使公文语言庄重,可以适当使用文言词语。

例如"来信收到,内容尽知"可改为"来函收悉"。这样一改,简洁了,也庄重了。

另外,公文语言的庄重性还体现在公文的成文日期必须使用汉字完整地表达。

7.4 常用公文的写作

《国家行政机关公文处理办法》规定的文种有13种,现在讨论其中常用的6种:决定,通知,报告,请示,函,会议纪要。

7.4.1 决定

"决定"适用于对重要事项或者重大行动做出安排,奖惩有关单位及人员,变更或撤销下级机关不适当的决定事项。

决定的基本内容包括决定的原由和决定的事项两部分,在写作中有不同的详略处理。主要有三种写法:

1. 略写原由,详写事项。这是决定的一般写法。

2. 详写原由,简写事项。这种写法要求把情况写清楚,因为它是决定事项的依据、前提。奖惩类决定常用这种写法。

3. 不写原由,只写事项。有些原由是法定的或众所周知的,可略。原由省略与否,以是否影响决定事项的权威和效用为依据。

在实际写作过程中,需要注意的是把握要点和详略。要点出来了,详略得当,写作就大致完成了。

如奖惩类决定的四个要点是:概述事实,评价事实,说明决定,提出希望。请看下面的这则表彰决定。

【案例7-5】

××中共县委　××县人民政府关于向××同志学习的决定

(1998年2月15日)

1998年2月1日凌晨2时15分,共产党员、县供销社仓库主任××同志值班巡逻到五号仓库,发现一伙歹徒正在作案,歹徒见他来了,转身就跑。××同志大喝一声:"站住!"歹徒愣了一下,见是××同志一人,便求饶说:"你放了我们,日后哥们儿一定给你好处。""别啰嗦,跟我上派出所!争取宽大处理!"××同志义正辞严地说。歹徒见软的不行,凶相毕露,从腰间拔出匕首,向××围上来,恶狠狠地说:"你识相点儿,否则别怪我们不客气!"××同志毫无畏惧地说:"你们这是罪上加罪!放下凶器,跟我上派出所!"罪犯一拥而上,拿着匕首向××同志刺去,××同志一面高喊"抓强盗"一面与坏人展开搏斗,没多久,××同志被刺得鲜血直流,××终因身单力薄,倒在血泊中。职工群众闻讯赶到把他送到医院,医院立即组成抢救小组进行抢救,但是,××因失血过多,抢救无效,光荣牺牲,年仅30岁。为此,县委、县人民政府决定在全县开展向××同志学习活动。为争取党风、社会风气的进一步好转、为夺取物质文明和精神文明建设的新成就而努力奋斗。

此文存在两个问题:一是要点残缺,缺少"评价事实",叙述了事实之后,还需要评价事实,如果不对事实进行评价,就会使前面概述事实这部分的内容得不到提炼,事实的意义不够清晰和鲜明。只有事实的意义提炼出来了,决定的事项,也就是最后做出的表彰决定才不会显得突兀,才具有说服力和感召力。

第二个问题是在概述事实部分,对事实的叙述过于注重过程的细节的描写。如:"歹徒见他来了,转身就跑。××同志大喝一声:'站住!'歹徒愣了一下,见是××同志一人,便求饶说:'你放了我们,日后哥们儿一定给你好处。''别啰嗦,跟我上派出所!争取宽大处理!'××同志义正辞严地说。"……这样的描写,都是忽略了公文的语体特点。公文一般不用描写这种表达方法,公文的叙述只能是概括的叙述。

在决定中,概述事实是为了后面评价事实进行铺垫,为最后的决定事项提供依据的,决定的重点是评价事实特别是说明决定事项,因此概括事实部分只需简明扼要交待清楚即可。对话的细节可以略去,医院立即组成抢救小组进行抢救,与后面的评价事实、说明决定无关的内容都要删去。总之,概括事实这部分,要突出主干,剪除不必要的枝蔓。

修改稿:
　　××中共县委　××县人民政府关于向××同志学习的决定
　　　　　　（一九九八年二月十五日）

1998年2月1日凌晨3时左右,共产党员、县供销社仓库主任××同志值班巡逻到县供销社仓库,发现一伙歹徒正在作案。××同志坚持正义,在和歹徒的搏斗中,××同志不幸被刺五刀,终因失血过多,抢救无效,因公殉职。牺牲时年仅30岁。

××同志忠于职守,为了保护公共财产敢于斗争、不怕牺牲的精神,充分体现了一个共产党员和国家干部的优秀品质。为此,县委、县人民政府决定在全县开展向××同志学习的活动。

县委、县人民政府号召:全县广大党员、干部、职工,以××同志为榜样,勤奋工作、忠于职守,为国家和人民的利益敢于同坏人坏事作斗争,为树立良好的社会风气,做出自己的贡献。

7.4.2 通知

"通知"适用于批转下级机关的公文,转发上级机关和不相隶属机关的公文,传达要求下级机关办理和需要有关单位周知或者执行的事项,任免人员。

通知的标题有的可只写《通知》,如果通知的事项需要被通知者尽快知道,可在"通知"之前加"紧急"二字。

下行文通知的正文一般要写明所通知的事项,简单明了地概括事由,指明意义,提出要求。如:

【案例7-6】

××市环保局关于转发《××县环保局关于开展环保自
检互检工作的总结报告》的通知

各县(区)环保局,各直属单位:

××县环保局是我省环保工作的先进单位,积累了丰富的工作经验。近年来,他们通过开展环保自检和互检,有效地推动了环保工作的深入开展,并取得了良好效果。他们的经验基本也适于我市。现将《××县环保局关于开展环保自检互检工作的总结报告》转发给你们,望参照执行,以推动我市环保工作的深入开展。

××市环保局(公章)
一九九九年二月十六日

这是一则体式规范的转发性的下行文通知,文中明确写出"现将《×××县环保局关于开展环保自检互检工作的总结报告》转发给你们",因此就不必再于正文之后落款之前标出附件标题。对于所通知的事由进行了概括和分析,概括得精要得当:"××县环保局是我省环保工作的先进单位,积累了丰富的工作经验"。××县与××市无隶属关系,但××县的环保工作做得好,并且是全省的先进单位,进一步指出"他们的经验基本也适于"××市,所以,予以"转发",理由充分。

上级机关向下级机关用通知行文时,行文需要体现出指导性。特别是部署和布置工作、批转文件和转发文件,都需要明确阐述原则、怎样做、具体要求等。下行文的通知对下级机关或相关人员有着指导的作用。通知具有很强的时效性。

由于有大量的通知是批转性、转发性的,在通知的标题上就会出现"关于"套"关于","通知"套"通知"的情况,比如这样一个通知的标题:

××县人民政府关于转发《××市人民政府关于转发〈××省人民政府关于转发人事部×××同志恢复名誉后享受××级待遇的通知〉》的通知

在这种情况下,公文的标题中有多个"关于"和"的通知",就应当对标题简化,原则上是保留末次发布(批转或转发)机关作为转发通知的发文机关,保留始发机关后的"关于"和"通知",也就是说,原则上只保留一个"关于"和一个"的通知"的字样。如上例,可简化为:

××县人民政府转发人事部关于×××同志恢复名誉后享受××级待遇的通知

通知可以内部行文,不具有法规的约束力,但通知一定要写明事项和要求,特别是有关时间、地点、人数等具体要求。写通知容易出现的错误是事项笼统,所通知事项的具体的做法和要求不明确、不具体,会使受文机关无法行动。如下例通知:

【案例7-7】
关于加强自检,坚决刹住企业吃喝风的通知

各厂矿、工厂:

总公司财经纪律检查组今年年底大检查,发现各单位年底宴请频繁,名目繁多的请客送礼,导致很大浪费,广大工人同志对企业干部的这种腐败现象极为不满,广大党员对此极为不满。各单位要为了加强廉政建设,维护企业利益,所以总公司办公会议研究决定,各单位必须成立纪检小组。通过加强自检,并在今年内,将自检报告上报给公司。

特此通知。

××市工业总公司(公章)
二〇〇二年×月×日

这则通知的问题在于具体事项不够明确,不利于下属单位执行。成立自检小组,在什么时间成立,如何开展自检,自检哪些方面的问题?

是在什么时间内完成自检?今年、明年,今天、明天,这样的时间名词绝对不能用在公文里,在公文里,只能是确切的 2005 年、2006 年,12 月 3 日、12 月 4 日等。

另外,文中"宴请频繁,名目繁多的请客送礼",其中的"宴请"和"请客"概念重复。"导致很大浪费"句中动宾搭配不当,应改为"造成很大浪费"。"各单位要为了加强廉政建设,维护企业利益,所以总公司办公会议研究决定,各单位必须成立纪检小组",句式杂糅,应删去"各单位要"。主送单位"各厂矿、工厂"语义重复,删去后面的"工厂"。可修改为:

关于加强自检 坚决刹住企业吃喝风的通知

各直属单位、分公司和厂矿:

  总公司财经纪律检查组在本次年底大检查中,发现各单位年底以各种名目送礼、高档宴请,给国家和集体造成极大的浪费。广大党员和工人同志对这种腐败现象极为不满。为了加强廉政建设,维护国家和集体的利益,经总公司办公会议研究决定,各单位要坚决刹住公款吃喝风,严禁公款送礼,并在全系统开展廉政自检工作。特将有关事宜通知如下:

  一、各单位自2002年×月×日起,由所在单位一把手、工会负责人和财务部门组成纪检小组,并于2002年×月×日将自检小组名单上报总公司办公室。

  二、各单位自检项目如下:……

  三、各单位自检工作,于2002年×月×日始至×月×日结束,自检报告应于2002年×月×日前上报公司。

  各单位接通知后,务必从思想上高度重视,切实把廉政自检工作搞好。

××市工业总公司(公章)

二○○二年×月×日

7.4.3 报告

"报告"适用于向上级机关汇报工作,反映情况,答复上级机关的询问。

汇报工作的报告,一般的结构和写法为"三段式":① 基本情况,② 存在问题,③ 今后方向。

基本情况可简要交代时间、背景和工作条件;写成绩应把工作的过程、措施和成绩叙述清楚;写经验体会主要是指对工作实践的理性认识,以便指导今后的工作;写存在问题要写出工作中的缺点与不足、失误的原因和值得吸取的教训;今后方向指改进的意见,或者提出今后的建议。如:

【案例7-8】

××市贸易局关于百货大楼重大火灾事故的报告

省贸易厅:

  1995年6月4日凌晨2时40分,我市江南区百货大楼发生重大火灾,经过两个多小时的扑救,于5时明火全部扑灭。该大楼二层楼经营的商品以及柜台、货架、门窗等全部烧毁,直接经济损失达50万元。造成此次重大火灾的直接原因,是二楼一个体裁剪户经二楼经理同意从总闸自接线路,夜间没断电导致电线起火。

这次火灾的发生暴露了该大楼领导对安全管理工作极不重视,内部管理混乱,安全制度不健全,违章作业严重等问题。火灾造成了惨重的经济损失,教训十分深刻。

火灾发生后,市政府、市贸易局十分重视,三次派人员到事故现场进行调查,并对事故进行认真处理,责令该百货大楼二楼经理刘××停职检查,个体裁剪户李××罚款××××元,并听候进一步处理。

今后,我们要吸取教训,切实加强对安全工作的领导,尤其要加强对零售企业的安全管理,及时消除各种不安全的因素和隐患,为企业创造良好的经营环境。

××市贸易局(公章)
一九九五年六月十二日

这则报告就采用了通常报告的"三段式",包括①基本情况:介绍火灾情况、损失和失火直接原因;②存在问题:分析火灾事故的发生引发出来的问题以及应当吸取的教训;最后是③今后方向:写对火灾的处理情况和结果及今后的措施。

报告中不能夹带请示事项。对于报告,受文的上级机关不用答复,如果夹带请示事项,不但不便处理,还会贻误工作。再如下例报告:

【案例7-9】

关于我县遭受风雹灾害的报告

省××××:

我县在7月9日下午3时许,遭遇特大风雹灾害,中心风力达11级以上,冰雹集中的地方平均积雹一尺厚,雹粒大的有茶碗大,对农作物危害十分严重。全县受这次风暴危害的有坦途、东平、宝民、哈吐气、莫莫格、建平、沿江等七乡一场22个村,受灾面积达五万五千四百三十五亩。坦途乡的洪刚、哈拉汗图两村,遭到了历史上罕见的毁灭性雹灾,二万八千八百九十五亩耕地全部绝收。雹区中心的庄稼被打平,树叶被打光,乌鸦麻雀和家禽被打死。全县被冰雹打死的羊50只,牛5头,马2匹,有87名正在田间劳动的农民被打伤。由于风力大,来势猛,全县刮折树木2648棵,刮折广播电话线杆3845根,低压电柱2156根,高压电柱109根,刮坏变压器7台(220千伏安),毁坏民房225间。莫莫格和建平银海羊场两栋760平方米砖瓦结构的办公楼屋顶人字架和瓦都被刮走。

目前,我县的抗灾工作正在紧张地进行。我们决心在上级党和政府的带领下,团结一致,同心同德,坚决把抗灾斗争进行到底,把自然灾害的造成的损失减少到最低程度,努力为国家做出新贡献。但是,由于我们财力紧张,在抗灾资金和物质上尚有很大的实际困难,请上级尽早予以考虑安排。以上报告妥否,请指示。

××县人民政府(公章)
一九九五年七月十五日

这份报告最大的问题是在报告中夹带了请示事项。

发文单位所管辖的区域内突然遭受了风雹的灾害,因此用报告及时向上级报告有关情况,是十分必要的。报告的内容是汇报情况,报告的目的是让上级机关了解信息,获得据以决策的材料。如果还有请上级拨给救灾资金和物资的要求,就应当写一份请示。

此外,这份报告还有以下问题:

1. 忽略了重点情况:受灾人口数量,通常是判断灾情程度的重要依据,此文只说了"有87名正在田间劳动的农民被打伤",没有总的数字和情况。还有粮食作物损失的数量,也是判断灾情程度的重要标志,报告中只写了"全县受这次风暴危害的有坦途、东平、宝民、哈吐气、莫莫格、建平、沿江等七乡一场22个村,受灾面积达五万五千四百三十五亩。坦途乡洪刚、哈拉汗图两村,遭到了历史上罕见的毁灭性雹灾,二万八千八百九十五亩耕地全部绝收。雹区中心的庄稼被打平",却没有一个粮食损失总量的数字,是在报告里忽略了重要的情况。

2. 对于非重点的灾害事实和灾害时的场景,写得过于具体详实,详略不够得当。如:被刮折的树木、电线杆、低压电柱、高压电柱的数量,一种一种地罗列,没有必要。有个大概的情况就可以。再如:"雹区中心的庄稼被打平,树叶被打光,乌鸦麻雀和家禽被打死。"是全部还是多数?这种对场景的不确定性的描述,也是在公文中不宜出现的。

3. 典型事实没有典型意义,莫莫格和建平银海羊场两栋办公楼屋顶被刮坏的事实,与上述受灾人口数量和粮食损失数量的重点内容无关,是报告的赘文,应当删去。

4. 标题不当,我县,我校,我商场,都不能用在标题中。

如果要对这则公文进行修改,可以有两种改法,或者改成请示,或者改成报告。下面以报告为文种对这则公文进行修改,就要删去有关请示事项的内容。

报告可修改为:

××县人民政府关于遭遇特大风雹灾害的报告

省××××:

我县 7 月 9 日下午遭受特大风雹灾害,损失严重。风雹中心风力达 11 级以上。积雹达一尺厚,雹粒大的如茶碗。据初步统计,灾情严重的有七乡一场,被打伤的有 80 多人,受灾人口有××万人;被打坏的房屋有 225 间;受灾的农田面积有 5.5 万亩,损失粮食仅谷物就达××万公斤;被打死的羊 50 只、牛 5 头、马 2 匹,被打伤打死的家禽难以统计;通讯线路和输电线路及有关设备的毁坏也很严重。直接损失在×××万元以上。我县各级政府和灾区群众在县委的正确领导下全力以赴,投入抗灾和救灾。

特此报告。

××县人民政府(公章)
一九九五年七月十五日

7.4.4 请示

"请示"适用于向上级机关请求指示、批准。可分为两大类:请求指示的请示和请求批准的请示。

请示必须一文一事,一份请示只能写一件事。如果一文多事,则可能导致受文机关无法批复。请示不能多头主送,一份请示只主送一个上级领导机关,不能同时送两个或两个以上机关,如确有需要,可用抄送的形式。这样,可以避免出现推诿、扯皮的现象。受双重领导的机关向上级机关请示工作时,要根据请示内容的性质,主送一个上级领导机关,抄送另一个领导机关。另外,请示不得越级主送,不得抄送下级机关,这是因为不应让下级机关知晓上级机关尚未批准的事项。

请示的正文包括原由、事项、结语三部分。

原由就是提出请示的事项和要求的理由,要写在正文的开头。先把原由讲清楚,才能顺理成章,提出请求。请示的原由是请示的关键内容,写得充分不充分,直接关系到请示事项能否成立,关系到上级机关审批请示的态度等。即使原由比较复杂,也不能为简要而简化。

请示的事项指请求上级机关批准、帮助、解答的具体事项。请示的事项,要有可行性和可操作性。因此,事项要写得具体、明白。比如说要上级机关帮助解决多少钱,就要把数目字写清楚。请示事项,不能不明确、不具体,也不能把原由、事项混在一起写。否则,会使上级不得要领,不明白下级要求解决什么问题。

请示的结语是进一步要求答复,发文机关一定要在结尾处提出批准和批复的要求。请示结语常见的写法有:"以上请示,如无不妥,请批准","以上意见当否,请批复","以上请示,请审批"等,虽然是很简单的一句话,却是请示必不可少的内容。如:

【案例7-10】

××厂关于给技术革新能手×××同志晋升两级工资的请示

××局:

我厂青年工人×××同志,自1990年入厂以来,虚心向老师傅学习,刻苦钻研技术,积极提合理化建议,1993年在工程技术人员和老师傅的帮助下,实现了三项技术革新项目,被评为局系统的技术革新能手。去年以来,我厂原有产品滞销,如不迅速开发新产品,企业经营将出现极大的困难。在此情况下,×××同志积极进行市场情况调查,根据用户需要,大胆研制新产品TS—2型测温仪表。在全厂上下大力支持下,这项新产品已于3月份投放市场,深受用户欢迎。

为了奖励×××同志对工厂的贡献和调动全厂职工的积极性,拟将×××同志的工资级别由二级晋升为四级。

以上意见当否,请批复。

××厂(公章)
一九九五年五月五日

请示的标题尽可能不要出现"申请"、"请求"之类词语,在实际的公文写作训练中,最容易出问题的,问题出得最多的,往往就是请示。请看下例:

【案例7-11】

关于申请解决我校学生宿舍拥挤等问题的请示报告

××市人民政府、市教委:

教育问题是摆在面前全党全军全国人民面前的头等重要的问题,要提高教学质量,就必须从基础设施抓起,必须重视学生的基本学习条件和生活环境。我校今年由于住校生急剧增加,已有的学生宿舍已无法容纳,现在住校生基本上是一铺二人住宿,严重影响了学生的身心健康。为解决这一困难,我校需要再建一栋学生宿舍。另外,我校图书馆也尚未达标,望上级部门给予适当支持。

    此致
敬礼!

            ××市第二职业中学(公章)
              1998年3月4日

  这则请示公文至少可以找出10处错误,它可以作为公文写作的典型的综合例题来分析:①缺少发文机关名称,像"我校"、"我单位"这样的词都不应出现在公文的标题里。②请示不宜多头主送,而这则请示有两个主送机关:市人民政府和市教委。③标题的事由没有明确概括出来,请示的核心问题还是资金的问题;另外,"申请"和"请求"这样的词语也不宜用在请示的标题里。④标题熔请示与报告为一炉,请示和报告是两个不同的文种,不能混淆。⑤上行文不能给领导讲大道理,"只说不论"是公文的语言特点。⑥上行文还要注意行文语气,不能用"必须"。⑦请示应当一文一事,图书馆未达标的问题不宜在这份文件中提出来。⑧请示事项不明确,要求上级有关部门帮助解决学生宿舍的建筑资金问题,需要多少钱,一定要在请示的行文中明明白白地提出来。⑨结语不当,公文里不能用"此致敬礼"这样的一般书信的问候语。⑩虽然公文中的数字应当使用阿拉伯数字,但是公文的成文日期一定要用汉字。

  除了以上10处明显的错误外,这则请示的原由也太笼统,原由写得是否充分,直接关系到请示的事项是否得到批准,原由充分而具体,写出相应的数目字是必要的。

  可修改为:

  ××市第二职业中学关于拨给新学校宿舍楼的建筑资金的请示
市教委:

  我校近几年按照上级下达的计划招生,住宿生急剧增加,造成了学生宿舍的拥挤。1995年我校有学生1200人,住宿生600人,今年10月份学生增加到2600人,住宿生增加到1300人,而学生宿舍仍然只有两栋楼700多个床位,四分之三的住宿生是两人一铺。这不仅给学生的生活和学习造成了很大困难,更严重的是影响了学生的身心健康。为解决这一问题,我校拟于1999年初在校园东面的空地上建一栋七层有800个床位的学生宿舍楼,现已自筹资金60万元,尚缺70万元。恳请市教委支持我们,拨给我校70万元学生宿舍的建筑资金。

以上请求,望批准为盼。

××市第二职业中学(公章)
一九九八年三月四日

7.4.5 函

"函"适用于不相隶属机关之间商洽工作、询问和答复问题、请求批准和答复审批事项。

函的正文一般先写商洽、请求、询问或告知事项的背景、原由。如果事项很简单,可同原由写在一段,一气呵成。如果事项较复杂,或要求较多,就要单列一段或者分条列项。不论是什么内容,对哪一级,语气都应当谦和。如果要对方回复,最后还要明确提出"请函复"、"请复"之类的结语。

复函,只要是回复性的公文,包括批复在内,开头都要引来函,引来函要先引标题,后引发文字号。如:"你局《关于……的函》(×发〔19××〕×号)收悉。"这样,使受文机关一看就明白公文的针对性。复函须针对来函所提出的商洽、询问或请求的问题予以答复,即表示同意或不同意,不同意是什么原因,或应该怎么办,不应该怎么办,对询问事项表示明确态度。常用的结语有"特此函复"、"此复"等。如:

【案例 7-12】

国家计委关于调整化工企业自备罐车租用费标准的复函

化工部总公司:

化工部《关于调整化工企业自备罐车租赁费额的函》(化财发〔19××〕××号)收悉。鉴于近几年酸碱等罐车购置价格和维修成本上升,并考虑与《铁路货物运价规则》中的有关规定相衔接,经研究,同意调整化工、有色企业自备罐车租用费标准。调整后的租用费标准为:……

以上标准,自19××年×月×日起执行。此复。

国家计委(公章)
一九××年×月×日

这是一篇复函。这篇复函先引述来函标题和发文字号,然后写答复的依据,明确表态"同意",接着具体答复事项,即"调整租用费标准"的有关内容。

函是一种比较简便的行政公文,讲究快捷,所以,函一般写得很简短,开门见山,直叙其事。函的写作的最基本要求,一是所商洽或要求的事项要清楚具体,否则,对方无法答复。二是措词得体,礼貌,谦和,态度诚恳,在相互没有隶属关系的单位之间,需要创造一种平等协商的氛围。在语言的表述上,一般不用"必须"、"应该"、"注意"等指示性语言。如下例:

【案例 7-13】

函

××国营林果场:

  兹有我校林果专业学生毕业实习即将开始。经研究分配九七届三班学生到你场实习,望能妥善安排。

  可否?请火速回音。

××县××农业学校(公章)
一九九九年四月一日

这份函就存在着上述的两个问题,首先是没有把需要商洽的有关事项说清楚,要对方安排自己的学生实习,就要把自己学校的要求说清楚,实习的时间有多长?实习的内容是什么?食宿问题如何解决?实习的人数有多少?男女生各是多少?联系商洽的事项说不清道不明,使受函的一方无所适从,无法答复,是这个函的最大的问题。

  其次是行文语气不得体。函与其他公文比,行文语气庄重的程度有所下降,平等协商的语气增强,所以特别注意要尊重对方,基于寻求合作的态度,如果开口是"妥善安排"闭口是"火速回音",像这样的函,商量的效果全无。所以,函,需要特别注意遣词造句。

  可修改为:

函

××国营林果场:

  我校毕业生的实习,一向得到贵场的大力支持,甚为感激。今年我校毕业班的实习即将开始。我们拟安排林果专业 97 届三班学生到贵场实习,实习时间从 5 月 2 日至 6 月 15 日,共一个半月。这个班有学生 35 人(男 25 人,女 10 人),带班教师 1 人(女),实习的主要内容是林果的植保技术。实习期间,师生需在贵场食宿,相关经费由我校支付。

  贵场今年能否接受我校学生实习,恳请研究后复函。

××县农业学校(公章)
一九九九年四月一日

7.4.6 会议纪要

"会议纪要"适用于记载、传达会议情况和议定事项。

会议记录是会议纪要的基础和前提,也是整理会议纪要的原始素材,只有认真做好会议记录,才能保证会议纪要的质量。

需要注意的是:会议纪要不是会议记录,会议纪要是在会议记录的基础上"撮要"而成。既然是"撮要",会议纪要就不能对会议内容有闻必录,而必须对会议繁杂的内容进行综合性整理,归纳出主要事项,概括出会议精神,使人一目了然。会议记录只是如实记录,只能作为内部存查使用的文书,一般不对外公布。会议纪要的标题往往省略介词"关于",成文日期写在标题的下方。

会议纪要的正文由导言、主体和结尾三部分组成。主体的写法可分为条项式、综合式和摘要式三种类型。

条项式把主体内容包括讨论的问题和议定的事项,按主次一条一条列出来,每一条都用段旨句起领,使其条理化,一目了然。

综合式把会议的内容或议定事项,进行综合概括,分成若干个部分。这是一种比较常用的写法,它有利于突出主要内容,分清主次,一般把主要的、重要的放在前面,而且尽量写得详细、具体一些,次要的和一般性的内容放在后面,可简略一些。

摘要式把与会者的具有典型性、代表性的发言要点摘录出来,按发言顺序或内容性质分类写出。这种写法的好处是,能更多地保留发言人的风格。下例是一篇条项式会议纪要:

【案例 7-14】

绵阳市人民政府严厉打击制贩注水猪肉会议纪要
××××年×月×日

××××年×月×日下午,在市政府二会议室,××副市长主持召开了严厉打击制贩注水猪肉的专题会议。参加会议的有:市政府副秘书长××、××,市府财办副主任××,市技术监督局局长××、副局长××,市公安局副局长××,市工商局副局长××,市卫生局副局长××,市物价局副局长××,市畜牧食品局纪检组长××和市中级法院办公室副主任××等。现将会议议定事项纪要如下:

一、进一步提高认识,加强组织领导。目前一些不法厂商在猪肉中注水,以牟取暴利,危害人民群众身心健康,损害农民和消费者利益,扰乱正常的市场秩序,破坏绵阳形象,我们要站在促进经济建设和对人民负责的高度来认识这个问题。市政府要尽快调整以市府财办、市技术监督局、市工商局、市畜牧食品局、市卫生局、市公安局等职能部门组成的市"整顿猪肉市场"领导小组;市府财办负责领导小组的日常工作。领导小组人员名单由市府财办拟制后,报市政府审定行文。

二、完善制度,规范行为。责成市府财办牵头会同有关职能部门尽快制定可操作的具体管理办法。同意以市财办、市技术监督局、市工商局、市畜牧食品局、市卫生局和市公安局的名义联合发出打击制贩注水猪肉的通告。通告经市政府审定后冠以"经市人民政府同意"字样。

三、加大打击力度。由市府财办牵头组织有关部门,制定方案,抽调得力人员,组成联合行动组,于四月、五月、六月分别进行三次集中整治行动;查获一起,惩处一起。

四、加强宣传。市级各新闻单位应在近段时期内对通告广泛宣传,使群众知晓,形成社会氛围;与各有关职能部门做好衔接配合工作,对典型案件要顶住压力,坚决予以曝光,并进行跟踪报道;同时注意做好面上的宣教工作,努力提高全社会的质量意识和法律意识。

五、各级政府、各有关部门要将打击制贩注水猪肉工作纳入议事日程,加强信息交流,各尽其职,密切配合,务求将此项工作抓紧、抓实、抓出成效。

这则条项式的会议纪要,正文的导言部分介绍了会议主题、会议时间、地点、主持人以及出席人,文种承启语之后,分条列项写出了会议议定的五个主要事项。

条项式会议纪要需要注意的是写好每一条项的段旨句,在对具体的每一条项的内容进行撮要后,用段旨句起领,才能使得会议纪要的重点突出,一目了然。

【案例7-15】
××学会会议纪要

时间:××××年×月×日

参加人员:会长××,副会长××,办公室主任××,副主任××。

会议内容:

一、根据××××年×月××日会议决定,××同志对学会办公地点进行了考察,经过比较,认为××大学办公条件优越,适合作学会的办公地点。会议决定,从即日起××学会迁到××大学,挂牌办公。通信地址为:××市××区××路××号。联系电话为:××××××××。

二、学会与××大学商定,由××大学给学会提供办公室、办公桌椅、电话和必要的办公费用。利用××大学的教学条件,双方共同组织举办秘书培训班等。

三、为便于开展工作,增补××为学会副会长,负责学会的后勤保障和日常管理,先开展工作,以后提请×月份常务理事会确认。

四、制定以后的活动计划。(略)

××学会
××××年×月×日

这篇会议纪要的最大的毛病是条项式的写法,但是采用了普通的叙述方式,每一段条项的内容没有用段旨句领起,给人以重点不突出、行文整体不和谐的感觉。

另外,标题中缺事项,缺会议主题。导言部分没有写出来,用了会议记录的形式,还缺少会议的主持人。以"会议内容"作从导言到主体的过渡句也不符合会议纪要的要求,不规范。

可修改为:

××学会办公会议纪要
××××年×月×日

××××年×月××日下午,会长××在学会办公室主持召开了办公会议。参加会议的人员有:会长××,副会长××、办公室主任××、副主任××。现将会议议定事项纪要如下:

一、确定了学会的办公新址。根据××××年×月×日会议的决定,××同志对学会办公地点进行了考察,经比较,认为××大学办公条件优越,适合做学会的办公地点。会议决定,即日起学会迁到××大学办公。

二、讨论了与有关单位的合作事项。学会与××大学商定,利用××大学的教学条件,学会拟与××大学长期开展共同举办秘书培训班等多种合作项目。

三、增补了学会的副会长。为便于开展工作,增补××为学会副会长,负责学会的后勤保障和日常管理,先开展工作,待×月再提请常务理事会确认。

四、制定了今后的活动计划。(略)

参考书目:

田小野等(1993):写作新教程,北京:北京经济学院出版社

练习题

1. 选择:
   (1) 上行文是指_____。
      A. 向具有隶属关系的上级领导、业务指导机关报送的文件。
      B. 向所属被领导机关或组织发出的文件。
      C. 向一切比本机关级别层次高的机关发出的文件。
      D. 向一切比本机关级别层次低的机关发出的文件。
   (2) 中国人民解放军某省军区向本省某县乡镇农民企业行文时应制发_____。
      A. 命令
      B. 指示
      C. 函
      D. 通知
   (3) 用于记载与传达会议精神及会议事项的文种是_____。
      A. 议案
      B. 决定
      C. 会议记录
      D. 会议纪要
   (4) 撰写请示,要求_____。
      A. 主送一个主管的上级机关
      B. 主送上级机关的领导人
      C. 受双重领导的机关主送两个上级机关
      D. 主送主管的与有关的上级机关
   (5) 撰写复函,开头应写明_____。
      A. 上级机关的指示
      B. 国家的有关法规
      C. 本单位的工作情况
      D. 所针对的来函的标题与字号
   (6) 请示的正文一般由请示的事由、请示事项和_____三部分组成。
      A. 结语
      B. 请求目的
      C. 陈述意见
      D. 工作计划

(7) 向上级机关汇报工作,反映情况,使用_____。

    A. 通报

    B. 请示

    C. 报告

    D. 意见

(8) 下列公文标题正确的是:_____。

    A. ××厂关于××问题的请示

    B. 扩大经营范围决定的请示

    C. ××公司关于开展春季运动会的决定的通知

    D. ××公司关于完全彻底地开展增收节支活动的通报

(9) 不能抄送给下级机关的公文是_____。

    A. 请示

    B. 通报

    C. 意见

    D. 通知

(10) 写"请示"正确的做法是_____。

    A. 集中写几件事

    B. 与下级单位协商后拿出一致的意见

    C. 不能多头主送

    D. 与报告一起写

(11) 贵公司收到此函后,请迅即函复_____。

    A. 为要

    B. 为感

    C. 为盼

    D. 函告

(12) 按行文方向分,公文可分为上行文、平行文和下行文。下面公文中,属于下行文的是:_____。

    A. 函、

    B. 请示

    C. 通报

    D. 报告

(13) 下列请示的结束语得体的是:_____。

    A. 以上款项,望能尽快批下来!

    B. 以上所请,如有不同意见,请来函商量。

C. 所请事关重大,不可延误,务必于本月 10 日前答复。

D. 以上请求,妥否?请批复。

(14) 公文的成文日期应为_____。

A. 95 年 4 月 15 日

B. 1995 年 4 月 15 日

C. 一九九五年四月十五日

D. 九五年四月十五日

2. 根据内容,拟写公文标题:

(1) 人事部、国家民委就边远地区科技队伍的现状向国务院作汇报,并对建设边远地区强有力的科技队伍及稳定、充实、加强这支队伍所需要采取的有关政策问题提出建议。

(2) 五四青年节前夕,团中央提出今年五四纪念活动的原则和对团员青年的要求。

(3) 国务院根据外汇管理松弛,一些地方部门大量超计划使用留成外汇,甚至非法倒卖外币、外汇券,严重扰乱金融秩序等情况,对今后如何加强外汇管理做出重要决策。

(4) 2000 年普通高等院校体育类专业考试报名工作即将开始,××省招生委员会办公室就有关报名事宜,发一则周知性公文。

3. 自选文种,草拟公文:

目前有一件须与外单位协调的公务亟待处理,可是原来分管此类事务的同事小张休长假了。你尽管缺乏处理该项事务的经验,但为了不影响工作进程,在征得了有关领导同意后,被授权全权处理此项事务。请你根据上述假设,本着解决该问题的思路,自选文种,草拟一份致有关单位的公文。(字数不超过 500 字)

本章推荐参考阅读:《国家行政机关公文处理办法》

国家行政机关公文处理办法

第一章 总 则

第一条 为使国家行政机关(以下简称行政机关)的公文处理工作规范化、制度化、科学化,制定本办法。

第二条 行政机关的公文(包括电报,下同),是行政机关在行政管理过程中形成的具有法定效力和规范体式的文书,是依法行政和进行公务活动的重要工具。

第三条　公文处理指公文的办理、管理、整理(立卷)、归档等一系列相互关联、衔接有序的工作。

第四条　公文处理应当坚持实事求是、精简、高效的原则,做到及时、准确、安全。

第五条　公文处理必须严格执行国家保密法律、法规和其他有关规定,确保国家秘密的安全。

第六条　各级行政机关的负责人应当高度重视公文处理工作,模范遵守本办法并加强对本机关公文处理工作的领导和检查。

第七条　各级行政机关的办公厅(室)是公文处理的管理机构,主管本机关的公文处理工作并指导下级机关的公文处理工作。

第八条　各级行政机关的办公厅(室)应当设立文秘部门或者配备专职人员负责公文处理工作。

第二章　公文种类

第九条　行政机关的公文种类主要有:

(一)命令(令)

适用于依照有关法律公布行政法规和规章;宣布施行重大强制性行政措施;嘉奖有关单位及人员。

(二)决定

适用于对重要事项或者重大行动做出安排,奖惩有关单位及人员,变更或者撤销下级机关不适当的决定事项。

(三)公告

适用于向国内外宣布重要事项或者法定事项。

(四)通告

适用于公布社会各有关方面应当遵守或者周知的事项。

(五)通知

适用于批转下级机关的公文,转发上级机关和不相隶属机关的公文,传达要求下级机关办理和需要有关单位周知或者执行的事项,任免人员。

(六)通报

适用于表彰先进,批评错误,传达重要精神或者情况。

(七)议案

适用于各级人民政府按照法律程序向同级人民代表大会或人民代表

大会常务委员会提请审议事项。

（八）报告

适用于向上级机关汇报工作，反映情况，答复上级机关的询问。

（九）请示

适用于向上级机关请求指示、批准。

（十）批复

适用于答复下级机关的请示事项。

（十一）意见

适用于对重要问题提出见解和处理办法。

（十二）函

适用于不相隶属机关之间商洽工作，询问和答复问题，请求批准和答复审批事项。

（十三）会议纪要

适用于记载、传达会议情况和议定事项。

第三章　公文格式

第十条　公文一般由秘密等级和保密期限、紧急程度、发文机关标识、发文字号、签发人、标题、主送机关、正文、附件说明、成文日期、印章、附注、附件、主题词、抄送机关、印发机关和印发日期等部分组成。

（一）涉及国家秘密的公文应当标明密级和保密期限，其中，"绝密"、"机密"级公文还应当标明份数序号。

（二）紧急公文应当根据紧急程度分别标明"特急"、"急件"。其中电报应当分别标明"特提"、"特急"、"加急"、"平急"。

（三）发文机关标识应当使用发文机关全称或者规范化简称；联合行文，主办机关排列在前。

（四）发文字号应当包括机关代字、年份、序号。联合行文，只标明主办机关发文字号。

（五）上行文应当注明签发人、会签人姓名。其中，"请示"应当在附注处注明联系人的姓名和电话。

（六）公文标题应当准确简要地概括公文的主要内容并标明公文种类，一般应当标明发文机关。公文标题中除法规、规章名称加书名号外，一般不用标点符号。

（七）主送机关指公文的主要受理机关，应当使用全称或者规范化简称、统称。

（八）公文如有附件，应当注明附件顺序和名称。

（九）公文除"会议纪要"和以电报形式发出的以外，应当加盖印章。联合上报的公文，由主办机关加盖印章；联合下发的公文，发文机关都应当加盖印章。

（十）成文日期以负责人签发的日期为准，联合行文以最后签发机关负责人的签发日期为准。电报以发出日期为准。

（十一）公文如有附注（需要说明的其他事项），应当加括号标注。

（十二）公文应当标注主题词。上行文按照上级机关的要求标注主题词。

（十三）抄送机关指除主送机关外需要执行或知晓公文的其他机关，应当使用全称或者规范化简称、统称。

（十四）文字从左至右横写、横排。在民族自治地方，可以并用汉字和通用的少数民族文字（按其习惯书写、排版）。

第十一条　公文中各组成部分的标识规则，参照《国家行政机关公文格式》国家标准执行。

第十二条　公文用纸一般采用国际标准 A4 型（210mm×297mm），左侧装订。张贴的公文用纸大小，根据实际需要确定。

第四章　行文规则

第十三条　行文应当确有必要，注重效用。

第十四条　行文关系根据隶属关系和职权范围确定，一般不得越级请示和报告。

第十五条　政府各部门依据部门职权可以相互行文和向下一级政府的相关业务部门行文；除以函的形式商洽工作、询问和答复问题、审批事项外，一般不得向下一级政府正式行文。

部门内设机构除办公厅（室）外不得对外正式行文。

第十六条　同级政府、同级政府各部门、上级政府部门与下一级政府可以联合行文；政府与同级党委和军队机关可以联合行文；政府部门与相应的党组织和军队机关可以联合行文；政府部门与同级人民团体和具有行政职能的事业单位也可以联合行文。

第十七条　属于部门职权范围内的事务，应当由部门自行行文或联合行文。联合行文应当明确主办部门。须经政府审批的事项，经政府同意也可以由部门行文，文中应当注明经政府同意。

第十八条　属于主管部门职权范围内的具体问题，应当直接报送主管部门处理。

第十九条　部门之间对有关问题未经协商一致,不得各自向下行文。如擅自行文,上级机关应当责令纠正或撤销。

第二十条　向下级机关或者本系统的重要行文,应当同时抄送直接上级机关。

第二十一条　"请示"应当一文一事;一般只写一个主送机关,需要同时送其他机关的,应当用抄送形式,但不得抄送其下级机关。"报告"不得夹带请示事项。

第二十二条　除上级机关负责人直接交办的事项外,不得以机关名义向上级机关负责人报送"请示"、"意见"和"报告"。

第二十三条　受双重领导的机关向上级机关行文,应当写明主送机关和抄送机关。上级机关向受双重领导的下级机关行文,必要时应当抄送其另一上级机关。

第五章　发文办理

第二十四条　发文办理指以本机关名义制发公文的过程,包括草拟、审核、签发、复核、缮印、用印、登记、分发等程序。

第二十五条　草拟公文应当做到:

(一)符合国家的法律、法规及其他有关规定。如提出新的政策、规定等,要切实可行并加以说明。

(二)情况确实,观点明确,表述准确,结构严谨,条理清楚,直述不曲,字词规范,标点正确,篇幅力求简短。

(三)公文的文种应当根据行文目的、发文机关的职权和与主送机关的行文关系确定。

(四)拟制紧急公文,应当体现紧急的原因,并根据实际需要确定紧急程度。

(五)人名、地名、数字、引文准确。引用公文应当先引标题,后引发文字号。引用外文应当注明中文含义。日期应当写明具体的年、月、日。

(六)结构层次序数,第一层为"一、",第二层为"(一)",第三层为"1.",第四层为"(1)"。

(七)应当使用国家法定计量单位。

(八)文内使用非规范化简称,应当先用全称并注明简称。使用国际组织外文名称或其缩写形式,应当在第一次出现时注明准确的中文译名。

(九)公文中的数字,除成文日期、部分结构层次序数和在词、词组、惯用语、缩略语、具有修辞色彩语句中作为词素的数字必须使用汉字外，应当使用阿拉伯数字。

第二十六条 拟制公文，对涉及其他部门职权范围内的事项，主办部门应当主动与有关部门协商，取得一致意见后方可行文；如有分歧，主办部门的主要负责人应当出面协调，仍不能取得一致时，主办部门可以列明各方理据，提出建设性意见，并与有关部门会签后报请上级机关协调或裁定。

第二十七条 公文送负责人签发前，应当由办公厅（室）进行审核。审核的重点是：是否确需行文，行文方式是否妥当，是否符合行文规则和拟制公文的有关要求，公文格式是否符合本办法的规定等。

第二十八条 以本机关名义制发的上行文，由主要负责人或者主持工作的负责人签发；以本机关名义制发的下行文或平行文，由主要负责人或者由主要负责人授权的其他负责人签发。

第二十九条 公文正式印制前，文秘部门应当进行复核，重点是：审批、签发手续是否完备，附件材料是否齐全，格式是否统一、规范等。经复核需要对文稿进行实质性修改的，应按程序复审。

第六章 收文办理

第三十条 收文办理指对收到公文的办理过程，包括签收、登记、审核、拟办、批办、承办、催办等程序。

第三十一条 收到下级机关上报的需要办理的公文，文秘部门应当进行审核。审核的重点是：是否应由本机关办理；是否符合行文规则；内容是否符合国家法律、法规及其他有关规定；涉及其他部门或地区职权的事项是否已协商、会签；文种使用、公文格式是否规范。

第三十二条 经审核，对符合本办法规定的公文，文秘部门应当及时提出拟办意见送负责人批示或者交有关部门办理，需要两个以上部门办理的应当明确主办部门。紧急公文，应当明确办理时限。对不符合本办法规定的公文，经办公厅（室）负责人批准后，可以退回呈报单位并说明理由。

第三十三条 承办部门收到交办的公文后应当及时办理，不得延误、推诿。紧急公文应当按时限要求办理，确有困难的，应当及时予以说明。对不属于本单位职权范围或者不宜由本单位办理的，应当及时退回交办的文秘部门并说明理由。

第三十四条 收到上级机关下发或交办的公文，由文秘部门提出拟办意见,送负责人批示后办理。

第三十五条　公文办理中遇有涉及其他部门职权的事项,主办部门应当主动与有关部门协商;如有分歧,主办部门主要负责人要出面协调,如仍不能取得一致,可以报请上级机关协调或裁定。

第三十六条　审批公文时,对有具体请示事项的,主批人应当明确签署意见、姓名和审批日期,其他审批人圈阅视为同意;没有请示事项的,圈阅表示已阅知。

第三十七条　送负责人批示或者交有关部门办理的公文,文秘部门要负责催办,做到紧急公文跟踪催办,重要公文重点催办,一般公文定期催办。

第七章　公文归档

第三十八条　公文办理完毕后,应当根据《中华人民共和国档案法》和其他有关规定,及时整理(立卷)、归档。个人不得保存应当归档的公文。

第三十九条　归档范围内的公文,应当根据其相互联系、特征和保存价值等整理(立卷),要保证归档公文的齐全、完整,能正确反映本机关的主要工作情况,便于保管和利用。

第四十条　联合办理的公文,原件由主办机关整理(立卷)、归档,其他机关保存复制件或其他形式的公文副本。

第四十一条　本机关负责人兼任其他机关职务,在履行所兼职务职责过程中形成的公文,由其兼职机关整理(立卷)、归档。

第四十二条　归档范围内的公文应当确定保管期限,按照有关规定定期向档案部门移交。

第四十三条　拟制、修改和签批公文,书写及所用纸张和字迹材料必须符合存档要求。

第八章　公文管理

第四十四条　公文由文秘部门或专职人员统一收发、审核、用印、归档和销毁。

第四十五条　文秘部门应当建立健全本机关公文处理的有关制度。

第四十六条　上级机关的公文,除绝密级和注明不准翻印的以外,下一级机关经负责人或者办公厅(室)主任批准,可以翻印。翻印时,应当注明翻印的机关、日期、份数和印发范围。

第四十七条　公开发布行政机关公文,必须经发文机关批准。经批准公开发布的公文,同发文机关正式印发的公文具有同等效力。

第四十八条　公文复印件作为正式公文使用时,应当加盖复印机关证明章。

第四十九条　公文被撤销,视作自始不产生效力;公文被废止,视作自废止之日起不产生效力。

第五十条　不具备归档和存查价值的公文,经过鉴别并经办公厅(室)负责人批准,可以销毁。

第五十一条　销毁秘密公文应当到指定场所由二人以上监销,保证不丢失、不漏销。其中,销毁绝密公文(含密码电报)应当进行登记。

第五十二条　机关合并时,全部公文应当随之合并管理。机关撤销时,需要归档的公文整理(立卷)后按有关规定移交档案部门。工作人员调离工作岗位时,应当将本人暂存、借用的公文按照有关规定移交、清退。

第五十三条　密码电报的使用和管理,按照有关规定执行。

第九章　附　则

第五十四条　行政法规、规章方面的公文,依照有关规定处理。外事方面的公文,按照外交部的有关规定处理。

第五十五条　公文处理中涉及电子文件的有关规定另行制定。统一规定发布之前,各级行政机关可以制定本机关或者本地区、本系统的试行规定。

第五十六条　各级行政机关的办公厅(室)对上级机关和本机关下发公文的贯彻落实情况应当进行督促检查并建立督查制度。有关规定另行制定。

第五十七条　本办法自 2001 年 1 月 1 日起施行。1993 年 11 月 21 日国务院办公厅发布,1994 年 1 月 1 日起施行的《国家行政机关公文处理办法》同时废止。

第八章　常见错别字

下面是一则职场故事：

老秘姓赵，在局里的办公室当了多年秘书，因而被人们称为老秘。

老秘大学中文系毕业，人实在，工作认真，文字功底十分深厚，加之若干年的操练，写出的文稿已属上乘，这一点，局里上上下下有口皆碑。老秘主要任务是给局长写讲话稿，每当局长在重大场合讲话，都事先由老秘起草讲稿。只要局长把讲话的大概思路一说，再明确要讲多少时间，就足够了。老秘挑灯夜战，一般一两个晚上，就大功告成。局长将老秘写的讲稿拿到会上一念，十有八九博得喝彩和好评。时间长了，局长便以"善讲"远近闻名，有一些同行专程来拜访他，向他取经。每当这时，他总是谦虚地说："讲得不好，讲得不好，是您抬举了。"谁料此话又传为美谈，局长又以"谦虚"远近闻名了。

老秘写稿写得出色，人又能干，局里的一些科室领导纷纷向局长要人，想重用老秘，提拔老秘为科室的副职，可局长心想，老秘走了，谁给我写讲稿，于是坚决不同意。平时局长在大会小会上经常表扬老秘，说他不仅业务专精，而且人品好，甘于奉献。老秘有心想走，但觉得领导对自己挺器重，便没好意思提这事。

但老秘有一个缺点令人们百思不得其解，一个专门搞文字工作的人却常常在领导讲话稿中写错别字，而且非常多，一篇讲话稿里往往有十几处甚至几十处错别字，比如，"兢兢业业"写成"精精业业"，"成绩斐然"写成"成绩匪然"，"并行不悖"写成"并行不备"，"肆无忌惮"写成"肆无记弹"，"赡养"写成"善养"，等等。为此，办公室主任没少批评老秘，老秘总是虚心接受批评，嘴上说一定要改，一定要改，可总是改不了。不过，主任对老秘的错别字问题还是宽容了，再说局长每次对老秘写的报告都十分满意，自己何必再吹毛求疵呢。

一次，办公室主任升职了，又从别的部门调来一位新的办公室主任。是一个文学爱好者，在很多文学杂志发表过文学作品，文字功夫不一般。

　　这天,老秘又为局长写了一篇讲话稿,因为第二天局长要在大会上发言,所以老秘在晚上把讲稿交给了新主任审阅把关。新主任看完讲稿之后,不禁哑然失笑,心想,大名鼎鼎的老秘竟然错字、白字连篇,于是他毫不客气地都改了过来,并将原来的错字白字用墨水涂了。

　　第二天上班,新主任对老秘说:"你写的材料我看过了,总体上写的不错,思路清晰,内容丰富,表达准确,文采不凡,只是一些地方有错别字,我都给改过来了。当然,谁都免不了偶尔会写几个错别字,连王蒙、贾平凹、余秋雨这样的大作家写的东西还被人找出不少错别字呢,以后注意点就是了。"主任想老秘肯定会讲一些谦虚的话,不料老秘一拍大腿,大叫一声:"糟了,局长肯定会闹笑话的。"

　　原来,局长的文化水平不高,很多字都不认识,不认识就猜着念,如将"兢兢业业"念成"克克业业",将"别墅"念成"别野",将"斐然"念成"文然",将"并行不悖"念成"并行不脖"。为了避免闹笑话,老秘故意将一些容易闹笑话的字改成最容易读的字,字不同但音同,局长在上面讲,下面没有材料,只要读音对,下面便挑不出毛病。可新主任在讲稿中这么一改,填上那么多容易读错的字,局长的脸肯定丢大了。

　　果然不出所料!下午,局长回来了,脸色十分难看。原来,他在讲话时,念了十几次白字,弄得听众十几次哄堂大笑,羞得局长真想找个地缝钻进去。更为难堪的是局长还被上级领导批评挖苦了一通,名誉受到了极大损害。

　　局长传来话,让主任、老秘去局长办公室一趟。二人刚进门,局长便发火了:"你瞧瞧你们两位,一个大学中文系毕业,一个是作家,竟然不懂得规范用字,瞧瞧你们在我的报告中用的是什么乌七八糟的词……"

　　老秘和主任对视了一下,不知如何回答是好。

　　这个故事中的老秘常写错别字,有难言的苦衷:为了照顾局长的文化水平,为了保住自己的饭碗,不得不写错别字。但是,幽默终归幽默。在我们的现实职业生活中,从设计产品商标广告到拟定商业活动的计划和合同;从写张请假条到写工作报告;如果出现了错别字,轻则闹笑话个人脸面尴尬,重则会给单位或国家造成无法挽回的损失。

　　在大学生告别校园,开始职业生涯之前,充分认识写错别字的危害,加强规范用字的意识,是十分必要的。

8.1 错别字的危害

8.1.1 错别字误导公民言论

当前汉语言文字的使用已处于严重混乱状态,打开电视机、收音机;翻开报纸、杂志;观看电影、演出;开会听报告或浏览广告、标语,充斥在我们眼前、耳边的不规范用语,不胜枚举。社会上普遍流传着"无错不成书,无错不成报,无错不成广播电视"的调侃或自嘲。

以下列举一部分近年来各种新闻媒体及报刊出现的错别字案例——

【案例 8-1】

今夜成了昔日——"不知天上宫阙,今夕是何年"是苏轼的词《水调歌头·明月几时有》中的一句。但在某省电视台 2004 年 3 月 6 日晚的"××小姐"风采总决赛中,某选手在唱这首词时,电视屏幕下方显示的歌词却是:"不知天上宫阙,今昔是何年?"电视台把"今夕"错打成了"今昔"。

有一个我们常用的成语叫"今非昔比","今昔"是"现在和过去"的意思,是一个时间跨度很长的概念,那怎么能说它们是"何年"呢?实在令人费解。

【案例 8-2】

老人变成了机器人——某报 2000 年 5 月 15 日副刊中的《夏季老年人怎样养生?》一文中写道:"夏天暑气外蒸,毛孔张开,机体容易被风寒侵袭,所以不要夜宿露天……"

句中的"机""肌"之误,使老人变成了机器人,让人啼笑皆非。

【案例 8-3】

两手能揽群山——"会当凌绝顶,一览众山小。"是杜甫《望岳》中的佳句,写的是诗人在想象中登上了泰山的顶峰,极目远眺,许多山都变得矮小了。但在广西某日报的图片说明中就变成了:"我们登上了……的主峰,登高远望,一揽众山小。"将"览"误为"揽"。

能"一揽众山小"的人绝非凡人,莫非有神话巨人出现,长臂一伸,众山尽在怀中?

【案例 8-4】

最高学府变监狱——"国子监"是我国封建社会时期的最高学府,"监"应该读去声,音同"见"。而在 2003 年 3 月 22 日晚,中央电视台某知识竞赛节目中,主持人却多次把"国子监"的"监"读成了阴平,读同"监狱"

的"监"。

按照这个读音,国家的最高学府就变成了国家最高监狱,听起来很是别扭。

当然还有好些例子。如:"自卑"写成"自悲";"震撼"写成"震憾";"辩护"写成"辫护";"水龙头"写成"水笼头";"鸡蛋"写成"鸡旦",等等。

新闻媒体起着社会舆论导向的重要作用。在新闻媒体的报道中出现的错别字,不仅歪曲了作品内容的原意,还很容易以讹传讹,对青少年、对社会都会造成不良影响。因此,大学生特别是那些将来要当记者、编辑的大学生朋友们,在校期间一定要提高自身的文化素养,尤其要提高准确运用语言文字的能力,为自己未来的职业生涯打下坚实的基础。

8.1.2 错别字影响历史进程

【案例 8 - 5】

1930 年,蒋介石与冯玉祥、阎锡山在中原大战。冯、阎为了联合反蒋,两人商定双方军队在河南省黄河北岸的沁阳县会师,集中兵力一举歼灭驻守的蒋军。但冯玉祥的一个作战参谋在拟定作战命令时误把"沁阳"写成了"泌阳",碰巧河南省黄河南岸真有一个泌阳县!虽然"泌阳"的"泌"与"沁阳"的"沁"字只差一撇,但一南一北,两地相距甚远。这样一来,冯军按照作战命令误入泌阳,贻误了战机。结果,让蒋介石的军队获得了主动权。于是持续近半年的中原大战,最终以冯阎联军的失败告终。

一个错别字对中国的历史进程居然有所影响,我们不能不引以为戒。

8.1.3 错别字造成财产损失

【案例 8 - 6】

一个为棉袜厂家打工的年轻人在某超市门口促销棉袜,他在价格牌上标明"五蚊三对"。于是就有人走过去问:"这些袜子真的是五蚊三对吗?""是啊,五蚊三对,很便宜的,快买吧",年轻人说。

于是那个人快步离开,很快又跑了回来,手里拿着 5 只蚊子,递到年轻人面前说:"这里有 5 只蚊子,我要这 3 对袜子。"

这时,小伙子傻了眼,摸着头,吓呆了的样子。

"快收下啊!我要走了。"买袜人扔下掌中的 5 只蚊子,拿起 3 双袜子就要走人。

"喂,你别走,你还没给钱呢!"年轻人急了。

"你不是明明写着五蚊三对吗?"买袜人说。

这时过路的人都围了过来。

"我已经给了你5蚊,你问我要钱干什么?"

这番话,引起了围观人群的一阵哄笑,年轻人不知该如何是好。

原来,那卖袜的年轻人是个广东人,在粤方言中,表示钱款的"元"和"蚊子"的"蚊"同音。

由此看来,用方言中的词语替换普通话的词语,也会造成错别字现象,也会造成交际的误解。这个故事中的那个买袜人只是想调侃一下卖袜子的年轻人,让他记取一个教训,年轻人也只是在众人面前有点丢脸而已,并没有造成什么经济损失。但下面这两个例子,可就是惨痛的教训了。

【案例8-7】

某省某县物资公司跟一家木材公司签订了一份购销合同,总金额达260多万元。合同中有关违约责任的条款是这样表述的:"一方不按合同规定的条款履行,应承担违约责任即偿付银行贷款利息。"合同的原意是如有一方违约,将要同时支付给另一方违约金和银行贷款利息。但句中的"及"写成了"即",整句话的意思就改变了。后来,木材公司违约,根据合同,物资公司就只追回了100万元的银行贷款利息,5万元的违约金分文未得。

【案例8-8】

十几年前,乌鲁木齐的一家挂面厂曾在日本印刷了10吨的挂面包装袋。由于图纸设计者的马虎和审批者的大意,竟将"乌鲁木齐"印成了"鸟鲁木齐"! 一点之差,致使包装袋全部报废,16万元巨资付之东流。

俗话说"商场如战场","商战是一场没有硝烟的战争"。在商场上,写错几个字就可能造成重大财产损失。在商场摸爬滚打的年轻人,尤其要记住这条游戏规则。社会竞争日趋激烈,优胜劣汰已是商界规律,对企业发展如此,对个人前途亦如此。我们必须重视每个细节,千万别让错别字这样的绊脚石绊倒。

8.1.4 错别字断送求职机会、影响职业发展

【案例8-9】

"面试时,我最不能容忍的事情,就是看到求职简历中居然有错别字。"广东某橱柜企业有限公司人力资源部经理刘某在接受记者采访时说。每次遇到这种写错别字的求职者,他都会把他们的简历"扔在一边",然后颇有

礼貌地告诉对方"请回家等通知"。他说:"如果我招聘了一名连简历都有错别字的会计专业毕业生,那么今后他处理账目时,就可能会由于'不小心'而弄错一个至关重要的小数点,从而对公司造成无法挽回的损失。"

寒窗苦读十几年的学生,仅因简历中出现错别字,而失去工作的机会,影响了今后的人生。

【案例 8-10】

在招聘会场,毕业生小张毕恭毕敬地将简历递给了面试主考官。主考官浏览后问小张:"简历上怎么有错别字?"小张一下子泄了气,赶紧找了个借口:"哦,这简历是我在街上一家小打印店里,让录入员打的,没想到她的水平那么差! 真是的,她……"小张话还没说完,主考官就说了:"请你回家等我们的通知吧。"

求职简历有错别字,再加上信口推卸责任,雪上加霜也。

【案例 8-11】

小周毕业后,通过了一家单位的面试,开始了 3 个月的试用期。第一天上班,领导就要小周编辑一篇文稿。从打字、排版到校对、打印,小周都完成得一丝不苟,给领导留下了较好的第一印象。而小周的另一个同事小庞,却因为打印文稿这种小事,影响了最后的录用。小庞是和小周同时考进单位的毕业生。对领导布置下来的同一个编辑任务,小庞只是随便应付了事。他把文章输入电脑后就上交领导了,没有认真校对文稿,其中的错别字、错用的标点符号也就没有得到及时的纠正。虽然这只是一些细节问题,但却让领导觉得他做事非常马虎、不可靠,小庞也就没能被正式录用。

在试用期里,为了让新人尽快进入职业角色,企业往往会安排经验丰富的前辈给予工作指导。一开始,他们让新人做的大多是一些琐屑之事,比如校对、打印等杂务。如果大学生们眼高手低,终将自食其果。

【案例 8-12】

一位刚工作的大学毕业生,通过层层选拔和 3 个月的试用期,终于顺利进入省扶贫办公室工作。一段时间后,扶贫办公室所在大楼需要装修,于是办公室便暂时搬迁到对面的写字楼里办公。办公室主任给这位大学生布置了一项任务,让他制作一张门牌,写上"扶贫办"三个字,张贴在办公室门口右侧的墙壁上,以便前来办事的人员顺利找到办公地点。

区区小事,难不倒我们的大学毕业生! 这位大学生二话不说,找来一张白纸,笔墨一挥,几分钟之内就把任务完成了。他将写好的门牌贴在了主任指定的位置上,就去忙别的事了,却不知他把"扶贫办"写成了"扶贪办"!

主任和其他工作人员每天上下班,来去匆匆,也没发现门牌上的错误。来办事的群众看到了"贪"、"贫"之误,也只是"敢笑不敢言"。

一天,几位领导要到扶贫办了解情况,没有预先通知办公室主任,一行几人就过去了。到了扶贫办所在的楼层,他们顺着各房间门口的牌子一路找下去,终于找到了扶贫办。可是他们并没有去敲门,而是盯着门口的牌子看了起来,因为领导发现门牌上面写的竟然是"扶贪办"3个字!

接下来的情景可想而知——扶贫办主任被领导狠狠地批评了一通,那位写字的大学生自然也被主任狠狠教训了一番,再也得不到主任的信任和重用。

"贪"和"贫"只两笔之差,于人于己都造成了严重后果。

规范用字,不仅是个人文化素质的体现,不仅关乎个人的发展前途,而且也是政治的需要,也是精神文明建设的需要。

秦始皇统一中国以后,首先做的就是统一文字。他这么做是为了什么? 为了巩固刚建立的新政权。中国历代政府也都重视文字的规范,历史上的科举考试都要求写规范字。为了什么? 也都是为了政权的集中统一。

1956年公布了简化汉字表,简化字成为我国法定文字。联合国在恢复中华人民共和国的合法席位以后,所有文件的中文文本,使用的都是规范的简化汉字,用错了就是严重的政治问题。

文字使用是否规范,从某种意义上讲,反映了这个地区的文明程度和文化素养。如果我们写字不规范,甚至写错别字、读白字,不仅仅是影响个人形象——如果代表的是国家/政府,则有损国家/政府的形象。在一次国际会议上,台下坐了不少外国的汉学家,有一位中方发言人讲话,把"绚丽多彩"的"绚"(读同"眩")读成了"旬"(读同"训"),念错的那一刻,台下一片哗然。发言人代表的是国家的形象,若发言人的文化素质如此,怎能让外国人正确了解中国的文明发展程度,怎能让世界人民相信中国的国民素质正在提高?

因此,我们在校大学生应端正对汉字规范化的认识和态度,充分认识汉字规范化的重要意义和读错字、写错别字的危害,自觉培养讲普通话、写规范字的意识。如果遇到不会读、不会写或把握不准的字词,不要怕麻烦,勤查工具书,并且有针对性地阅读一些有关"常见错别字"方面的专业书籍,尽量把错误、失误减到最低。

8.2 常见错别字

8.2.1 容易混淆的字词

【按部(步)就班】

"部"、"班"是指门类、次序。"按部就班"原来是指写文章时结构安排得当,选词、造句合乎规范。后来用来形容做事按照一定的条理,遵循一定的顺序。有时用来指按老规矩办事,缺乏新意和闯劲。但"步"是指脚步,写成"按步就班"在词义上就讲不通了。

【暴—曝—爆】

暴,本义是晒米,读同"瀑 pù"。《孟子·告子上》:"虽有天下易生之物也,一日暴之,十日寒之,未能有生者也。"后来引申作"晒"讲,为了表示这个引申义,便给"暴"加了个意符"日",成为"曝 pù"。所以,成语"一暴十寒"也能写为"一曝十寒",读音一样。

词语"暴病、暴怒"中的"暴",含有突然而猛烈的意思。另外,"暴"还有凶狠、残酷的意思,如"暴虐、暴行"。

爆,本义是指火花迸散而烧灼,后来引申为"猛然破裂或迸出",如"爆破、爆炸"。

"暴发"和"爆发"的使用是有区别的,要注意区分。"暴发"是指事物突然而迅速地发生、发作,如山洪暴发,暴风骤雨,物价暴跌,暴富,暴发户等。"爆发"则是指事物猛烈而意外地炸开或发生,如火山爆发,战争爆发,爆冷门等。

【备—倍—背】

这两个词经常被混用的原因是没有弄清楚它们词义上的区别。

"倍"的本义是覆,就是翻转的意思,因为"覆"表示有二面,所以引申为加倍。在固定词组中表示数量增长时,就使用"倍"。如勇气倍增、身价倍增、事半功倍。

"备"的本义是戒备、谨慎,但又表示完全、非常的意思,表示程度深,但不表示数量的增加。如关怀备至、备受欢迎。

"备尝"、"备受"是用来形容受尽或尝尽辛酸或困苦。"备受欢迎"是指非常受欢迎,而非成倍受欢迎;"关怀备至"是指关怀得十分周到,没有加倍的意思;"艰苦备尝"并不是加倍尝到艰苦,而是指所有的艰苦都尝尽了。因此在这些词语中把"备"写成"倍"是不正确的。

另外,"备"还有准备的意思,"备课"是指教师准备上课的内容,不能写成"背课"。

【必须—必需】

"须"是一个会意字,本义是指胡须。后来借用为"要,必须",表示人的意愿,是"一定要和不能不这样做"的意思,如务须努力,考试须知。

"需"的本义是遇到下雨而停下来等待,后来引申为"需要"、"需要的东西",是一定得有和不可缺少的意思,如需求、按需分配、军需。

弄懂了"须"和"需"的不同,"必须"和"必需"就容易分清了。"必须"是一定要、必要的意思,一般使用在祈使句里,表达命令的语气,如你必须按时到达目的地;作业必须按时完成。"必需"的意思是一定要有的,不可缺少的,指的是物品,一般使用在陈述句中,如牙刷是生活必需品;水是人类生存所必需的。

【辨—辩】

由于二者音同形似,古时又通用,所以比较容易混淆。"辨"是指辨别、分辨,表示用行为来分清、识别时使用。"辩"字中间是个"言"字,表示和"说、论"有关,因此在表示用言语来说明、申述意义时使用,指辩论、辩解的意思。

要特别注意的是,"分辨"指辨别,"分辩"指辩白,二者不通用。另外,在"辩证"一词上,不要搞混"辩证法"与中医学上"辨证施治"的写法。中医学上的"辨证施治"是指中医根据人体的舌苔、面色、脉搏等证相考察情况,综合加以辨析,确定如何治疗,"证"古同"症",不能写成"辩证施治"。"辩证法"是哲学术语,不能写作"辨证法"。

【亳—毫】

"亳"读同"勃(bó)",下从"乇",是地名用字,安徽省阜阳地区有个亳州市。"毫"读同"豪",下从"毛",可以组成"毫毛、毫发、毫米、毫无头绪"等词语。

要注意这两个字的细微差别,多一横少一横就是不同的两个字了。把地名"亳州市"写成"毫州市",可能就是两个不同的地方了,也可能因此带来许多不必要的麻烦。

【部(布)署】

"部"、"布"是两个形义皆异的两个字,都读 bù。"部"含有统辖、统率的意义,而"布"是指散布、分布,两者在组词上是有差异的。

"布置"一词一般不会被误写为"部置",可是"部署"一词常常被错写成"布署"。"部署"多用于军事和人事的安排,指安排、布置人力、任务等,如军事部署已经完毕、厂长亲自部署工作。它虽然有布置的含义,但不能写成"布署"。

【簿—薄】

簿,读 bù,竹字头,指册籍,记载用的本子,如簿子、练习簿、意见簿、账簿、户口簿等。

薄,草字头,是薄弱、薄情、厚薄、日薄西山的薄。

在使用中,常有人把"簿"写成"薄","意见簿、户口簿"变成了"意见薄、户口薄",这是不对的。有许多形似的字,如答与荅、管与萱、笔与芼等形近字,有竹字头和草字头的不同,读音字义也不同。如果图省事或马虎而把竹字头的字写成了草字头的字,那就是写别字了。

此外,"主簿"是古代的官职名称,也不能写成"主薄"。

【查—察】

"查"一般指有标准、有目的检验、检查,是带有审核性质的行动,如检查、追查、查阅、查证、查究、查收、查询、查户口、查资料。

"察"则表示仔细地观看,认真地思考,深入地探究,是带有辨别性质的行为,如察看、视察、察言观色、觉察。

① 检查—检察

"检查",是为了发现问题而查看,如检查身体、检查工作。

"检察",是针对检察机关说的,对公安机关送来的案件进行进一步的核查。如检察院、检察官、检察员等。

② 考查—考察

"考查",是指用一定的标准对人的行为和活动进行衡量。如考查出勤情况、考查学生成绩,期中考查。

"考察",是指对某一情况或事物进行实地的、细致深刻地观察。如出国考察、考察各地灾情、考察施工情况。

③ 侦查—侦察

"侦查",是司法用语,指公安机关在办案过程中所进行的查找犯人、搜集证据等调查活动,主要指调查和检查。

"侦察",是军事用语,指为弄清敌情,对敌对的一方进行的军事刺探行动,主要指观察和察看。如侦察敌情、侦察员。

【长—常】

"长"和"短"相对,既可以指空间,也可以指时间,如长途、长河、长年累月、长寿等。"长"还可以表示长处,优点,如一技之长、说长道短、善长。

"常"表示经常、时常。我们平日说的"常任理事"、"常务理事",就取的是经常、日常的意思,所以都用"常"。

"长年"、"常年"两个词的词义有细微的差别,要注意辨析。"长年"经常和"累月"组成"长年累月"使用,表示经历过很多岁月,不能写作"常年累月"。"常年"指终年、长期,如解放军常年驻守边疆、常年出差在外,在这里不能写作"长"。

"长青"是指人的精神或情谊永不衰退,如成语"万古长青"里就要用"长青",不宜用"常青"。而"常青"一般指树木长期保持绿色不变,多用来形容松柏,如"四季常青"、"冬夏常青"。

【订—定】

"订",指经过研究商讨而立下条约、契约、计划、章程等,也用来表示预先约定的意思。

当"定"用来表示规定、确定、决定意义时,不能和"订"互用。但当"定"表示约定的意思时,有时可以与"订"通用。

表示预先约定的意思时,"定"和"订"可以通用,如"定购、定单、定亲、定阅报纸"等,写作"订购、订单、订亲、订阅报纸"也是正确的。但一般来说,人们习惯上是使用"订"字。

表示改正文字中的错误、装订的意思时,就只能使用"订",如修订、订正、订书机、用纸订成的本子,不能使用"定"。

表示经过协商立下条约的意义时,也必须使用"订",如订立合约、签订合同,绝对不能写成"定立合约"、"签定合同",词典中并没有"定立"、"签定"的条目。

【度—渡】

"度",是从时间的角度表示"过"的意思。古代把周天(地球绕太阳一周)大约划分为365个等分,每等分就称为一度,日行一度,一度便是一日,所以过日子就叫做"度日",因此形容日子难过就是"度日如年",过假期就叫做"度假"。又如"欢度春节、欢度国庆、安度晚年",在这些词语里,都没有表示由此及彼的意思,只是从时间上表示"过"的意思,所以只能用"度"字。

"渡",是过水的意思,表示由此岸到达彼岸,如远渡重洋、四渡赤水、横渡长江。由此义引申为"由此及彼,由这一方转移到另一方",如渡过难关、过渡时期、过渡阶段。

【翻一番—翻一翻】

"翻一番"中的"一"和"番"不读轻声。它是个述宾结构,"翻"表示动作,"一番"是数量词作宾语。"翻一番"表示"数量增加了一倍",如200翻一番就是400。其中的"一"还可以根据实际情况的需要改成其他的数字,例如"翻两番"、"翻十番"。如果"翻一番"中间的数字是"一",还可以说成"翻番",但如果不是"一"就不能省略。此外,"翻"的后面可以加"了",如"去年的产量比前年翻了一番",表示数量已经增加了一倍。

"每天翻一翻报纸,一定能学到不少知识"中"翻一翻"的"一"和第二个"翻"都要读成轻声。"翻一翻"是动词"翻"的重叠式,表示一个时间较短的动作。它也可以把"一"省略掉,说成"翻翻",表达的意思不改变。但是"一"不能换成其他的数字,不能说成"翻两翻"、"翻十翻"。在第一个"翻"的后面也可以加"了",说成"翻了翻"或"翻了一翻"表示"翻"的动作已经完成。

【反映—反应】

"映"的本义是不太明亮的意思,现在是指因光线照射而显出物体的形象,如"倒映、放映"。"反映",意思是反照,一是用来比喻把客观事物的实质表现出来,如"他的行动反映了他那善良淳朴的内心。"二是指将客观情况或群众的意见告知上级或有关部门,如"向领导反映基层情况"。

"应"读同"映"时,意思是回答,如"笑而不应";又当"允许"讲,如"有求必应";还有顺应的意思,如"得心应手"。"反应迟钝"中的"反应"是指有机体受到体内或体外的刺激而引起的相应的活动,"演出得到了良好的反应"中的"反应"是指某件事情所引起的意见、态度或行动。

"群众的反映"和"群众的反应"因一字之差就有不同的意思。前者是指群众将某些情况、意见汇报给上级和相关单位,后者是指群众对上级或有关部门的某些行为、决策的反响。

【付—副】

"付"的用法比较单纯,一般只用来表示交给、给(钱)的意思,如"交付、托付终身、付诸实施、付钱、现金支付"。

"副"在作量词时可以写作"付",如"一副(付)手套"。除此以外,"副"和"付"是不能混用的。"副"有居于次位的意思,区别于"正、主",如副主任、副厂长、副官、副手。"副食品"是区别于主食的食品,"副本"是指正本以外的其他版本,"副业"指主要职业之外附带经营的事业,"副作用"指随着主要功能或作用而附带发生的次要作用或不良反应。

如果把"副本"写成了"付本",就有可能被误认为是"付本还息"的"付本"。"副食"不能写作"付食","付食"是指"给别人吃的东西",和"副食"的意思完全没有联系。"副作用"也不能写成"负作用","负作用"是指消极的、不好的作用和影响,没有"附带发生"的意思。

【沟通—勾通】

"沟通",是指使双方能够连通,是一个中性词,如:"沟通两国文化,沟通南北大桥。"

"勾通"却是一个贬义词,是指暗中串通勾结,如"他们互相勾通,干了许多坏事。"

在使用中,如果把"沟通"写成了"勾通",不但不能准确地表达句子原来的意思,而且句子的感情色彩也发生了变化,这样就会造成交际的麻烦,需要特别注意小心。

【过滤—过虑】

"这水干净,不用过滤"和"这水干净,不用过虑"这两句话的意思是不一样的。前一句的意思是"水比较纯净,没有杂质,不用澄清"。而后一句的意思是"水是干净卫生的,喝了绝不会生病,可以放心地喝。"

"过滤",是使流体通过滤纸或其他多孔材料,把所含的固体颗粒分离出去。"过虑"是过于忧虑的意思,表示一种心理活动。在使用时,注意不要疏忽大意,互调了位置就讲不通了。

【侯—候】

这两个字的声调是不一样的。"侯"读阳平,读同"猴";"候"读去声,读同"后"。字型只有一笔之差,如果对读音把握不准,就容易把两个字搞混、写错。

"侯",一是用作姓氏,比如相声大师侯宝林就姓"侯"。二是表示封建社会的爵位,比如"公侯、王侯将相"。用法比较单纯。

"候",可以作等待讲,如"候车室、等候、候补";可以表示变化的情况,如"征候、火候";还当时节讲,如"时候、气候、候鸟"。

【潢—璜】

这两个字容易发生混淆,主要体现在"装潢"一词的使用上。很多人将"装潢"写成"装璜",可能是因为这些人认为有个王字旁,就可以同美术工艺挂钩。其实,"潢"的本义是染纸,"装潢"的意思也就是装裱。而"璜"是一种形状像璧一样的玉石。二者风马牛不相及,不能混用。

【馄饨—混沌】

"馄饨",是一种常见的面食,"馄"读同"魂","饨"读"吞"的轻声。虽然有人可能不能准确地读出这两个字的读音,但相信大家都品尝过。既然馄饨属于食品的一种,就应该从食字旁,而有的店商却把"馄饨"写成"混沌",让人啼笑皆非。"混沌"读同"混盾",是我国古代传说中指宇宙形成以前模糊一团的景象,或用来形容无知无识的样子。"本店有混沌出售",看到这样的广告招牌,真让人不知所云,哭笑不得。

【记—计】

"记"的本义是记录、记载,现在"记"的常用义也是记录、记载,如"记事、记账、登记"。

"计"的本义是计算,如核计、数以万计。

"不计其数",是个成语,形容数目极多,无法计算,如果写成"不记其数",意思就是不记下数字,所以不能将这里的"计"写成"记"。

"登记"是指把有关事项写在特备的表册上以备查考,如登记户口、结婚登记。这里的"记"不能写成"计","登计"是错误的写法,词典上亦无此条目。

【佳—隹】

"佳"读同"家",形容词,本义是美好,如"佳丽、佳音、佳境"。"佳"是一个形声字,意符为"人",声符为"圭"(两个"土"相叠)。

"隹"读同"追",名词,本义是指短尾鸟。"隹"是一个象形字,右半部分是一点加四横一竖。"隹"字现在很少被单独使用了,但它作为意符,凡是字义和鸟有关的都用"隹",如雀、雁、雏、鹤等等。

字的右半部分不同是这两个字的主要区别,只要注意到了这个区别,一般就不会搞混这两个字。同时也要注意,写字不要太过潦草,不小心的随意一笔便可能伤了交际双方的感情。"恭候佳音"意思是恭敬地等候您的好消息,写成"恭候隹音"便是对别人的大不敬了。

【截止—截至】

"截止"表示到一定期限停止,如"报名在今天早上已经截止。"

"截至"的意思是截止到某个时候,后面要带一定的句子成分,如"报名日期截至明天止。""截至昨天,报名的人数超过 3000。"

【决—绝】

"决",表示坚决、一定之意,放在"不、非、无、没有"等否定词前面时,表示坚决否定的意思,如"决不撒谎、决非长久之计、决无例外、决没有好果子吃"。

"绝",表示完全、绝对之意,放在"不、非、无、没有"等否定词前面时,表示完全否定,如绝非好人、绝无此事、绝没有恶意。

"决"和"绝"的主要区别就在于:"绝"强调完全、绝对的意思,没有回旋的余地,程度比"决"要更进一层,"决"表示的语气要比"绝"弱一些。

"绝不动摇"、"绝不被困难吓倒"应该写成"决不动摇"、"决不被困难吓倒",因为词语的本意是坚决的意思,用"绝"就不对了。"决无恶意"应该是"绝无恶意",因为词语的本意是绝对的意思,用"决"就不对了。

另外,"去意已决"和"去意已绝"两个词的意思是不同的,"去意已决"的意思是已经拿定主意要离开,坚决地要离开;"去意已绝"的意思是离开的念头已经灭绝了,已经没有离开的意思了。这两个词的意思是相反的,如果粗心大意写错了字,那么表达的意思就完全不一样了,这是需要特别注意的。

【兰—蓝】

"兰"是"蘭"的简化字,专用于"兰花、兰草"中,它不是"蓝"、"篮"的简化字,不能写成"兰色"、"兰球"。

"蓝"指颜色,如蓝色的天空、蓝图(用感光后变成蓝色的感光纸制成的图纸,也用来比喻建设计划)。

想写"蓝花"(蓝色的花朵),却写成了"兰花";想说"国家建设的宏伟蓝图",却写成了"国家建设的宏伟兰图",就会把人搞糊涂。另外,"篮球"写成"蓝球"或"兰球"都是不对的。

【权利—权力】

"权利",包含了"权"和"利益"的意思,是和"义务"相对而言的,是指公民或法人依法在政治、经济、文化各方面所行使的权力和享有的利益,如公民的合法权利不容侵犯。

"权力",包含了"权"和"力量"的意思,是指政治上的强制力量,也指在职责范围内的支配和指挥力量,例如立法权力、司法权力、人们行使当家做主的权力。

这两个词的词义不易区别清楚,两个音节又都同音,所以遇到这两个词时要注意行使的对象,避免造成误用。

【融—溶—熔】

表示"冰、雪等变成水"的现象,用"融化"或"溶化"都可以,两者在这个意义上可以通用。但是"融解"和"溶解"不能通用,它们表示的意思是不一样的。"融解"指的是融化,如山顶的积雪融解了。"溶解"是指固体、液体或气体物质的分子,均匀分布在一种液体中,例如把一勺盐放进一杯水中,盐会逐渐溶解于水,整杯水就变成了有咸味的盐水。

另外,"融"还有融合、调和的意思,组成的词语如"融洽、水乳交融"。"溶"没有这个义项,因此不能写作"溶洽、水乳交溶"。

"融融"和"溶溶"也不能通用。"融融"是形容和睦快乐的样子,如全家欢聚一堂,其乐融融;也用来形容天气暖和,如春光融融。"溶溶"是指水面或月光宽广的样子,如溶溶的江水、月色溶溶。两个词表示的意思不同,使用时要区别开来。

"熔"从火旁,它的对象常为金属矿物物质,在高温的条件下,金属受热到一定程度而变成液态,这个过程称为"熔"。如熔铸、铁矿石在高温炉内熔化成铁水,在这里如写作"融化"或"溶化"就错了。

【适用—实用】

"适"读去声,是适合的意思,"适用"就是适合使用的意思,如"拖拉机适用于农村,这套方案不适用于这个地区"。可以说成"适合使用"的,就能说成"适用"。但"适合"和"适用"的用法又稍有差别。"适合"可以和"使用"搭配,而"适用"已经包含了"使用"的意思,就不能再和"使用"搭配了。因此可以说"适合做反面教材使用",不能说"适用做反面教材使用"。

"实用",就是实际使用,一般指某种理论、某套方案、计划的实际使用价值,如"这个花瓶既美观又实用"。"实用"包含了从理论到实际的意思,所以可以说"实用性"、"实用价值"。而"适用"是不包含从理论到实际的意思在里面的。

在例句"这本书的学术性虽然很强,但是更具有实用性,适用于各大专院校的大学语文课堂教学"中,"适用"和"实用"的区别可以清楚地看出来。因为这本书理论紧密联系实际,实际运用的价值很高,所以说它具有"实用性";这本书适合做大学生的语文教材,所以用"适用"。

【胜地—圣地】

"胜地",是针对有名胜古迹,风景优美的地方说的,如避暑胜地,旅游胜地。

"圣地",是宗教徒对与教主生平事迹有重大关系的地方的敬称,比如基督教徒称耶路撒冷为圣地,伊斯兰教徒称麦加为圣地,印度是佛教圣地。"圣地"还指具有重大历史意义和作用的地方,如延安是中国人民革命的圣地。

【授权—受权】

"授"的意思是交付、给予,多用于正式或隆重的场合。"授权"是指把权力委托给人或机构代为执行,指的是下达命令的一方。如:有关部门授权王警官处理这起案件。

"受"的意思是接受。"受权"是指接受国家或上级委托有权力做某事,指的是接受命令的一方。如:王警官受权处理这起案件。

理解了"授"和"受"的意思,就能认识到"授权"和"受权"是两个意义正好相反的词。如果把上两例中的"授权"和"受权"对调,就本末倒置了。把授权方和受权方搞错了,使单位蒙受了经济损失,自己的职位也岌岌可危了。所以,在使用这两个词时要特别慎重。

【刷—涮】

"刷"读同"唰",作名词时意思为刷子,如"牙刷、鞋刷";作动词时指用刷子清除或涂抹,如:刷牙、刷锅、刷鞋、刷墙。

"涮"读同"栓",去声,它的义项有三个,一个是把手或东西放在水里摆动,如涮涮手;第二个义项是把水放在器物里面摇动,目的是要把器物冲洗干净,如涮一下瓶子;第三个义项是把肉片放在开水里烫一下就取出来蘸作料吃,如涮羊肉。

"刷"和"涮"是音不同义也不同的两个字,有没三点水大不一样。比如"刷羊肉"是用刷子刷羊肉,清除羊肉上的血迹;而"涮羊肉",就是把片状的羊肉放入滚烫的汤水里烫一下吃。"刷锅"是用刷子刷洗锅子,目的是清除附在锅子上的油迹;"涮锅"是把肉片、蔬菜等放在火锅里涮着吃的吃法。两者差别显著。在使用时,不仅要注意把字音读准,而且还要注意把字形写对,这样才言能达意。

【戍—戊—戌】

"戍",读同"树",是一个会意字,意思是防守。字形是由"人"和"戈"组成,"丶"是由"人"字的捺笔演化而来的。如卫戍、谪戍、戍守边疆等。

"戊",读同"误",是天干第五位。"戌",读 xū,是地支第十一位。阴历纪年是以天干和地支搭配而成的,六十年周而复始。如"戊戌变法"就是发生在阴历戊戌年。"戍"既不属于天干也不属于地支,所以不能用在阴历纪年中,写成"戍戌"或者"戍戊"都是不对的。

"戍"、"戊"、"戌"三个字经常容易混淆,记住这个歌诀可以帮助记忆:"横是戌,点是戍,无横无点念作戊。"

【通信员—通讯员】

"信"和"讯"的读音有些相似,在平时口头表达时,人们常常搞混这两个字的读音,在书面表达时也常出错。其实"通信员"和"通讯员"两个词的意思是有所区别的。

"通信员"是指在部队、机关中担任递送公文等联络工作的人员。"通讯员"是指报刊、通讯社、电台邀请的为其经常撰写通讯报道的非专业人员。两者的职责是完全不同的,在书写和口头表达时要特别注意。

【卍—卐】

当我们看到"卍"和"卐"两个符号时,感觉都挺熟悉,似乎就是纳粹的标记。但两个符号的旋转方向不一样,究竟哪个是纳粹的标记,很多人的印象也比较模糊,读什么就更少人知道的了。

"卍"和"卐"都读同"万",原来都是佛教中象征吉祥如意的一种标志。在佛教中这两字是通用的,表达的意义也没有不同。但是,在二战中,法西斯德国纳粹党用反万字"卐"作为党徽。因此,正万字"卍"和反万字"卐"也就有了区别,不能用错。

【维—帷—唯—惟】

"维"的意符是"纟",本义是车盖绳,后来引申为连接、保持,如维系、维护、维持。

"帷"的意符是"巾",本义是指帐子,如帷幔(即帷幕)、帷幕(挂在较大的屋子里或舞台上的遮挡用的幕)、帷幄(军队里用的帐幕)。

"唯"的意符是"口",本义是表示答应,如唯唯诺诺。也用作表示范围的副词,表示只、仅仅的意思。

"惟"的意符是"忄",本义是指思想,如思惟(今多作思维)。后来借用来表示单单、只,如惟恐、惟有。

当"唯"、"惟"作表示范围的副词时,两个字通用,如"唯有"可以写作"惟有","唯恐"可以"惟恐"。但用于哲学方面,只能写作"唯物主义"、"唯物论"。

使用这四个字时,可以根据意符的不同来区别使用。

【象—像—相】

凡与大象有关的事物,应该用"象"。如"大象、海象、象牙、象棋、象鼻虫"。

表示"形状"、"样子"意义的词,应该用"象"。如"形象、假象、印象、气象、想象、象征、景象、幻象"。

凡比照事物制作的形象,应该用"像"。如肖像、头像、绣像、偶像、雕像、图像、虚像、像章、录像、塑像、神像。但在"相片"、"照相机"、"照相"中人们习惯使用"相",而不用"像"。

表示对比、似乎意思的词,应该用"像"。如"好像、活像、相像、像谁、不像话、四不像"。

当"相"读去声,读同"像"时,表示物体的外观,人的姿态、外观,如"月相、站有站相坐有坐相、可怜相、照相馆"。

【泄—泻】

"泄"是指液体或气体排出或泄漏,如"排泄,水泄不通"。

"泻"是指水很快地流,如"河水奔腾,一泻千里"。又指腹泻,如"泻肚、上吐下泻"。

"水泻"就是"泻肚",即平时所说的拉肚子。"水泄不通"是形容十分拥挤或包围得十分严密,好像连水都不能排出,如果把"水泄不通"写成"水泻不通",就大错特错了。

【型—形—行】

"型"的本义是模型,后来引申为类型,侧重于事物的型号和样式,指规范化的、许多事物共同的样子,常用来表示事物或人的类别。如"血型、模型、典型、定型、成型、型号"。

"形"的本义是形象、形体,如"形态、形影不离";又当形状讲,如"圆形、长方形"。"形"比较侧重于事物的形状和样态,指具体的、个别的样子,常用来表示事物或人的形态。

"行"的本义是走路,如"急行、人行道"。

"雏形"是指事物初始的、还没有定型的、或是将实物缩小的形态,写成"雏型"是不对的。同样,把"畸形"写成"畸型"也是不对的。"畸形"是指事物发展、发育的不正常情况,用"型"是解释不通的。

"形迹可疑"是指举动和神色表现可疑,"行迹可疑"是指行动的踪迹可疑,两个词的意思相去甚远。一般和"可疑"搭配的多是"形迹","形迹可疑"已经成为了一个固定短语。形容一个人的踪迹变化时,一般用"行迹"和"无定"搭配,组成"行迹无定",意思是一个人的行踪总是变化,不能确定。

【印第(地)安人】

"印第安人"是美洲的一个古老民族,属于音译词。但有些人认为音译词只要同音就可以了,用字可以随意,于是把"印第安人"写成了"印地安人"。这种认识是不正确的,定了型的音译用字是不能随便改动的。还有的人因为知道有"印地语",就以为印地语是印第安人的语言,遂把"印第安人"错写成"印地安人"。印地语是印度的通用语言,而印第安人的语言是属于印第语群,与印地语毫无关系。从地理位置看,印度地处亚洲,印第安人生活在美洲,所以在使用"印第安人"和"印地语"两个词语时要特别注意,不要弄错。

【增值—增殖】

"增值"是价值提升的意思,将原料加工成产品的过程就是增值的过程。

"增殖"一是指增生,即生物体某一部分组织的细胞数目增加,体积扩大;二是指繁殖。

把这两个词搞混,一般是将"增值税"错写成"增殖税"。"增值税"是一个税种,指增加数值应缴纳的税,并没有"增殖税"这个税种,要注意不要写错。

【震—振】

"震"表示震动,如地震、震耳欲聋、威震四方;还指情绪过分激动,如震惊、震怒。

"振"指挥动、摇动,如振臂高呼、振翅高飞;还有"奋起"的意思,如振作、振奋、振兴。

"震动"是指颤动,或使某物颤动,如春雷震动山谷;还指某些重大的事件使人内心不能平静,如这起走私案件震动了全国。而"振动"是指物体通过一个中心位置,不断作往复运动,比如钟摆的运动就是"振动"。

【至—致】

"至此、至今、至死不渝、自始至终"中的"至"表示"到"的意思;"至少、至上、欢迎之至"中的"至"表示"最"的意思。"至于"表示达到某种程度,如"他可能晚点来,但不至于不来。"或表示另提一事,如"她的法语说得很好,至于英语嘛,更不用说了。"

"致函、致欢迎词"中的"致"是"给与、向某人表示礼节、情意等"的意思;"专心致志、致力"中的"致"表示"集中力量于某个方面";"致病、致死"中的"致"是"招致"的意思。

"以至"用在句中时作连词用,表示延伸和发展,如"从城市以至周边农村";还表示由于前一分句的情况而产生的结果,如"老师讲课讲得太好了,以至同学们都停止了交头接耳。""以至"的这两种意思都表示顺延的关系,没有产生消极的后果。

"以致"表示"致使"的意思,表示由于前一分句的情况而造成的消极后果,如"他平时经常不能按时进餐,以致得了严重的胃炎。"

可以说"至于",但没有"致于"一词;有"以至于"的说法,但没有"以致于"一词。

【州—洲】

"水中可居曰州"。"州"的本义是指河流中由沙石、泥土淤积而成的高出水面的陆地,但后来这个意思被"洲"所取代,"州"就用来指地方行政区划,如杭州、苏州、柳州、自治州。

"九州"是传说中的我国上古行政区划,后来用作中国的代称,不能写成"九洲"。"神州"出自战国时人邹衍之口,他称中国为"赤县神州"(见《史记·孟子荀卿列传》),后来用"神州"做中国的代称。

后起的"洲"字取代了"州"字表示水中高出水面的陆地,如株洲、沙洲。湖南省的株洲市位于湘江中游沿岸,江苏省的沙洲北滨长江。由于它们都是由于江河水流作用而形成的陆地,不是行政区划,和苏州、杭州等地不同,所以不能用"州",应该用"洲"字。我国的"长江三角洲、珠江三角洲"也属于河流中高出的陆地,也应该使用"洲"字。"洲"又指一块大陆与附近岛屿的总称。地球上有七大洲,即亚洲、欧洲、非洲、北美洲、南美洲、大洋洲、南极洲。

要特别注意的是"满洲"一词,这里使用"洲"字,不是因为它是水中的陆地,也不是一块大陆与附近岛屿的总称。"满洲"是满族的旧称,1932年溥仪在日本帝国主义的扶持下建立了傀儡政权称"满洲国",所以"满洲"一词中一定要使用"洲"字。而"满州"是我国台湾省南部的一个小镇,"满洲"和"满州"二者互换就会造成混淆。

【作—做】

"作"的本义是"起",如一鼓作气,雷声大作。又指"写作"、"作品",如著作、作曲、杰作、佳作。又当"装"讲,如装模作样。还有"作为"的意思,如认贼作父、过期作废。

"做"是指从事某种工作或活动,如做医生、做工作。

"作"和"做"虽都是动词,但它们表示的意义不同,因此不能在词语中混用。

"作"字出现较早,在汉代就有记载,所以一些成语中多用"作"字,如作威作福、作法自毙、作奸犯科、作茧自缚、作壁上观。"做"字在明代的《字汇》上才有记载,出现得比"作"字晚,因此古代的成语中很少出现"做"字。

"作"所带的宾语一般是动词性词语或较抽象的名词性词语,如作表演、作分析,作恶、作怪。而"做"所带的宾语一般是名词、代词,并且它的名词宾语多是比较具体的,如做衣服、做饭、做菜、做什么、做事情。

8.2.2 容易多写一笔、少写一笔造成的错字

① 以下汉字,容易多写一横而造成错字:奥、策、枣、吃、隔、融、驶、家、豪、丽、丝、衮、亨、哼、烹

【奥】有人常在"大"字上多加一横,写成"粤"字的上半部分。

【策、枣】"策"的下半部分、"枣"的上半部分容易被写成"束"。

【吃】"乞"容易被写成"气"。

【隔、融】有人常常在"鬲"的下部多添一横写成类似"羊"字。

【亨、哼、烹】"亨"常被写成"享"。

【家、豪】有人经常在"豕"的上面多写一横。

【丽、丝】"丽"的第一笔、"丝"的最后一笔是一长横,不能写成两个小

短横。

【袅】这个字不由"鸟"和"衣"上下组合而成的,不能在字的上部多写一横写成"鸟"。

【驶】右半部是一个"史"字,而不是"吏"字。

【幸】"幸"的上半部分是"土",而不是"士";下半部分不是"羊"。

② 以下汉字,容易少写一横而造成错字:拜、承、德、罄、隆、徽、蒙、检、捡、敛、险、验、酿、配、束、漱、嗽、速、整、粤

【拜】右半部分是四横一竖,不能只写三横。

【承】中间是三横,不是两横。

【德】"心"上的小短横不能漏写。

【罄】"谷"上的一横不能丢掉。

【隆】"夂"和"生"的中间有一小短横,不要漏写。

【徽】常有人把中间的"系"写成"糸"。

【蒙】和"家"、"豪"不同,这个字里"豕"上是有一横的。

【检、捡、敛、险、验】这几个字中的右半部分是相同的,都不能少了一横。

【酿、配】共同部分是"酉"而非"西"。

【束、漱、嗽、速、整】"束"部不能写成"刺"的左边;

【粤】上半部分是封口的,不能写成"奥"的上半部分。

③ 以下汉字,容易多写一竖而造成错字:侯、喉、猴、椒、叔、偷、欷、贼

【侯、喉、猴】"侯"和"候"只有一竖之差。"侯"是"王侯将相"的"侯",现在用来泛指达官贵人。"候"和时间、时节有关系,在单人旁的右边有一小短竖。如果在"喉、猴"的单人旁的右边都多写一竖,就都成了错字了。

【椒、叔】两个字都有"叔"这个偏旁,"叔"的左上部是一个"上"字,而不是一个"止"字,给"上"多写一竖变成了"止",就写错了。

【偷】这个字是由单人旁和"俞"旁组合而成的,中间并没有一竖。

【欷】这个字的左下角部分"勾"不能多写一竖变成"匈"字,另外"勾"里面是一个"人"字,不是"入"。

【贼】这个字的右半部分是"戎",不是"戒"。

④ 以下汉字,容易少写一竖而造成错字:齿、倏、舞、熙、颐、胸

【齿】这个字的上半部分是"止",不是"上"。

【倏】左边的单人旁和右半部分的中间有一竖,注意不要遗漏。

【舞】"𠂉"的下面是两横加四竖,少一竖就是错字。

【熙、颐】"熙"的左上部,"颐"的左半部,不能少写一竖,不要写成"臣"。

【胸】这个字的右半部分是"匈",不是"匂"。

⑤ 以下汉字,容易多写一撇而造成错字:武、斌、赋、长、袋、贷、岱、黛、玳、幻、廊、郎、朗、榔、螂、贰、试、式、拭、抒、舒、序、野、预、豫、仰、抑、迎

【武、斌、赋、贰、试、式、拭】不要另外多写一撇,否则就成了错字。

【长】一共四画,不要写成"丧"下半部分的样子。

【袋、贷、岱、黛、玳】注意不要将"代"写成了"伐"。

【幻】这个字的右半部分不能多加一撇变成"刀"。

【郎、朗、廊、榔、螂】"郎、朗"的左半部分是六画,不能写成"良"。

【抒、舒、序、野、预、豫】这几个字的共同部分是"予",多加一撇变成"矛"就错了。

【仰、抑、迎】这三个字的共同部分"卬"不能写成"卯"。

⑥ 以下汉字,容易少写一撇造成错字:或、惑、矜、茅、蟊、柔、揉、柳、铆、菌、系

【或、惑】不要少写一撇,否则就成了错字。

【矜、茅、蟊、柔、揉】这几个字的共同部分是"矛",不是"予"。

【柳、铆】这两个字的共同部分是"卯",不要写成了"仰"的右半部分"卬"。

【菌】"囗"内是"禾",不能写成"木"。

【系】"纟"上的一撇不能丢掉。

⑦ 以下汉字,容易多写一点造成错字:爱、劈、辟、避、臂、壁、冲、凑、凋、冻、凌、冠、类、驮、茂、挠、浇、饶、绕、烧、晓、念、琴、贪、吟、祈、祷、染、杂、逝、誓、望、曳

【爱】这个字的下部是一个"友",不能再多加一点。

【辟、劈、避、臂、壁】这几个字的共同部分是"辟","辟"的左半部分不是"启"。

【冲、凑、凋、冻、凌】这几个字的左边都是"冫",不是"氵"。

【冠】"冠"的部首是"冖",并非"宀"。

【类、驮】"类"的下面是"大",不能写成"犬";"驮"的右边也是"大",不能写成"犬"。

【茂】这个字由"艹"和"戊"组合而成,不能在"戊"多写一点,变成"戌"就错了。

【挠、浇、饶、绕、烧、晓】这几个字的共同部分是"尧","尧"的上半部分

不能写作"戈"。

【念、琴、贪、吟】不能在"今"下多添一点,变成"令",这几个字就写错了。

【祈、祷】这两个字的原义是和祭祀有关的,凡是与祭祀有关的汉字,都用"礻",而"衤"表示和衣服有关,如"被、袜、袖"。

【染、杂】这两个字其中的"九",不能写成"丸"。

【逝、誓】如果把"折"写成"拆",这两个字就错了。

【望】这个字的左上部分是"亡",不能在最后一笔多加一点。

【曳】这个字没有点的笔画,这需要特别注意,很多人容易写错。

⑧ 以下汉字,容易少写一点造成错字:缠、臭、嗅、溴、底、低、抵、诋、邸、廓、劣、秒、妙、雀、省、零、莽、突、蔑、慕、庞、势、统、漾、逸、冤、冢、啄

【缠】右半部分不是"厘",要在"厘"字顶上加一点。

【臭、嗅、溴】这三个字的共同部分"臭",是由"自"和"犬"组合而成的,不能写成"大"。

【底、低、抵、诋、邸】这几个字中都有"氐"旁,不要写成"氏"。

【廓】这个字是由"广"和"郭"组成的,不是"厂"。

【劣、秒、妙、雀、省】这几个字的共同部分是"少",不要丢掉第三笔要写的那一点。

【零】由"雨"和"令"两部分组成,不能将下半部分写成"今"。

【莽、突】这两个字都有一个"犬"字,不是漏掉那一点写成"大"。

【蔑】这个字的底下是"戍",不是"戊"。

【慕】这个字的最后两笔都是点,最下面的部分不是"小"。

【庞】这个字有两种错法,有的人是把"广"写成了"厂",有的人是把"龙"的那一点丢掉了不管是少了哪一点,都是不对的写法。

【势】其中的"丸"不能写成"九"。

【统】右半部分是"充","充"的第四笔"、"不能少,否则就写错了。

【漾】右下角是一个"永",不要少了开头的那一点。

【逸、冤】这两个字的共同部分是"兔",不是"免"。

【冢、啄】有人常把这两个字的共同部分写成了"豕",少了一点就错了。

⑨ 由于偏旁搭配不当而造成错字:拔、跋、泼、拨、瓣、弧、狐、瓢、爬、抓、畀、痹、弊、弄、部、邓、郭、郊、邢、邪、即、卸、导、异、忌、记、纪、起、岂、贯、惯、每、拇、归、师、帅、临、监、锅、祸、窝、瞩、嘱、属、离、禽

【拔、跋】右偏旁不要写成"友"或"发"。

【泼、拨】右偏旁不要写成"拔"的右半部分。
【瓣、弧、狐、瓢】这几个字的共同部分是"瓜",不能写成"爪"。
【爬、抓】这几个字的"爪"旁不要写成"瓜"。
【舁、痹】这两个字的"廾"不能写成"艹"。同样,"弊、弄"的下半部分"廾",也不能写成"艹"。
【部、邓、郭、郊、邢、邪】这几个字的部首都是右耳旁,不是"卩"。
【即、卸】这两个字的右边是"卩",不是右耳旁。
【导、异】上部分都是"巳(读同'四')",不能写成"已"或"己"。
【忌、记、纪、起、岂】这几个字的共同部分是"己",不要写成"已"或"巳"。
【贯、惯】这两个字的共同部分不是"母",要注意与"每、拇"的"母"区分。【归、师、帅】这三个字的左边部分和"临"的左边是有区别的,要注意区分。"归、师、帅"左旁的笔画是"竖、撇","临"左旁的笔画是"竖、竖"。
【锅、祸、窝,瞩、嘱、属,离、禽】这三组字的下部都是不一样的,要特别注意分清楚,三者不可以互相替代。

8.2.3 容易写错的别字组

哀——衰——衷	昂——昴(mǎo)
班——斑	拔——拨
杯——抔	辩——辨——辫——瓣
毫——亳	仓——仑
敝——敞	刺——剌
崇——祟	春——舂(chōng)
歹——夕	代——伐
耽——眈	斐——裴
钓——钧——钩	凤——夙
赋——贼	副——付
丐——丏(miǎn)	干——千
宫——官	孤——弧
管——菅	冠——寇
侯——候	沪——泸
坏——坯	幻——幼
即——既	箕(jī)——其(qí)
检——拣——捡	戒——戎

届——屉　　　　　　　棵(kē)——巢
肯——恳　　　　　　　裸(guàn)——裸
蓝——兰——篮　　　　冷——泠
历——厉　　　　　　　梁——粱
苓——芩　　　　　　　卯——卬(áng)
矛——予　　　　　　　免——兔
盲——肓——育　　　　汨(mì)——汩(gǔ)
鸣——呜　　　　　　　脑——恼
鸟——乌　　　　　　　欧——殴
磬——罄　　　　　　　券——卷
茸——葺(qì)　　　　　叁——参
梢——稍　　　　　　　戊——戍——戌
嗽——漱　　　　　　　粟——栗
市——巿　　　　　　　未——末
胃——胄(zhòng)　　　陷——谄(chǎn)
象——像——相　　　　辛——幸
赝——膺　　　　　　　夭——天
杳——杳　　　　　　　延——廷
冶——治　　　　　　　弈——奕
酉——西　　　　　　　圆——园
折——拆　　　　　　　逐——遂
隹(音"追")——佳　　祆(xiān)——袄

8.2.4　词语中的常见别字(以下方括号中的字是正确用字)

A	B		C
		百步串[穿]杨	
		百练[炼]成钢	
按[安]装	白晰[皙]	变本加利[厉]	沉缅[湎]
遨[翱]翔	卑却[怯]	变换[幻]莫测	重迭[叠]
黯[暗]无天日	编篡[纂]	骠[膘]肥体壮	粗旷[犷]
	剽[剽]悍	不径[胫]而走	凑和[合]
	泊[舶]来品	不落巢[窠]臼	出奇[其]不意
	裨[稗]官野史	不能自己[已]	穿[川]流不息

草管[菅]人命
床第[笫]之私

D

打腊[蜡]
沾[玷]污
督查[察]
兑[对]水
对奕[弈]
大姆[拇]指
渡[度]假村
鼎立[力]相助

E

恶[噩]耗
额首[手]称庆

F

发韧[轫]
防[妨]碍
幅[辐]射
飞扬拔[跋]扈

G

甘败[拜]下风
烩[脍]炙人口
鬼鬼祟祟[崇崇]
鬼斧神功[工]

H

寒喧[暄]
喝采[彩]
花俏[哨]
侯[候]车室
黄粱[梁]美梦

J

惊蜇[蛰]
精萃[粹]
痉挛[孪]
既[即]使
既[即]便
峻[竣]工
九宵[霄]
即[及]时雨
娇[矫]揉造作
洁白无暇[瑕]
竭泽而鱼[渔]
九洲[州]风雷
金榜提[题]名

K

开据[具]发票

L

了[瞭]望
罗[啰]唆
老俩[两]口儿
冷不妨[防]

落[洛]杉矶
滥芋[竽]充数
立杆[竿]见影
兰[蓝]天白云

M

脉膊[搏]
蓦[募]捐
名[明]信片
默[墨]守成规
美仑[轮]美奂

N

诺[偌]大
年愈[逾]古稀

O

沤[呕]心沥血

P

凭[平]添
批[披]露
旁证[征]博引
迫不急[及]待

Q

迁徙[徙]
气慨[概]
亲[青]睐

晴[腈]纶
磬[罄]竹难书
趋之若骛[鹜]

R

入场卷[券]
人情事[世]故

S

杀戳[戮]
山颠[巅]
手[首]饰
松驰[弛]
水笼[龙]头
瘙[搔]到痒处
搔[瘙]痒难忍
省吃简[俭]用
世外桃园[源]
食不裹[果]腹
死皮癞[赖]脸

T

通辑[缉]
题[提]纲
太级[极]拳
天翻地复[覆]
谈笑风声[生]

W

萎糜[靡]

纹[文]眉
挖墙角[脚]

X

陷井[阱]
详[祥]和
修茸[葺]
欣尝[赏]
渲[宣]泄
宣[渲]染
弦[旋]律
下功[工]夫
声名雀[鹊]起
悬梁刺骨[股]

Y

膺[赝]品
延申[伸]
隐密[秘]
亦[抑]或
英磅[镑]
永决[诀]
引伸[申]义
英雄倍[辈]出
一愁[筹]莫展
一幅[副]对联
一股[鼓]作气
一如继[既]往
一诺千斤[金]
言简意骇[赅]

有持[恃]无恐
饮鸠[鸩]止渴
尤[犹]如猛虎下山

Z

脏[赃]款
醮[蘸]水
蜇[蛰]伏
针贬[砭]
中恳[肯]
装祯[帧]
震憾[撼]
追朔[溯]
绉[皱]纹

坐阵[镇]
座[坐]落
座[坐]标
造[肇]事者
做[坐]月子
灸[炙]手可热
再接再励[厉]
沾[拈]花惹草
招聘启示[事]
直接[截]了当
蛛丝蚂[马]迹
自抱[暴]自弃
姿[恣]意妄为
走头[投]无路
卓而[尔]不群

参考书目

李保江(1991):错别字词鉴析,新华出版社
杜维东,杜　越(1988):常见错别字辨析实用手册,北京体育学院出版社
施　旗(1999):汉语强力纠错手册,中国国际广播出版社
许正元主编(2002):常见错读错写错用字词词典,东方出版社
柴世森(1994):漫谈错别字问题,语文出版社
《咬文嚼字》杂志
中国社会科学院语言研究所词典编辑室(2005):《现代汉语词典》(第5版),商务印书馆

练习题答案

第五章

1. 以下文字是否有逻辑错误？如果有,是什么逻辑错误？
   (1) 概念错用,"觊觎"用错了。
   (2) 概念混淆,"反应"应为"反映"。
   (3) 概念赘余,"那么多"与"巨资"。"巨资"改为"资金"。
   (4) 误用集合,"人们"应为"人"。
   (5) 限制不当,"水平"不应该是"最好"而是"最高"。
   (6) 概括不当,"盐、碱"不是"水产"。
   (7) 定义错误,以比喻下定义。改为:书是装订成册的著作。
   (8) 划分错误,越级划分。"力学、光学、电学"属"物理学","动植物"属"生物学"。

2. 以下文字是否有逻辑错误？如果有,是什么逻辑错误？
   (1) 命题歧义:原句可理解为"学校召集高二的8名班干部开会",也可以理解为"学校召集高二8个班的全体班干部开会"。
   (2) 主谓不合:"原因"是"结果"。改为:他各科成绩之所以都是优,是他长期勤奋学习的结果。
   (3) 量项不当:全称命题当作特称命题。
   (4) 误用否定。
   (5) 关系不合:"授予"应与"称号"搭配
   (6) 联言不当:"既不肯定被告有罪"和"也不否定被告无罪"表达了同一个命题,不能用联言命题形式表达。
   (7) 选言不当:原意想表达一个选言命题,但"他可能赞成"和"也可能同意"是同一个命题,不能用选言命题表达。
   (8) 假言不当:"没有一个部门来经常检查"未必是"这个工程肯定好不了"的充分条件,应改为:"这个工程可能好不了"。

3. 请指出以下推理中的逻辑错误(如果推理有省略,请补全)。
   (1) 前提虚假:省略了前提"如果我家做教师的多,那么我也就会当教师。"该前提虚假。

(2) 直接误推:换位推理,前提是 O 判断,不可进行换位推理。前提中不周延的项到结论中误周延。

(3) 直言误推:省略了结论,我不用遵守社会公德。大项扩大。

(4) 关系误推:"朋友"不具有传递性质。

(5) 假言误推且前提虚假。

(6) 选言误推:遗漏选言支,有可能是两栖动物。

(7) 以偏概全:有的鸟不会飞,例如鸵鸟。

(8) 机械类比。

4. 指出下述文字是否违反了逻辑思维规律?如果违反,犯了什么逻辑错误?

(1) 违反了同一律,犯了"偷换概念"的逻辑错误。推理过程:一切你没有失掉的东西是你所拥有的东西,头上的角是你没有失掉的东西,所以,都上的角是你拥有的东西。在大前提中作为中项的概念"你所没有失掉的东西"有歧义,可以表达"你本来就有,而后也没有失掉的东西",也可以表达"你本来没有,因而也无所谓失掉的东西"。大前提中是第一个涵义,而小前提表达第二个涵义,因此,犯了"四概念"的逻辑错误。

(2) 违反了同一律,犯了"转移论题"的逻辑错误。"青年人应有远大理想"换为"什么样的青年最理想?"

(3) 违反了矛盾律,犯了"前后矛盾"的逻辑错误。"中国自古重视儿童阅读"是正面肯定,"但有关调查表明"表示转折。接下来作者说"中国儿童进入自主阅读的年龄大大低于西方儿童",是对"中国传统"的肯定。"即使"一句又表示让步,结论是中国童的阅读能力不如西方儿童。行文前后矛盾,不知道到底是阅读年龄低好还是高好。

(4) 违反了排中律,犯了"两不可"错误。